ＳＰ盤演説レコード
がひらく
日本語研究

相澤正夫 編
金澤裕之
AIZAWA Masao
KANAZAWA Hiroyuki

笠間書院

目　次

はじめに　　相澤正夫… 1

[資料解説] SP盤レコードと岡田コレクション
　　　　　　　　　　　　　　　　　　　金澤裕之　7

   1. はじめに …………………………………………………… 7
   2. 岡田コレクション「SP盤貴重音源集」について ……… 7
   3. 演説・講演レコードの資料的性格 ……………………… 9
   4. 文字化の実態と作成資料について ……………………… 10
   5. 録音資料の歴史 …………………………………………… 12
   作品名一覧【音源順・通番】……………………………… 17

I　音源資料がひらく音声・発話の研究

1　幕末〜明治前期のガ行鼻音を推定する　　相澤正夫　24

   要旨 ………………………………………………………… 24
   1. はじめに ………………………………………………… 24
   2. 分析対象とするデータの作成 ………………………… 25
   3. ガ行鼻音の保持状況の捉え方 ………………………… 28
   4. 東日本各地におけるガ行鼻音の保持状況 …………… 30
   5. おわりに ………………………………………………… 42

2 大正期演説のピッチ
── ピッチレンジおよび大隈演説のfinal loweringについて

高田三枝子　*47*

    要旨 ………………………………………………………… *47*
    1. 研究の概要 ……………………………………………… *47*
    2. 岡田コレクション大正期演説の音声資料 …………… *48*
    3. 大隈演説におけるfinal loweringの生起範囲 ………… *55*
    4. 今後の展望 ……………………………………………… *67*

3 大正〜昭和前期の演説・講演における漢語の読みのゆれ

松田謙次郎　*69*

    要旨 ………………………………………………………… *69*
    1. はじめに ………………………………………………… *69*
    2. 方法論 …………………………………………………… *70*
    3. 「存」類 ………………………………………………… *71*
    4. 「没」類 ………………………………………………… *74*
    5. 「達」類 ………………………………………………… *76*
    6. 「重」類 ………………………………………………… *78*
    7. 軍人読み？ ……………………………………………… *80*
    8. まとめ …………………………………………………… *84*

4 戦時中の広報
── 東京市情報課の「巻き込み」手法

東　照二　*88*

    要旨 ………………………………………………………… *88*
    1. はじめに ………………………………………………… *88*
    2. 理論的背景 ……………………………………………… *89*

3. データ …………………………………………………………… *91*
4. 分析 ……………………………………………………………… *93*
5. まとめ …………………………………………………………… *105*

Ⅱ 文字化資料がひらく文法・形式の研究

1 大正〜昭和前期の演説・講演レコードに見る「テおる／ている」の実態　　金澤裕之　*110*

要旨 ………………………………………………………………… *110*
1. はじめに ………………………………………………………… *110*
2. 調査について …………………………………………………… *113*
3. 調査結果Ⅰ〔一般的な傾向〕………………………………… *114*
4. 調査結果Ⅱ〔個別的な特色〕………………………………… *116*
5. おわりに ………………………………………………………… *122*
本稿において調査対象とした「ている」の用例一覧 ………… *124*
岡田コレクション「演説音源集」〔分類一覧〕……………… *129*

2 大正〜昭和前期における助動詞マスの終止・連体形について──マスルの使用状況を中心に　　岡部嘉幸　*131*

要旨 ………………………………………………………………… *131*
1. はじめに ………………………………………………………… *131*
2. 終止・連体形「マス」「マスル」の使用実態 …………… *134*
3. 「マス」と「マスル」の使い分け ………………………… *137*
4. マスルの表現価値──終止法の場合 ……………………… *150*
5. おわりに ………………………………………………………… *151*

iii

3 従属節の主語表示「が」と「の」の変異
南部智史　*155*

要旨 ……………………………………………………………………… *155*
1. はじめに ……………………………………………………………… *155*
2. 調査対象 ……………………………………………………………… *156*
3. 「が」と「の」の分布 ……………………………………………… *157*
4. 変化について ………………………………………………………… *164*
5. 変化の推進要因としての「の」生起環境の縮小・消失 ………… *166*
6. まとめ ………………………………………………………………… *169*

4 大正〜昭和前期の丁寧語諸表現の動態
尾崎喜光　*173*

要旨 ……………………………………………………………………… *173*
1. はじめに ……………………………………………………………… *173*
2. 分析 …………………………………………………………………… *175*
3. 今後の課題 …………………………………………………………… *189*

Ⅲ 文字化資料がひらく文体・表現の研究

1 条件表現の用法から見た近代演説の文体
矢島正浩　*194*

要旨 ……………………………………………………………………… *194*
1. 本稿の目的 …………………………………………………………… *194*
2. 方法 …………………………………………………………………… *195*
3. 話し言葉資料でも使用が見られる接続辞について ……………… *199*

4. 話し言葉資料では多用されない接続辞について ……………… 210
    5. 演説の文体を形作るもの ……………………………………… 215
    6. おわりに ……………………………………………………… 219

2　大正〜昭和前期における演説の文体　　小椋秀樹　223

    要旨 …………………………………………………………………… 223
    1. はじめに ……………………………………………………… 223
    2. 先行研究 ……………………………………………………… 224
    3. 目的・調査対象・方法 ……………………………………… 226
    4. 分析データ …………………………………………………… 227
    5. 調査結果 ……………………………………………………… 232
    6. 終わりに ……………………………………………………… 244

3　演説の文末表現の変遷
　　――明治時代から昭和10年代まで　　田中牧郎　248

    要旨 …………………………………………………………………… 248
    1. 本稿の目的と問題 …………………………………………… 248
    2. 演説の文末表現の調査 ……………………………………… 250
    3. 敬体と常体 …………………………………………………… 256
    4. 名詞類に下接する文末表現 ………………………………… 262
    5. まとめと課題 ………………………………………………… 268

4 大正〜昭和前期の演説に現れる 文末表現のバリエーション　　丸山岳彦　*271*

要旨 …………………………………………………………… *271*
1. はじめに ………………………………………………… *271*
2. 先行研究と本稿の目的 ………………………………… *273*
3. 分析（1）：大正〜昭和前期の演説に現れる文末表現 ………… *274*
4. 分析（2）：平成期の演説に現れる文末表現 …………… *281*
5. 考察 ……………………………………………………… *285*
6. 展望 ……………………………………………………… *289*
7. まとめ …………………………………………………… *290*

「あとがき」に代えて
――文字化を巡るこぼればなし　　金澤裕之… *293*

執筆者略歴…… *298*

はじめに

　大正から昭和戦前期を含む20世紀前半の時代、音声の記録媒体の主役はSP盤レコードであった。音楽・芸能など娯楽性の高いものから時の指導者による演説・講演に至るまで、その収録範囲は多様なジャンルに及び、現代から見れば、当時の言語・社会・文化状況を生々しく伝える貴重な歴史的資料となっている。日本語研究に新領域を拓く可能性を秘めた「宝の山」であることは、ここに改めて指摘するまでもない。

　本書は、そのようなSP盤レコードに遺された、大正から昭和戦前期の政治家・軍人・実業家・文化人等の演説・講演を中心とする録音音声資料と、それを忠実に文字に起こした文字化資料に基づき、多様な背景をもつ12人の日本語研究者が、それぞれの持ち味を生かして新たな研究活用の方途を探索した成果である。書名では「SP盤演説レコード」と一括りにしたが、実際に収録されている内容は演説に加えて講演・訓話・法話・説教、朗読・実況・ドラマ、さらには自治体の行政広報と、そのジャンルにはかなりの広がりがある。

　本書を刊行する基盤となった研究活動は、国立国語研究所の基幹型共同研究プロジェクト「多角的アプローチによる現代日本語の動態の解明」（リーダー：相澤正夫、2009年度〜2015年度）の一環として、そのサブ・プロジェクトの位置付けで実施された。サブ・プロジェクト発足の背景には、芸能史研究家・岡田則夫氏の提供・編集・監修により、2010年5月に『SP盤貴重音源 岡田コレクション』（日外アソシエーツ）がデジタル音源集として発売され、学術研究にも利用可能となったことがあった。

　デジタル音源集は、それ自体として音声研究の対象とすることもできるが、さらに忠実な文字化資料を作成することにより、研究資源としての利用価値は大幅に向上する。サブ・プロジェクトでは、直ちに文字化に着手し、2012年7月にはその作業を終了させた。作成された文字化資料は、紙媒体だけでなく検

索機能を付した電子データとしても整備され、元になったデジタル音源とともに共同研究メンバーに共有された。これにより計量的研究を含む多彩な研究を推進するための準備態勢が整った。

　共同研究に集った12人のメンバーの専門領域は、日本語研究という一点において共通するとはいえ、実際はきわめて多岐にわたる。方言を中心とする音声研究、変異理論や談話分析に基づく社会言語学的研究、文法・語彙を中心とする近世・近代語研究、話し言葉・書き言葉のコーパス言語学的研究と、この種の共同研究としておそらく過去に前例のない広がりを見せている。当初から「多角的アプローチ」による新たな研究展開が大いに期待されたが、その後の3年間は予想を上回る刺激的な研究成果発表と議論が繰り返され、最終的に本書に収める13編の研究論文として結実した。

　本書は、このような経緯で刊行に至ったが、個々の論文で「岡田コレクション」の何をどのように取り上げるかについては、筆者一人ひとりの自由裁量に任された。したがって、最終的な本書の構成は予め想定されていたものではなく、寄せられた原稿の内容に基づいて編者が一定の基準を立てて編成を試みたものである。ただ、冒頭の**金澤裕之**「[資料解説] SP盤レコードと岡田コレクション」は、共通の分析対象としての「岡田コレクション」について資料的な面での解説を目的とする導入論文として書かれたものであり、後に続く12編の論文に先だって一読しておくべき有益な情報が盛り込まれている。

　本書の本編に当たる12編の論文は、その内容により4編ずつ3部に分けて配置した。あくまで一つの便宜であるが、分類のために大きく二つの基準を立てた。一つ目は、分析の素材が「音源資料」そのものであるか、それとも「文字化資料」であるか。これにより、まず、第Ⅰ部の「音声・発話」を扱う4編を、音源資料そのものを多様な分析に活用する研究事例として切り分けた。残る8編はいずれも「文字化資料」に依拠して分析を行なった論文となった。ここで導入した二つ目の基準は、分析のテーマが「特定の言語形式」であるか、それとも「ある種のカテゴリー全体」であるか。これにより、残った8編のうち、第Ⅱ部の「文法・形式」を扱う4編を、文字化資料を特定言語形式の詳細な分析に活用する研究事例とし、また、第Ⅲ部の「文体・表現」を扱う4編を、文

字化資料を概観的・巨視的な分析に活用する研究事例として、ひとまず見通しのよい3部構成の形が整えられた。

以下、3部構成の配列に沿って、収録論文の概略を紹介しつつ、編者なりの視点から各論文の"読みどころ"にも触れていこう。

まず、「第Ⅰ部 音源資料がひらく音声・発話の研究」は、「岡田コレクション」の音源資料そのものを活用している点に特徴があり、大正〜昭和戦前期に収録された、現時点で望みうる最も古い時代の具体音声に基づいて議論している点に何よりも新鮮味がある。

相澤正夫「幕末〜明治前期のガ行鼻音を推定する」は、音声収録時の大正〜昭和戦前期には既に高年に達していた東日本各地出身者11名のガ行鼻音の保持状況を分析して、そこに含意尺度に従った一定の傾向性を見出だし、その事実を根拠に、話者の言語形成期である幕末〜明治前期に遡って、出身地のガ行鼻音の状況が推定できることを示す。『日本言語地図』より30年以上遡った時代の方言音を推定する方法が提案されている。

高田三枝子「大正期演説のピッチ——ピッチレンジおよび大隈演説のfinal loweringについて」は、最古の音声資料である大正期演説に対象を絞り、分節音とは違って音響分析にも耐え得ると判断されたピッチに着目して、演者による使用音域の違いを客観的に明らかにし、主観的な印象である抑揚の幅との関係を議論する。無アクセント方言話者である大隈重信の演説のfinal lowering（発話末でのピッチ下降現象）の生起範囲が、従来の東京方言などにおける報告事例とは異なることも新情報として報告する。

松田謙次郎「大正〜昭和前期の演説・講演における漢語の読みのゆれ」は、実際の発話データに基づき、大正〜昭和前期の漢語の読みのゆれの実態を徹底的に調べ上げ、それらを構成漢字により4つの類（「存」類、「没」類、「達」類、「重」類）にまとめて分析する。明治と現代の間にあって、調査研究の比較的乏しいこの時代の漢語について、その読みが見せるダイナミックな変動の一端を捉えることに成功し、更なる研究の土台作りをしている。

東照二「戦時中の広報——東京市情報課の「巻き込み」手法」は、戦時中の東京市情報課が市民向けに制作した広報音源資料に注目し、会話分析における「巻

き込み（involvement）」の理論を適用することによって、権威に頼った上意下達型だと思われがちな戦時広報にも意外なソフト戦略の側面があったことを明らかにする。聞き手との心理的距離を少なくし、共感を作り上げるために有効な「音楽性」と「物語性」に即した巻き込み手法の発見は、音源資料に依らなければ不可能だったと言えるだろう。

「第Ⅱ部　文字化資料がひらく文法・形式の研究」は、「岡田コレクション」の文字化資料を活用して、特定の文法項目の出現状況を詳細に調査している点に特徴があり、いずれも大正～昭和戦前期の公的な場面における各形式の使用実態について貴重な新情報を提供している。

金澤裕之「大正～昭和前期の演説・講演レコードに見る「テおる／テいる」の実態」は、文体変化のメルクマールとして有効と見られる「テおる／テいる」の交替現象を取り上げ、「テおる」が依然として優勢な中で徐々に「テいる」が広がりつつある実態を捉える。「テいる」の使用は、文化人が先導していること、打消の助動詞が続く場合に優勢になること、反対に丁寧表現では「テおる」に偏ることなど、戦後の「国会会議録」にも繋がる傾向として指摘している。

岡部嘉幸「大正～昭和前期における助動詞マスの終止・連体形について――マスルの使用状況を中心に」は、助動詞マスの終止・連体形として「マス」「マスル」のどちらが用いられているか、使用実態を詳細に調査したうえで、全体として「マス」は終止法、「マスル」は非終止法に用いられる傾向があるとする。「マスル」の衰退で終止法が先行したことと、終止法に使用される「マスル」が「特別丁寧体」的な表現価値をもつに至ったことの関連性にも言及する。

南部智史「従属節の主語表示「が」と「の」の変異」は、従属節の主語表示「が」と「の」の変異について、大正～昭和戦前期の「演説・講演・講話」における使用実態を調査し、現代日本語との生起環境の違いにも着目しながら、その通時的変遷を考察する。「日本語スタンダード」における変化という観点から、戦後の「国会会議録」との連続性に着目して、発話年で両者を繋げたグラフを描き、「の」の生起率の減少傾向が戦前・戦後で見事に連続することを示している。

尾崎喜光「大正～昭和前期の丁寧語諸表現の動態」は、丁寧語の「マスル」「デ

ス」「デショウ」「マショウ」を中心に、現代日本語に直接つながる大正〜昭和戦前期の丁寧語の諸表現が、どのような関係の中で出現状況を推移させてきたのか、特に「マスル」と「マス」の関係、「マス」と「デス」の関係、「マショウ」と「デショウ」の関係に注目して分析する。「マスル」と「マス」については岡部論文のテーマと重なるが、結果的に相互補完的な内容になっている。

「第Ⅲ部　文字化資料がひらく文体・表現の研究」は、「岡田コレクション」の文字化資料を活用する点では第Ⅱ部と共通するが、「文体」や「文末表現」といったより大きなカテゴリーを対象としている点に特徴があり、いずれも先行する時代や後続する時代にまたがる概観的・巨視的な分析によって、方法論的な検討を含めた考察を行なっている。

矢島正浩「条件表現の用法から見た近代演説の文体」は、条件表現の用法を切り口として、近世・近代の話し言葉が反映されている他の資料群との比較に基づきながら、「岡田コレクション」に見られる用法の詳細な検証により、演説の文体を特徴付ける諸要素を析出する。条件表現の変遷史の中に近代演説の用法を位置づける中から、「明治期スタンダード」が及ぼした影響、規範性のある言語変種が変化を牽引する場合のあることを新たな知見として見出だしている。

小椋秀樹「大正〜昭和前期における演説の文体」は、明治期の演説速記も踏まえながら、大正〜昭和戦前期の「演説・講演・講話」を対象として計量語彙論的な分析手法で文体的特徴を明らかにする。異なりで漢語比率が6割を占めること、外来語の使用は限定的であること、名詞比率が大きく、MVR（代表的な文体指標の一つ）が小さいものが多いことなどから、全体として要約的な文章という文体的特徴をもつと結論する。

田中牧郎「演説の文末表現の変遷──明治時代から昭和10年代まで」は、雑誌『太陽』創刊年（明治28年）収録の演説と、「岡田コレクション」（大正〜昭和戦前期）収録の演説とを資料として、明治時代から昭和10年代までの演説の文末表現の変遷を調査する。全体の大きな潮流として、敬体に統一されていく流れと、「であります」に統一されていく流れを捉えるとともに、多様な文末表現が使い分けられるようになっていく個別の小さな流れも見出だしている。

丸山岳彦「大正～昭和前期の演説に現れる文末表現のバリエーション」は、大正～昭和戦前期の演説に現れる文末表現の文法的・機能的バリエーションの通時的分析を通して、断定・問いかけ・判断の表出など、どのような言語行為を演者が行なっているか、その変化の跡を追う。さらに、平成期の首相の所信表明演説との比較により、全体として丁寧な文体に移行していること、かつてのデアル体・デアリマス体による「断定型」に対して、平成期では政策実行を約束する「行為拘束型」が頻出することなどを確認している。

　以上、本書の本編3部に収録した12編の論文は、いずれも「岡田コレクション」の音源資料と文字化資料の共有という地点からスタートし、筆者それぞれの関心と持ち味を生かした独自の構想によって、個別に生み出された成果である。「岡田コレクション」の何をどのように取り上げるかについて、編者が事前調整をすることは全くなかった。しかし、こうして一本に編んでみると、そもそもの初めにあった各メンバーに対する参加の声かけの妙が、編者として改めて実感される。多角的アプローチとはこのことなのだと、豊かな研究事例を前にして静かに叫びたい心境である。

　本書の書名は、『SP盤演説レコードがひらく日本語研究』とした。料理は素材が命と言われるが、言葉の研究にもそれが当てはまるところがある。日本語研究にとってSP盤演説レコードはかけがえのない資料である。素材である資料そのものが、あたかも意思をもつかのように日本語研究の新たな可能性を拓いていく、そんなイメージが脳裏をよぎることもしばしばであった。

　本書の書名を、思い切って『SPレコード日本語学』にしようかとも考えたが、さすがにそれは思い止まった。現段階では看板としていささか誇大に過ぎるからである。とはいえ、将来にそれを見据えた第一歩のつもりではある。意図的に現代の生身の人間から収集したのではなく、たまたま遺された過去の録音資料からスタートする言語研究、そんな音声言語の歴史的研究があってよい。新規資料の新たな発掘も含めて、構想すべき今後の課題としてしっかりと心に留めておきたい。

相　澤　正　夫

[資料解説]

SP盤レコードと岡田コレクション

金澤裕之

1. はじめに

　本書は、「戦前期SP盤レコードが拓く日本語研究(仮)」という題名が示す通り、この時期の演説・講演を主な題材とするSP盤レコード[*1]に遺された日本語について、多角的な方向から調査・分析を進めた研究論文集である。そして、こうした試みの元となったSP盤レコードは、2010年5月に次のような名称でデジタル化された形で一般に公開・販売された資料である[*2]。
　　SP盤貴重音源　岡田コレクション「学術研究用デジタル音源集」
　　〔販売：日外アソシエーツ株式会社〕
　本書全体に亘る資料的な面での解説を担当する本稿では、次節以下において、こうした資料の内容、性格、特色などを描き出すとともに、時代を少し遡る形で、音声資料の全体的な歴史の中での位置付けについても言及してみることにしたい。

2. 岡田コレクション「SP盤貴重音源集」について

　この名称からも容易に予想がつくと思われるが、このSP盤資料は、現在日本で屈指のSP(平円盤)レコードコレクターである、芸能史研究家の岡田則夫氏による貴重な収集音源をデジタル化したものである。これらがなにゆえ「貴重」であるかと言うと、一般にSPレコードは純然たる娯楽のために作られたものであり、例えば書物の場合などとは異なり、元来資料的な役割などは全くと言っていいほどに意識されていなかったのに加えて、その後のLPレコードの普及以来その存在や価値が殆ど顧みられなくなり、更には材質そのものが長期の保存には適さない(重い、割れ易い、摩滅する)ということもあって、現在に

残されている再生可能な音盤そのものが、量的にも質的にも稀少なものとなっているからである。

　この資料は、パンフレットの言葉をそのまま引用すれば、「政治家、軍人、実業家、教育者、文化人などの演説・講演・講話・朗読などを集めた『演説集』」ということになり、全体としては165の作品群[*3]で、録音時間にすると約18.5時間分に相当するものである。以下に、パンフレットを参考にして、その内容の概略を紹介してみよう[*4]。

A0001　◇政治家編　大正期〜昭和初期　Ⅰ　（14作品　約156分）
　　　　〔尾崎行雄、大隈重信、島田三郎、永井柳太郎、など〕
A0002　◇政治家編　大正期〜昭和初期　Ⅱ　（17作品　約118分）
　　　　〔田中義一、後藤新平、浜口雄幸、犬養毅、など〕
A0003　◇政治家編　大正期〜昭和初期　Ⅲ　（17作品　約138分）
　　　　〔松岡洋右、岡田啓介、高橋是清、町田忠治、など〕
A0004　◇政治家編　昭和期　（20作品　約153分）
　　　　〔安達謙蔵、田澤義鋪、近衛文麿、中野正剛、など〕
A0005　◇軍人編　昭和期　（19作品　約161分）
　　　　〔長岡外史、東郷平八郎、東條英機、平出英夫、など〕
A0006　◇実業家・教育者編　大正期〜昭和期　（15作品　約97分）
　　　　〔渋沢栄一、牧野元次郎、成瀬達、星一、など〕
A0007　◇明治期〜昭和初期の『言葉』　Ⅰ　言語教育　（20作品　約96分）
　　　　〔穂積陳重、高田早苗、下田歌子、児童生徒、など〕
A0008　◇明治期〜昭和初期の『言葉』　Ⅱ　自作朗読　（9作品　約52分）
　　　　〔巖谷小波、菊池寛、坪内逍遥、北原白秋、など〕
A0009　◇明治期〜昭和初期の『言葉』　Ⅲ　実況ほか　（24作品　約51分）
　　　　〔杉村楚人冠、野間清治、竹脇昌作、徳富猪一郎、など〕
A0010　◇明治期〜昭和初期の『言葉』　Ⅳ　法話・説教　（10作品　約91分）
　　　　〔大谷光演、山室軍平、田中智学、賀川豊彦、など〕

　この資料には、歴史的にも比較的有名な、1915（大正4）年吹込みの尾崎行雄・大隈重信両大臣による最初期の演説レコードを初めとして、口演の種類として

は、演説・講演・訓話・朗読・法話・説教・実況（物）・ドラマなど、かなり多様なものが含まれている。また、口演者という点でも、政治家・軍人・実業家・教育者・文化人・宗教家・作家・ジャーナリスト・アナウンサー・（小学校の）生徒たちなど、非常に多様である。録音の音声に関しては、一部の、戸外での実況録音のようなものを除き、大部分はスタジオなど室内での録音であると考えられ、基本的に良好なものである。

3. 演説・講演レコードの資料的性格

　録音資料の全体的な歴史については後の5節に述べるが、日本において演説や講演の記録がレコードの形で残されたのは、一部の例外[*5]を除くと、上記の通り1915（大正4）年以降ということになる。そうした演説・講演資料に着目し、日本語史研究の分野で先鞭を付けたのは清水康行氏で、1980～90年代にかけて、資料の概要や性格、及び、特に合拗音に関する詳細な分析を行っている（清水1988・1989abなどを参照）。また、そうした論文類とは別に、1988年5月に行なわれた第59回近代語研究会（於：國學院大學）における「演説レコード資料の可能性」と題した発表の中で、演説レコードの言語資料的性格を、東京落語レコード資料の場合と比較する形で纏めている部分があるので、それをそのまま引用する形で紹介してみたい。

　　Ⅳ．演説レコードの言語資料的性格

		cf. 東京落語レコード
@表現の場面	：公的演説（一方的、堅い表現）	大衆芸能（くだけた会話形式）
@想定聴取者	：不特定多数or支持選挙民	不特定多数or贔屓客
@演説者の階層	：社会的指導階層（主に政治家）	寄席芸人
@ 〃 の出身地	：さまざま（東京以外が多い）	ほぼ江戸・東京
@録音時期（SP）	：1915年～、主に1920年代以降	1900年代初頭より
@ 〃 の特定	：有利←演説者の動向の記録	主に発売時から推定
@文字言語の介在	：原稿用意・持込みの可能性	定型の原稿・脚本なし

　　＊20世紀前半の公的な堅い言い回しの口語資料として期待できる。
　　＊東京口語（東京方言）の共時的資料群としては期待薄。
　　＊出身方言の影響が窺える。
　　　cf. 落語レコード：20世紀初頭（以降）の日常的な東京口語（東京方言）資料群

さらに、こうした纏めと内容的にはほぼ重なることになるが、清水（1988）の中の演説レコード資料に関する部分では、次のような記述が見られる。

> 1930年以前に録音されたと思われる演説レコードで、私が試聴できたものを〔表２〕にまとめた[*6]。この表から気付かれる通り、江戸・東京出身者に偏する東京落語レコードと異なり、演説レコードの吹込者の出身地は様々で、出身方言もまちまちと考えられる。その点で、これらを当時の東京方言としての東京語資料として扱うことはできまい。各出身地の方言資料的価値に注目することもできる。しかし、彼らの多くは東京在住者で東京を活動の拠点としている。また、これらの録音の多くは、全国各地で聴かれることを想定して話されていると思われる。そうして考えると、音韻面はともかく、少なくとも語彙・語法面においては、これらの録音資料を当時の全国共通語的性格（その共通語なるものの実態、およびそれと各演説レコードの言語の実態との異同はしばらく置くとしても）を意識した東京語資料として評価することができるかと考える。(132-3頁)

以上に引用した部分からも明らかなように、演説・講演レコードに遺された日本語の録音は、全体として20世紀前半の公的な堅い言い回しの口語資料として評価することができると考えられる[*7]。

4. 文字化の実態と作成資料について

　この資料（通称：岡田コレクション）について、本稿の筆者は、その発売時頃よりメンバーに加わっていた国立国語研究所における一つの共同研究プロジェクト[*8]のリーダーや参加者と相談した上で、岡田氏および販売元である㈱日外アソシエーツと協議を重ね、上記の全資料（音源）を購入するとともに、言語研究の基礎的な資料とするために、その全ての文字化を行なう許諾を得た。そして、まずは一人でその全ての分の文字化作業を行った。その後、同プロジェクト内の６名による聴き直し確認の作業を経て、文字化を終了させた。その結果、プロジェクト内の資料として作成した冊子体での文字化全体の分量は、漢字かな交じり表記（１行アケ）のＡ４判で550頁余り、概算の文字数にして40万字前

後の量となった[*9]。

　演説・講演レコードにおける音声の聴き取りは、例えば落語の場合などと比較すると、一般的には比較的容易と考えられるが、その理由と考えられるのは次のような諸点である。

- 時代的に（十年以上）遅くなっているために、技術的な面などでの音の明晰性が高い。
- 原稿持込みの可能性なども含めて、文章語的な要素がかなり含まれていると考えられるため、文や節などの部分の認定が、比較的容易である。
- 発言の主語に当たるものが、そのほとんどが話者自身であり、それがたまたま、話者以外のある想定された人物などであっても、発言の中で主語（話者）が交替するような例はほとんどなく、その部分での混乱が少ない。

　ただし他方、内容が演説や講演であるが故に聴き取りが難しくなる要素もあり、それは次のような諸点である。

- 語彙的な面で、漢語系の割合が高くなっているため、そうした漢語の語の識別（同音異義語の存在）の問題が頻繁に出てくる。
- 堅苦しい内容や持って廻ったような表現が比較的多いことから、重々しく古い表現や用語が多くなって語の認定そのものが難しくなる。
- 特に軍人関係の演説の場合、（前記のような）古い表現や特殊な語彙の使用が多いのに加えて、その発音の仕方に特別な傾向が見られ、この点でも語の認定が難しくなりやすい。〔例えばアクセントに関して、東條英機の場合などに顕著だが、現在では平板型で発音されるのが一般的な「光栄」「成立」「障害」などの漢語が、頭高型で発音されることが少なくない。〕

　そして、この文字化資料並びに元の音声資料（＝岡田コレクションの録音音声）がプロジェクト・メンバー全員に共有され、これらのデータを活用してのまさ

に多角的な試みが、研究会での発表と討論という過程を経た上で、本書に収載された個々の論文という形になって今回結実したわけである。

5. 録音資料の歴史

　ことばの資料として見た録音資料の歴史については、それを日本語史研究の分野に活用したパイオニアと言える清水康行氏による行き届いた記述がある（清水1988・1996）。また、それらを参考にしつつ、少し異なる視点からまとめられたものに、井上（1998）及び金沢（2000）がある。本節では、それらからの要点を纏める形で全体の流れを概観し、録音資料について理解を深めるための一助とすることにしたい。

　アメリカの発明王トマス・A・エディソンがフォノグラフ（phone〈音〉＋graph〈記録するもの〉）と名付けた最初の録音再生装置を発明したのは1877年であった。回転する円筒軸に巻いた錫箔を媒介として、声などの空気振動と針先の振動との間で物理的に情報をやりとりするというこの機械のアイディアは、記録媒体が箔から円筒・円盤へと代わり、また後には電気信号による増幅を利用するようになったりするものの、LP時代に至るまで、長く受け継がれてゆく。ただし、フォノグラフ自体は録音再生装置としては極めて不十分なもので、電話の発明で知られるグラハム・ベルらによって、錫箔の代わりに蠟を染み込ませたボール紙の円筒を用いた蠟管式蓄音機が、実際に使用される機械として19世紀末の世界に広まっていったのである。

　こうした蠟管に記録された音が現在どれだけ残されているかは定かではないが、その大部分は散逸あるいは消滅しているものと思われ、残っている蠟管にしても、今では録音時期も内容も分からぬまま放置されている場合が多い。ただし、僥倖と呼べるような事例もあり、ポーランドの革命家ブロニスワフ・ピウスツキが流刑地のサハリン（樺太）で1903年に蠟管に録音した樺太アイヌの歌声が発見され、学際的な研究メンバーの協力によって今に甦っている[*10]。

　ベルらによる蠟管式蓄音機開発の少し後の1887年、ドイツ生まれの米国人エーミール・ベルリナーが、新方式の装置を発明する。グラモフォン（gram〈描いたもの〉＋phone〈音〉）と命名されたこの機械は、それまでの装置と異なり、亜鉛円盤に横揺れの溝を刻む方式を採用した、いわゆる平円盤（ディスク）式

蓄音機である。世紀の境目を挟み、円筒式と円盤式との競争がしばらく続くが、縦刻みより横揺れ方式の方が音の歪みが少なかったことや、円盤型の原盤をプレスすることで大量の複製が容易に作れたことなどにより、結局、円盤式が勝利を得る。グラモフォン側は、売り出し中のオペラ歌手の録音にも成功し、それらの結果、レコードは大道の見せ物から新時代の芸術文化産業へと脱皮してゆくのである。

　そのオペラ歌手の録音を自ら行ったフレート・ガイスベルクを含む英国グラモフォン社の一行は、1902年秋から翌年にかけ、レパートリー拡充と販路拡大を狙って東アジア巡行を行い、1903（明治36）年1月、横浜の港に着く。そして、日本在住の英国人ヘンリー・J・ブラックの協力を得て、2月から3月にかけて東京で諸芸能の録音を行った。また、グラモフォン社と相前後して、米国のコロムビア社の技師も来日して平円盤録音を行い、欧米の数社もこれに続いた。これらの録音は、原盤を欧米の自社に持ち帰って製品化した後、輸入盤として日本で発売されるといういわゆる出張録音で、録音・製品化の国産化は、それからしばらく経過した1910年前後から始まる。

　この時期に製作・発売されたレコードの内容は、謡曲・長唄・義太夫など、伝統的な諸芸能が主であったが、そうした中で、先に挙げたブラックが快楽亭ブラックと名乗る落語家であったことが影響してか、当初より東京（および、大阪）の落語のレコードが数多く残された。当時の日常的な会話で語られる落語レコードは、言語資料として極めて興味深いものであり、音声面や文法面などで、文献資料では追い得ない貴重な情報を提供している[11]。

　なお、1903年のグラモフォン社による出張録音に数年先立つ1900年、この年パリ万博が開催されたフランスにおいて、興味深い出来事があった。それは、日本からこのパリ万博を訪れていた川上音二郎一座が、滞在先であるパリのレコード会社において、有名な「オッペケペー」などの録音を行っていたことである。その録音の内容は、歌謡や語り物（および、それらの説明部分）が中心となる1時間程度のものであるが、これが記録の上では、一般の日本人による日本語の音声が（平円盤に）記録された最初のものということになる。

　また、時代は少し下るが、大正期に入った1915（大正4）年からは、総選挙時の運動用に、時の司法大臣尾崎行雄が自身の演説を収めたレコードを作った

のを契機に、政治家や軍人の演説を収めたレコードが作られるようになり、更には、文化人や実業家などの講演を収録したものも出てくる。これらの演説・講演レコードは、前述の落語レコードとは異なる、公的で硬い言語表現を記録した録音資料群を構成している。因みに、これらに先立つ1909（明治42）年に、陸軍大将乃木希典の録音が国産蓄音機の開発者である湯池敬吾によって行われているが、その20年ほど後に復刻されたレコードに残る乃木の声は「私は乃木希典であります。」の一言だけである[*12]。

1920年代半ば、電気録音・ラジオといった、録音資料に関わる大きな技術革新が相次いで実用化する。これ以前のレコード装置は、すべて、音による空気の振動をそのまま針先に伝えて記録し、溝の凹凸から直接に伝えられた振動を音にするもの（アコースティック方式）であったが、1924年、音をマイクロフォンで拾い、真空管アンプで増幅した電気信号を用いる録音方式が開発された。この電気録音再生方式の採用により、音質は飛躍的に向上し、音量・音色の調整も容易になってゆく。電気録音が本格化する1920年代末の以前と以降では、落語や演説レコードの聴き取り易さは段違いである。〔なお、これ以降の、ラジオ・テレビ放送の登場、LP盤レコードの開発、テープレコーダーの発明、デジタル方式による録音再生などについては、省略する。〕

注

1) SP盤レコード（standard playing record）とは、1948年頃にLP盤レコード（long playing record）が開発されて以降、それ以前の蓄音機用レコードをstandard playing record と呼んで区別するようになった、その名称の略称である。一般には、本稿の5節で詳述する「録音資料の歴史」のうち、1887年にベルリナーによって発明される平円盤（ディスク）式レコードを指し、日本ではこの呼称が普通に使われるが、国際的には、このレコードの1分間の回転数に由来する"78rpm record"という名称の方がよく使用される。最初期には片面盤のものも見られるが、通常は両面盤で、一面の録音時間は3分程度までのものがほとんどである。
2) この資料に関しては、インターネット上に同名のウェブサイトが存在し、そこでは、ほとんどの音源について、冒頭の一部分を試聴することが可能である。
3) SP（平円盤）レコード資料の数え方に関しては、「音源」という数え方が従来一般的であるが、「音源」と呼ぶ場合の実質的内容については二つの捉え方があり得、①1

枚分（片面では約3分、両面では約6分程度）と考えるか、②1作品（落語や演説において、1枚の片面や両面で完結する場合もあるが、数枚分の両面で完結する場合も少なくない）と考えるかで数の数え方が異なってくる可能性があるため、そうした混乱を避けるために、以下では「作品」の方を使用することにする。なお、その結果として1作品の時間的な長さは、短いもので1分程度から長いものでは30分近いものまでかなり多様であるが、そのうちの多くのものは3〜6分程度（⇒1枚分に相当）の作品である。

4）参考のため、本稿の稿末に、この資料における作品名一覧を掲げる。そこに記述した情報は次の通りである。

・音源順の通番　・講演者　・演題　・録音（or販売）年　・録音時間

5）蠟管式蓄音機によるものであるが、1889年に鹿鳴館において、当時の在米公使陸奥宗光の"声"の試聴会が行われたり、1890年代の日本各地において、榎本武揚らによる演説などの録音が聴かれたりしたという記録が残っている——倉田（1979）を参照。また、岡田則夫（2015）によると、明治末の1910（M43）年に、天賞堂という会社が米国コロムビアの演説レコードを発売したという記録がある（新聞広告による）というが、これの実際の音盤は現在のところ未発見の模様である。

6）〔表2〕は省略。ただし、この〔表2〕に挙げられている演説者14名（演題数は20）のうちの11名については、先に示した「岡田コレクション」の中にその作品（演説）が含まれている。

7）この辺りの状況について、「日本語スタンダード」と呼ぶべきものの発展という観点から捉えた近年の研究に野村（2013）がある。また芳賀（1985）は、明治期以降約100年間の、日本人の公的話法（パブリック・スピーキング）の歴史や変遷について、豊富な具体例を挙げて描き出している。

8）基幹型共同研究プロジェクト「多角的アプローチによる現代日本語の動態の解明」（プロジェクトリーダー：相澤正夫）

9）なお、一部のデータを除き、この資料を書籍の形に纏め直して公刊したものが、参考文献に挙げた金澤・相澤編（2015）である。

10）『ユーカラ沈黙の80年―樺太アイヌ蠟管秘話―』（NHKソフトウェア＆ポニーキャニオン、PCVK-30109、1990）を参照。

11）この点に関しては、清水（1981、1982など）や真田・金沢（1991）を参照のこと。なお、落語SPレコードの全貌をほぼ明らかにする労作として、落語家でミュージカルソー（鋸音楽）奏者でもある都家歌六師匠による都家（1987）がある。因みに同師匠は、演芸関係を中心とするSPレコードコレクションの分野で、これまで言及してきた岡田則夫氏の先達に当たる傑出したコレクターである。

12) 本稿稿末「作品名一覧」の中の、「A0005 通番73 乃木将軍の肉声と其想出」がこれに当たる。

参考文献
東照二（2014）『なぜ、あの人の話に耳を傾けてしまうのか？』光文社新書694
井上史雄（1998）「近代の言語変化―音声資料の活用―」（『日本語学』17-6）
岡田則夫（2015）「解説（二）―歴史的資料としての価値」（金澤・相澤編（2015）に所収）
金沢裕之（2000）「録音資料の歴史とその可能性」（『日本語学』19-11）
金澤裕之（2015）「録音資料による近代語研究の今とこれから」（『日本語の研究』11-2）
金澤裕之・相澤正夫編（2015）『大正・昭和戦前期 政治・実業・文化 演説・講演集―SP盤文字化資料―』日外アソシエーツ
倉田喜弘（1979）『日本レコード文化史』東京書籍〔2006年、岩波現代文庫版〕
真田信治・金沢裕之（1991）『二十世紀初頭大阪口語の実態―落語SPレコードを資料として―』平成二年度科研費報告書
清水康行（1981）「快楽亭ブラックと平円盤初吹込」（『国文鶴見』16）
清水康行（1982）「今世紀初頭東京語資料としての落語最初のレコード」（『言語生活』372）
清水康行（1988）「東京語の録音資料―落語・演説レコードを中心として―」（『国語と国文学』65-11）
清水康行（1989a）「録音資料で聴く過去の音声の実例―二十世紀早期演説レコードの合拗音を例に―」（『国文学解釈と鑑賞』54-1）
清水康行（1989b）「二十世紀早期の演説レコード資料群に聴く合拗音の発音」（『国語国文学（名古屋大学）』64）
清水康行（1996）「録音資料の歴史」（『日本語学』15-5）
野村剛史（2013）『日本語スタンダードの歴史』岩波書店
芳賀綏（1985）『言論100年 日本人はこう話した』三省堂選書123〔1999年、講談社学術文庫版〕
都家歌六（1987）『落語レコード八十年史（上・下）』国書刊行会

作品名一覧【音源順・通番】

A0001　通番1　尾崎行雄　　司法大臣尾崎行雄君演説　　大正4年〔28:09〕
　　　　通番2　尾崎行雄　　普選投票に就て　　　　　　昭和3年〔21:31〕
　　　　通番3　尾崎行雄　　正しき選挙の道　　　　　　昭和5年〔7:17〕
　　　　通番4　大隈重信　　憲政ニ於ケル輿論ノ勢力　　大正5年〔17:13〕
　　　　通番5　島田三郎　　非立憲の解散・当路者の曲解　大正9年〔18:25〕
　　　　通番6　永井柳太郎　普通選挙論　　　　　　　　大正12年〔11:45〕
　　　　通番7　永井柳太郎　第二維新の理想　　　　　　大正末〔12:51〕
　　　　通番8　永井柳太郎　正シキ政党ノ進路　　　　　昭和8〜10年〔6:29〕
　　　　通番9　永井柳太郎　独善内閣勝つか国民大衆勝つか　昭和12年〔5:43〕
　　　　通番10　永井柳太郎　強く正しく明るき日本の建設　昭和7年〔5:35〕
　　　　通番11　永井柳太郎　逓信従業員諸君に告ぐ　　　昭和14〜15年〔6:54〕
　　　　通番12　木村清四郎　私の綽名「避雷針」の由来　昭和5年〔7:06〕
　　　　通番13　鳩山一郎　　犬養内閣の使命　　　　　　昭和6年〔4:32〕
　　　　通番14　森　恪　　　日本外交は何処へ行く　　　昭和6年〔3:47〕

A0002　通番15　田中義一　　護国の礎　　　　　　　　　大正13年〔6:48〕
　　　　通番16　田中義一　　国民ニ告グ　　　　　　　　昭和3年〔5:50〕
　　　　通番17　後藤新平　　政治の倫理化　　　　　　　大正15年〔12:53〕
　　　　通番18　阪谷芳郎　　人間一生の信念　　　　　　大正末〔5:09〕
　　　　通番19　杉浦重剛　　雲井龍雄ノ詩（送釈俊師）　大正末〔3:28〕
　　　　通番20　武藤山治　　政党ノ政策ヲ確ムル必要　　大正末〔6:06〕
　　　　通番21　間部詮信　　大行天皇の御幼時を偲び奉りて　昭和2年〔4:49〕
　　　　通番22　浜口雄幸　　経済難局の打開について　　昭和4年〔19:34〕
　　　　通番23　芳澤謙吉　　対支政策　　　　　　　　　昭和6年〔4:38〕
　　　　通番24　井上準之助　危ない哉！国民経済　　　　昭和7年〔6:31〕
　　　　通番25　井上準之助　地方政戦に直面して　　　　昭和7年〔7:02〕
　　　　通番26　犬養毅　　　強力内閣の必要　　　　　　昭和6年〔4:09〕
　　　　通番27　犬養毅　　　新内閣の責務　　　　　　　昭和7年〔5:53〕
　　　　通番28　若槻礼次郎　総選挙に臨み国民に愬ふ　　昭和7年〔6:51〕

	通番29	若槻礼次郎	地方政戦に直面して	昭和7〜8年	〔7:51〕
	通番30	斎藤実	憲政の一新	昭和10〜11年	〔2:40〕
	通番31	内田良平	日本の天職	昭和7年	〔6:36〕
A0003	通番32	松岡洋右	青年よ起て	昭和9年	〔5:49〕
	通番33	松岡洋右	日本精神に目覚めよ	昭和8〜9年	〔30:25〕
	通番34	松岡洋右	FAREWELL MESSAGE	昭和10年代	〔5:08〕
	通番35	宇垣一成	伸び行く朝鮮	昭和9年	〔3:11〕
	通番36	岡田啓介	総選挙に際して	昭和11年	〔7:36〕
	通番37	岡田啓介	愛国の熱誠に愬ふ	昭和13〜14年	〔3:21〕
	通番38	木下成太郎	御挨拶に代へて	昭和7年	〔6:47〕
	通番39	小泉又次郎	理由ナキ解散	昭和12年	〔6:40〕
	通番40	桜内幸雄	総選挙ニ際シテ	昭和12年	〔5:23〕
	通番41	高橋是清	金輸出再禁止に就て	昭和7年	〔10:44〕
	通番42	山本悌二郎	対英国民大会	昭和12年	〔25:36〕
	通番43	頼母木桂吉	総選挙ニ直面シテ	昭和11年	〔4:56〕
	通番44	林銑十郎	国民諸君ニ告グ	昭和12年	〔6:12〕
	通番45	広池千九郎	モラロジー及び最高道徳の特質	昭和一桁代	〔6:17〕
	通番46	町田忠治	総選挙ニ際シテ国民ニ愬フ	昭和12年	〔5:26〕
	通版47	町田忠治	政界の浄化	昭和13〜14年	〔3:02〕
	通番48	松田源治	挙国一致ノ力ヲ以ツテ難局ヲ…	昭和11年頃	〔5:50〕
A0004	通番49	米内光政	政府の所信	昭和15年	〔9:03〕
	通番50	安達謙蔵	選挙粛正と政党の責任	昭和10年	〔3:14〕
	通番51	安達謙蔵	地方政戦に直面して	昭和4〜6年	〔12:37〕
	通番52	山道襄一	地方政戦に直面して	昭和6年	〔7:17〕
	通番53	安部磯雄	選挙粛正と政府の取締り	昭和10年	〔3:03〕
	通番54	田澤義鋪	国家の為に我々の為に	昭和10年	〔3:28〕
	通番55	田澤義鋪	選挙の真精神	昭和11年	〔6:06〕
	通番56	麻生久	新体制準備委員会委員の言葉	昭和15年	〔2:33〕
	通番57	有馬良橘	国民精神総動員の強調の記念録音	昭和12年	〔5:26〕
	通番58	近衛文麿	新東亜の建設と国民の覚悟	昭和13年	〔13:44〕

	通番59	近衛文麿	時局に処する国民の覚悟	昭和12年	〔17:01〕
	通番60	近衛文麿	日独伊三国条約締結に際して	昭和16年	〔10:25〕
	通番61	永田秀次郎	総選挙に就て	昭和10年代	〔3:12〕
	通番62	中野正剛	総選挙と東方会	昭和17年	〔11:34〕
	通番63	中野正剛	米英撃滅を重点とせよ	昭和17年	〔6:24〕
	通番64	中野正剛	国民的政治力を集結せよ	昭和17年	〔7:00〕
	通番65	増田義一	立候補御挨拶並ニ政見発表	昭和11年	〔12:28〕
	通番66	秋田清	皇軍感謝決議趣旨弁明	昭和17年	〔1:30〕
	通番67	岸本綾夫	昭和十八年武装の春	昭和18年	〔3:18〕
	通番68	重光葵	重光総裁	昭和27～28年	〔6:39〕
A0005	通番69	長岡外史	飛行機の大進歩	大正13年	〔7:08〕
	通番70	長岡外史	太平洋横断に際し全国民に愬ふ	昭和6年	〔3:25〕
	通番71	古田中 博	東郷元帥	昭和11年	〔6:38〕
	通番72	小笠原長生	日本海海戦に於ける東郷大将の…	昭和6年	〔6:35〕
	通番73	小笠原長生	乃木将軍の肉声と其想出	昭和6年	〔2:55〕
	通番74	秦真次	弥マコトの道に還れ	昭和8年	〔6:10〕
	通番75	多門二郎	凱旋後の所感	昭和8年	〔5:26〕
	通番76	東郷平八郎	連合艦隊解散式訓示	昭和9年	〔6:13〕
	通番77	東郷平八郎	軍人勅諭奉戴五十周年記念	昭和9年	〔6:35〕
	通番78	東郷平八郎	日本海海戦　第一報告と信号	昭和10年	〔1:05〕
	通番79	東郷平八郎	軍人勅諭	昭和10年	〔0:47〕
	通番80	東郷平八郎	三笠艦保存記念式祝辞	昭和10年	〔1:49〕
	通番81	東條英機	皇軍感謝決議に対する東條陸軍…	昭和17年	〔2:22〕
	通番82	東條英機	東條陸軍大臣閣下御訓示	昭和15～16年	〔6:37〕
	通番83	東條英機	大詔を拝し奉りて	昭和16年	〔7:16〕
	通番84	東條英機	戦陣訓	昭和16～17年	〔20:37〕
	通番85	加藤寛治	日本の軍人は何故強いか	昭和11年	〔6:05〕
	通番86	平出英夫	護国の神「特別攻撃隊」	昭和17年	〔25:34〕
	通番87	平出英夫	提督の最期	昭和19年	〔33:40〕
A0006	通番88	渋沢栄一	第七十五回誕辰祝賀会	大正11年	〔5:38〕

	通番89	渋沢栄一	御大礼ニ際シテ迎フル休戦記念日	昭和3年	〔11:34〕
	通番90	渋沢栄一	道徳経済合一説	大正12年	〔11:11〕
	通番91	牧野元次郎	神守不動貯金銀行	大正14年	〔5:08〕
	通番92	牧野元次郎	貯金の三徳	大正14年	〔4:45〕
	通番93	牧野元次郎	ニコニコの徳	大正14年	〔5:41〕
	通番94	牧野元次郎	良心運動の第一声	昭和10年代	〔10:48〕
	通番95	津下紋太郎	石油事業について	昭和一桁代	〔3:08〕
	通番96	成瀬達	創業五十周年に際して	昭和14年頃	〔3:17〕
	通番97	成瀬達	我等の信条	昭和11年	〔3:21〕
	通番98	成瀬達	二十億円達成に際して	昭和11年	〔3:23〕
	通番99	星　一	ホシチェーン会議に於ける星…	昭和10年代	〔12:50〕
	通番100	矢野恒太	人生のゴール	昭和10年代	〔5:53〕
	通番101	弘世助太郎	我等の覚悟	昭和一桁代	〔3:23〕
	通番102	林　桂	徴用者代表宣誓・社長林桂…	昭和15～16年	〔5:55〕
A0007	通番103	穂積陳重	法律の進化	大正末	〔5:37〕
	通番104	高田早苗	新皇室中心主義	昭和4年	〔5:59〕
	通番105	児童綴方・その七（カナリヤ、ひびとしもやけ）		昭和4年	〔3:29〕
	通番106	児童綴方・その八（私の勇気、お父さん）		昭和4年	〔3:02〕
	通番107	国語読本巻七（五作じいさん）		昭和12年	〔2:54〕
	通番108	国語読本巻七（錦の御旗、縁日、鉄工所）		昭和12年	〔3:23〕
	通番109	国語読本（尋常六年）孔子		昭和6年	〔3:46〕
	通番110	国語読本（尋常六年）遠足、ウエリントンと少年		昭和6年	〔3:35〕
	通番111	筧克彦	やまとばたらき（日本体操）	昭和一桁代	〔13:15〕
	通番112	下田歌子	皇太子殿下ご誕生を祝し奉る	昭和9年	〔13:39〕
	通番113	下田歌子	喜寿記念碑除幕式に際して所感…	昭和6年	〔5:03〕
	通番114	鈴木珪寿	豊島高等女学校校長・鈴木珪寿	昭和一桁代	〔6:10〕
	通番115	国語よみかた三（六・牛若丸、七・ささ舟）		昭和18年	〔3:26〕
	通番116	国語よみかた三（八・蛙、九・軍かん）		昭和18年	〔3:36〕
	通番117	国語よみかた三（十八・お祭り、他）		昭和18年	〔3:26〕
	通番118	国語よみかた三（二十・海、二十一・子馬）		昭和18年	〔3:13〕
	通番119	初等科国語三（十・機械、十八・とびこみ台）		昭和18年	〔3:39〕

	通番120	初等科国語三（十二・千早城）		昭和18年	〔3:34〕
	通番121	国語ヨミカタ二（十一・オイシャサマ、他）		昭和18年	〔3:32〕
	通番122	国語ヨミカタ二（十五・お正月、他）		昭和18年	〔3:29〕
A0008	通番123	巖谷小波	犬の叔母さん	大正末	〔6:27〕
	通番124	菊池寛	文芸と人生	昭和8年	〔6:17〕
	通番125	坪内逍遥	ベニスの商人	昭和9年	〔12:35〕
	通番126	照井瀠三	おさよ（島崎藤村）	昭和10年	〔3:27〕
	通番127	照井瀠三	ふと目はさめぬ（島崎藤村）	昭和10年	〔3:20〕
	通番128	照井瀠三	短歌朗読石川啄木集	昭和12年	〔7:08〕
	通番129	照井瀠三	帰還部隊（草野心平）	昭和17年	〔3:11〕
	通番130	北原白秋	自作短歌朗読	昭和14年	〔3:30〕
	通番131	火野葦平	麦と兵隊（火野葦平作）	昭和14年	〔3:16〕
A0009	通番132	高原操	訪欧大飛行航空講演	大正14年	〔3:34〕
	通番133	JOCK謹写	御大礼伊勢外宮御親謁実写	昭和3年	〔2:39〕
	通番134	JOCK謹写	御大礼伊勢外宮御親謁実写	昭和3年	〔3:06〕
	通番135	川島芳子・平井美奈子	蒙古の唄	昭和8年	〔3:45〕
	通番136	JOBKアナウンサー	御大礼行幸実写	昭和3年	〔12:27〕
	通番137	杉村楚人冠	湯瀬の松風	昭和一桁代	〔2:37〕
	通番138	野間清治	武道の徳	昭和一桁代	〔3:54〕
	通番139	野間清治	私の抱負	昭和一桁代	〔2:06〕
	通番140	徳川家達	済生会の使命に就いて	昭和10年	〔3:28〕
	通番141	和田信賢	母の勝利	昭和10年代	〔6:56〕
	通番142	竹脇昌作	居庸関の激戦	昭和12年	〔2:58〕
	通番143	竹脇昌作	空軍の華梅林中尉	昭和12年	〔2:34〕
	通番144	竹脇昌作	一億起てり	昭和17年	〔6:21〕
	通番145	竹脇昌作	労働組合の目的	昭和20年代	〔3:47〕
	通番146	竹脇昌作	組合の方針や動かし方を本当…	昭和20年代	〔3:50〕
	通番147	加藤直士	皇太子殿下御外遊御盛徳謹話	大正10年	〔6:40〕
	通番148	徳富猪一郎	ペルリ来航の意図	昭和18年	〔10:39〕
	通番149	丸山定夫	あの旗を射たせてください	戦中	〔3:18〕

	通番150	丸山定夫	きこえる	戦中	〔3:17〕
	通番151	松井茂	「火の用心」の講演	昭和9〜10年	〔3:12〕
	通番152	東京市情報課	或る少年航空兵	昭和10年代	〔3:28〕
	通番153	東京市情報課	塵芥と戦争	戦中	〔3:03〕
	通番154	東京市報道課	みんな朗らかで親切に	戦中	〔3:06〕
	通番155	東京市報道課	れいれいれいのれいれいれい	戦中	〔2:49〕
A0010	通番156	大谷光演	戦いなき世界への道	大正12年	〔6:39〕
	通番157	出口王仁三郎	神言	大正中期	〔12:39〕
	通番158	青木庄蔵	国家的禁酒注意	大正末	〔5:36〕
	通番159	山室軍平	世界を神に	大正末	〔3:20〕
	通番160	佐々木清磨	仏教講演俗仏	昭和8年	〔17:51〕
	通番161	佐藤範雄	普通選挙国民覚醒	昭和10年代	〔4:44〕
	通番162	橋本郷見	不動心	昭和10年代	〔6:30〕
	通番163	服部三智磨	真宗の安心	昭和10年代	〔5:34〕
	通番164	田中智学	教育勅語の神髄	昭和一桁代	〔19:23〕
	通番165	賀川豊彦	恋愛と自由	大正11年	〔6:51〕

I

音源資料がひらく
音声・発話の研究

1

幕末～明治前期のガ行鼻音を推定する

相澤正夫

要旨

「岡田コレクション」の演説・講演に登場する演者の生年は、幕末から明治にかけての19世紀後半に分布する。また、その出身地も全国各地に分布する。本稿では、そのような演者の中から、1840年～1878年生れの東日本出身の話者11人を抽出し、一人ひとりのガ行鼻音の保持状況を、共通の枠組みによって詳細に調査する。また、調査の結果に基づき、次の2点を明らかにする。①話者の出身地は、従来の報告によれば、鼻音地域5人、非鼻音地域2人、両者の境界地帯4人と様々であるが、ガ行鼻音の保持については概ね含意尺度に従った一定の傾向性を示す。②録音時期の1920年代から30年代に話者は既に高年に達しているが、上記の傾向性の存在を根拠に、話者の言語形成期に遡って出身地の音声状況を推定することができる。

キーワード：ガ行鼻音、幕末～明治前期、東日本方言、出身地、含意尺度

1. はじめに

　本稿では、「岡田コレクション」（以下、「岡コレ」と略称）に収録されたSP盤レコード録音資料が、遠い過去の方言音声の解明にも十分に活用できることを、具体的な事例によって示したい。研究の対象は「ガ行鼻音の保持状況」に絞り、時期は「19世紀後半」、地域は「東日本」に限定する。テーマをこのように絞り込むことにより、次の①から④に掲げるような観点から、「岡コレ」の資料特性を生かした研究ができると考えるからである。

① 幕末から明治前期（1840〜1870年代）に生まれた世代の録音音声が収録されている[*1]。録音時期は大正・昭和戦前期であるが、話者の言語形成期（＝19世紀後半）の音声状況を推測できる可能性がある[*2]。『日本言語地図』(以下、適宜LAJと略称) の話者よりも約30年先行する世代に相当し、現状では具体的な発話音声を把握できる最古の世代である。
② 話者のほとんどは青年期までに出身地を離れて首都東京を中心に各方面で活躍した人物である。話者の出身地における言語形成（母方言の習得）と、その後の中央における更なる言語形成（明治期以降の日本語スタンダードの習得）といった個人語内の重層構造を仮定できる[*3]。
③ 話者の出身地は程よく全国各地に分散している。話者ごとに方言的な音声特徴の出現が期待できるので、ガ行鼻音の保持状況の把握も有力なテーマとなりうる[*4]。
④ 東日本（東北、関東、新潟）はガ行鼻音の保持状況の探索に好適な地域である。過去の調査報告やLAJ等により、東北六県には強固な鼻音地域が存在し、また、それに接する関東一帯にも鼻音地域が広がるなか、千葉の房総半島と、埼玉・群馬・新潟にかけて帯状に延びる一帯に非鼻音地域の存在が知られている[*5]。

以下の各節では、分析の準備として、まず分析対象とするデータの作成について述べ（第2節）、続いてガ行鼻音の保持状況の把握に必要な枠組みを検討する（第3節）。それを受けて、東日本各地におけるガ行鼻音の保持状況を具体的かつ詳細に分析し（第4節）、最後に本稿の総括と今後の課題の指摘を行う（第5節）。

2. 分析対象とするデータの作成
2-1. 話者と音声資料の選定

話者としては、「幕末から明治前期（1840〜1870年代）に生まれた世代」という条件に適合する演者の中から、出身地によって東北4人、関東4人、新潟3人の計11人を選定した[*6]。以下に、話者ごとの個人情報と、録音音声に関する情報を合わせて示す。

氏名に続けて、（　）内に現在の市制による出身地、生没年、職業を、〔　〕内に音声収録時期、収録時の年齢を、【　】内に録音時間（但し、音源が複数の場合は「①②…」のように表示）を示した。

《東北地方》
・町田忠治（秋田県秋田市、1863-1946、政治家・実業家）〔①②1937年＝74歳〕【①5:26、②3:02、計8:28】
・後藤新平（岩手県奥州市、1857-1929、政治家）〔1926年＝69歳〕【12:53】
・斎藤実（岩手県奥州市、1858-1936、軍人・政治家）〔1935～36年＝77～78歳〕【2:40】
・星一（福島県いわき市、1873-1951、実業家・政治家）〔1935年以降＝60代前半〕【12:50】

《関東地方》
・小泉又次郎（神奈川県横浜市、1865-1951、政治家）〔1937年＝72歳〕【6:40】
・渋沢栄一（埼玉県深谷市、1840-1931、実業家）〔①1922年＝82歳、②1923年＝83歳、③1928年＝88歳〕【①5:38、②11:34、③11:11、計28:23】
・野間清治（群馬県桐生市、1878-1938、実業家・出版人）〔①②昭和1ケタ代＝50歳前後〕【①3:54、②2:06、計6:00】
・牧野元次郎（千葉県君津市、1874-1943、実業家・銀行家）〔①②③1925年＝51歳、④1935年以降＝60代前半〕【①5:08、②4:45、③5:41、④10:48、計26:22】

《新潟》
・山本悌二郎（新潟県佐渡市、1870-1937、政治家）〔1937年＝67歳〕【25:36、本人の音声は19:50程度】
・増田義一（新潟県上越市、1869-1949、政治家）〔1936年＝67歳〕【12:28】
・芳澤謙吉（新潟県上越市、1874-1965、政治家）〔1931年＝57歳〕【4:38】

　ガ行鼻音に関する過去の調査報告やLAJ等の分布図に基づいて、話者の出身地が「●＝鼻音地域」「○＝非鼻音地域」「◎＝両者の境界地帯」のいずれに該当するかを確認すると、次のような話者分類ができる。

●鼻音地域　　　：町田忠治、後藤新平、斎藤実、星一、小泉又次郎
○非鼻音地域　　：渋沢栄一、野間清治
◎両者の境界地帯：牧野元次郎、山本悌二郎、増田義一、芳澤謙吉

以下に行うガ行鼻音の保持状況の検討では、この3分類を分析の足がかりとして適宜参照することにしたい。

2-2. 聴き取りによるデータ作成

　11人の話者の音声資料（総計約141分の録音）に出現する全てのガ行子音（原則として非語頭の907件）について、筆者（相澤）が聴き取りに基づいて鼻音・非鼻音の判定を行った。判定に迷うものもあったが、多少なりとも鼻音性の聴き取れるものは鼻音と判定した[7]。

　話者別の「ガ行子音の出現件数（A）」「鼻音の出現件数（B）」「鼻音率（B/A）」「録音時間」は、下記のとおりである。話者名の前に2-1.で述べた出身地の「●鼻音地域／○非鼻音地域／◎境界地帯」の別を示した。

	ガ行子音（件）	鼻音（件）	鼻音率（％）	録音時間（分：秒）
●町田忠治	58	52	89.7	8:28
●後藤新平	70	70	100.0	12:53
●斎藤　実	18	11	61.1	2:40
●星　　一	105	104	99.0	12:50
●小泉又次郎	57	41	71.9	6:40
○渋沢栄一	161	20	12.4	28:23
○野間清治	29	5	17.2	6:00
◎牧野元次郎	167	145	86.8	26:22
◎山本悌二郎	112	90	80.4	19:50
◎増田義一	108	92	85.2	12:28
◎芳澤謙吉	22	19	86.4	4:38

　全体を見渡して、まず、録音時間とガ行子音の出現件数は、ほぼ正比例していることが分かる。ガ行鼻音の出現機会に話者による偏りはないと見なすこと

ができるが、録音時間の短い斎藤実、野間清治、芳澤謙吉の3人については、ガ行子音の出現件数も30件以下であり、その他の8人が50件以上であるのと比べると、データ量が少ない点に留意が必要であろう。

　出身地の観点から鼻音率を見ると、「●鼻音地域」の出身者にも、後藤新平、星一のように鼻音率の極めて高い話者、町田忠治のようにかなり高い話者、斎藤実、小泉又次郎のようにやや低めの話者が存在することが分かる。また、「○非鼻音地域」の出身者の渋沢栄一、野間清治は、鼻音率が際立って低いこと、「◎境界地帯」の出身者の牧野元次郎、山本悌二郎、増田義一、芳澤謙吉は、鼻音率がかなり高めであることが注意される。なお、鼻音の非保持者（鼻音率ゼロ％）は、今回の分析対象者にはいない。

3. ガ行鼻音の保持状況の捉え方
3-1. 保持状況による話者の分類

　個人のレベルでガ行鼻音の保持状況を見ると、2-2.で確認したように、鼻音率に着目しただけでも様々な段階のあることが分かる。ここでは、ガ行鼻音保持者を「真性保持者」と「疑似性保持者」に分けて捉えることにする（相澤1994）。

　真性保持者は完全な鼻音話者（＝安定した保持者）であり、疑似性保持者は鼻音と非鼻音とを混在させている話者（＝不安定な保持者）である。本稿で取り上げた話者で言えば、後藤新平と星一は鼻音率から見て真性保持者の候補、それ以外は疑似性保持者ということになる。

　さらに、疑似性保持者については、出身地に関する情報を加味して、その来歴から次の2種（A型、B型と呼ぶ）に分けて捉えることにする。

　　A型：真性保持者からの部分的な鼻音消失によるもの
　　B型：非保持者の部分的な鼻音獲得によるもの

　A型については、本来のガ行鼻音地域に伝承されてきたガ行鼻音の「消失過程」における保持状況を扱うことになり、B型については、非ガ行鼻音地域で何らかの事情で発生しつつあるガ行鼻音の獲得過程における保持状況を扱うこ

とになる。この分類に従えば、町田忠治、斎藤実、小泉又次郎の3人はA型、渋沢栄一、野間清治の2人はB型となる。残る牧野元次郎、山本悌二郎、増田義一、芳澤謙吉の4人については、A型／B型の判定を当面は保留しなければならないが、次の3-2.で述べるガ行鼻音の保持状況を捉える枠組みを適用することにより、蓋然性の高い推定が可能であることを示す（第4節）。

3-2. 保持状況を捉える枠組み

　本稿では、保持状況を捉える枠組みを作成する前提として、「A型では、でたらめに鼻音が消失するのではない。」「B型では、でたらめに鼻音を獲得するのではない。」といった基本的な考え方に立つ[*8]。

　ガ行鼻音の消失や獲得の過程に「一定の傾向性」が観察されたとき、例えば「含意尺度（implicational scale）」の反映を想定した検証を試みる[*9]。ここで「含意」というのは、例えば、ある人がDという語（あるいは語のグループ）で鼻音を持っていれば、そのことがC、B、Aという語（あるいは語のグループ）においても持つことを暗に示している（すなわち含意している）ことをさす。「含意尺度」というのは、このような含意の序列（D＞C＞B＞A）を表示する物差しほどの意味である。

　検証に有効と思われる観点として、ガ行音の含まれる言語単位の分類（語のグループ化）に、次の①②の基準を導入する。

① その言語単位が「機能語」であるか「内容語」であるか。
② その言語単位が「和語」であるか「漢語」であるか。

　①の基準を立てるのは、例えば、助詞「が」のような機能語では、「かがみ（鏡）」のような内容語に比べて、ガ行音自体に注意が向けやすく、意識的な発音選択の対象になりやすいと考えるからである。②の基準を立てるのは、例えば「ねがい（願い）」のような和語は、「こんがん（懇願）」のような漢語に比べて、個人の言語形成の早い段階に習得され、母方言の発音の特徴が残りやすいと考えるからである。

　さらに、ガ行鼻音の出現に影響する自然な条件として、次の③を加える。

③ ガ行音に先行する音韻環境に「鼻音性」があるか、ないか。

例えば、「ねがい/negai/」では先行する「ね/ne/」に、また、「こんがん/koNgaN/」では先行する「ん/N/」に鼻音性があり、同化によって「が/ga/」が鼻音になりやすい音韻環境を内在させている。

以上の①②③を踏まえ、ガ行鼻音の保持状況を捉える枠組みとして、話者ごとに「鼻音／非鼻音」の「出現状況一覧表」(以下、「一覧表」と略称)を作成する。実際の区分は、大きく「助詞が(格助詞、接続助詞)」「和語(機能語を別立て)」「漢語」の三つである。このような「一覧表」に現れた該当語の分布模様、及び話者間におけるその異同から、上述の「一定の傾向性」の存在と「含意尺度」による解釈の可能性を探索する(第4節)。

4. 東日本各地におけるガ行鼻音の保持状況
4-1. 鼻音地域の場合──秋田・岩手・福島・神奈川

2-2.で見たように、鼻音地域の出身者5人の鼻音率には一定の較差が認められる。まず、鼻音率が極めて高く、3-1.の話者分類で「真性保持者」と見なした後藤新平(岩手県出身、100.0%)と星一(福島県出身、99.0%)の「一覧表」から見ていこう。表1が後藤新平、表2が星一である。

その前に、表の見方については、次の①〜⑤のとおりである。

① 表の縦方向は、上の欄から順に、格助詞「が」(主格)、格助詞「が」(連体格)、接続助詞「…が、」、和語(機能語的なものは別立てにした)、漢語の5区分である。
② 表の横方向は、左側の欄が鼻音、右側の欄が非鼻音の2区分である。
③ 個々の語句の鼻音／非鼻音によって、その語を該当する欄に記入した。助詞「が」については、識別のために直前(・直後)の語句とともに示した。
④ 語句のあとの( )内に、度数2以上の場合の数値を示した。また、各欄の【 】内に、その欄の延べ語数(合計)を示した。
⑤ 音韻環境の条件については、次のように区別して示した。
・助詞「が」の場合、〔N-〕は直前が撥音であることを、〔NV(V)-〕は直

表1　後藤新平　（全70例　鼻音70例　鼻音率100.0%）

	鼻音（70）	非鼻音（0）
格助詞「が」 主格	〔N-〕方面が（2）、諸君が（2）、精神が 〔NV(V)-〕…したものが 〔CV(V)-〕社会が、政党が（3）、作用が、生物が、生活が、選挙が、反目が、覚悟が、奉仕が、力が、私が、親が、子が 【21】	【0】
格助詞「が」 連体格	〔CV(V)-〕我が（14）、余が、…するがごとき、…するが故に（2） 【18】	【0】
接続助詞 「…が、」	〔CV(V)-〕…であるが（2）、…ではないが、…ておるが 【4】	【0】
和語	〔ガ〕鑑み、疑わない、免るる 〔ゲ〕掲げて 【4】 〔ガ〕しかしながら、従って 〔ゴ〕…するがごとき、～のごとき 【4】	【0】 【0】
漢語	〔ガ〕念願、科学的、阻害 〔ゲ〕人間、箴言、体現、実現（4）、発現 〔ゴ〕今後、融合、標語、迷悟、覚悟、一期（いちご）に 〔ギョ〕大事業、大業 【19】	【0】

前の音節に鼻子音があることを、〔CV(V)-〕は直前の音節に鼻子音がないことを示す。〔N-〕と〔NV(V)-〕には網かけをした。
・和語と漢語の場合、ガ行音それ自体の別を〔ガ〕〔ギ〕〔グ〕〔ゲ〕〔ゴ〕〔ギョ〕のように示す。先行鼻音がある語句には網かけをした。

　表1を見れば分かるように、鼻音率100％の後藤新平は、当然のことながら一覧表の分布模様も単純なものとなる。しかし、縦方向の5区分の全てに一定の該当語句が偏りなく分布していることは重要である。鼻音率が100％であっ

表2 星一 （全105例 鼻音104例 鼻音率99.0％）

	鼻音（104）	非鼻音（1）
格助詞「が」主格	〔N-〕日本が、おっ母さんが（2）、お父さんが、皆さんが、諸君が（2）、学問が 〔NV(V)-〕日本国（くに）が、キナが（2）、おる者が 〔CV(V)-〕〜ことが（8）、私が、復活が、比較が、一同が、陛下が、会社が（2）、本社が（2）、土地代が、申し訳が（2）、道路が、同胞が、製材所が、人が（2）、仕事とが 【38】	【0】
格助詞「が」連体格	〔N-〕…せんがため 〔CV(V)-〕我が（4）、みたいがため 【6】	【0】
接続助詞「…が、」	〔CV(V)-〕…ますが（4）、…ましたが（3）、考えるが、教えるが 【9】	【0】
和語	〔ガ〕考え（5）、鑑み、長い（3）、従い、絵ハガキ、間違い 〔ギ〕仰ぎ、次の 〔グ〕 〔ゲ〕申し上げる（3）、差し上げた、お蔭 〔ゴ〕仕事 【20】 〔ガ〕いじめられながら 〔ギ〕〜ない限り 〔ゴ〕〜のごとく（2） 【4】	〔グ〕まっしぐらに 【1】 【0】
漢語	〔ガ〕念願（3）、12月、以外、5月、迫害 〔ギ〕模擬、質疑、不思議 〔グ〕陸海軍 〔ゲ〕人間、毎月（2）、四（し）か月、実現 〔ゴ〕十年後、その後、帰朝後、勅語（2） 〔ギョ〕産業、開業、創業、従業員、製薬業、事業 【27】	【0】

ても、該当語句が特定の区分に偏っている場合は、ただちにガ行鼻音の「真性保持者」とは断定できないからである。また、音韻環境の条件についても、先行鼻音の有無に関わりなくガ行鼻音が現れている様子が確認できる。ここから、鼻音率の高さが先行鼻音の影響によるものではないことが読み取れる。以上の観察を総合して、ようやく「後藤新平は真性のガ行鼻音保持者」と判定できるのである。

　同様の観察眼をもって、表2の星一の場合を眺めてみよう。「和語」の「まっしぐらに」1例が非鼻音であることを除けば、表1の後藤新平と酷似した分布模様であることが分かる。該当語句が105例と多いこともあり、音韻環境の条件はむしろ多様性が確保されている。「まっしぐら」の1例をもって機械的に疑似性保持者とするのではなく、表2の分布模様から総合的に判断して、「星一は真性のガ行鼻音保持者」と判定するのが妥当と思われる[*10]。

　次に、かなり鼻音率の高い「疑似性保持者」である町田忠治（秋田県出身、89.7％）の一覧表を、表3に示す。5区分の全てに該当語句が分布している点では後藤新平、星一と同じであるが、全体の1割程度が非鼻音の側に現れている。非鼻音が現れたのは、「漢語」の一部と「接続助詞「…が、」」に限られており、「和語」には現れていない。また、漢語のうち「内外」「擁護」の2語では、鼻音と非鼻音の間でゆれが見られる（以下、表中では二重下線で表示）。

　以上の観察から、町田忠治は真性保持者から非鼻音化に一歩踏み出した段階にある「A型の疑似性保持者」（以下、「H類」と仮称）と見なすのが妥当と思われる。接続助詞「…が、」が非鼻音で出た理由は保留とするが、町田が鼻音地域の秋田で一旦は確実にガ行鼻音を習得した後に、その後の経歴の中で一部の漢語について非鼻音を使い始めたという推定は十分に成り立つだろう[*11]。

　明らかに鼻音地域の出身でありながら、鼻音率がやや低めの「疑似性保持者」である斎藤実（岩手県出身、61.1％）の一覧表を、表4に示す。データが少ないので断定はできないが、5区分の全てに該当語句が分布しており、一定の傾向は捉えられる。「漢語」だけでなく「和語」と「格助詞「が」（主格）」にも非鼻音が現れており、また、和語の「汚れ」「遂げ」の2語で鼻音／非鼻音のゆれが見られるなど、前述の町田の段階からさらに非鼻音化の進んだ段階の「A型の疑似性保持者」（以下、「L類」と仮称）と見なすことができる。

表3　町田忠治　（全58例　鼻音52例　鼻音率89.7％）

	鼻音（52）	非鼻音（6）
格助詞「が」主格	〔N-〕国民が 〔CV(V)-〕一票が、大帝が、政府が（2）、内閣が（2）、政治が、（～する）ことが（2）、意思が 【11】	【0】
格助詞「が」連体格	〔NV(V)-〕臨むがごとき 〔CV(V)-〕我が（8）、…するがごとき（2）、現れざるがために、内閣が憲政の運用、これが（粛清、実現）（2） 【15】	【0】
接続助詞「…が、」	【0】	〔N-〕…ありませんが 【1】
和語	〔ガ〕鑑み、疑わざる 〔グ〕過ぐる 〔ゲ〕引っ下げて、掲げ 〔ゴ〕大御心 【6】 〔ガ〕しかしながら（2）、去りながら、今更ながら、ありがち 〔ゴ〕…するがごとき（2）、臨むがごとき、かくのごとき（2） 【10】	【0】 【0】
漢語	〔ガ〕内外、弊害（2） 〔ギ〕主義（2） 〔ゲ〕矯激、出現、短日月 〔ゴ〕擁護、覚悟 〔ギョ〕 【10】	〔ガ〕内外（2） 〔ギ〕衆議院 〔ゲ〕 〔ゴ〕擁護 〔ギョ〕産業 【5】

表4　斎藤実　（全18例　鼻音11例　鼻音率61.1%）

	鼻音（11）	非鼻音（7）
格助詞「が」主格	〔CV(V)-〕申し訳が 【1】	〔CV(V)-〕天皇が、十分でないところが（2）【3】
格助詞「が」連体格	〔N-〕奉らんがため 〔CV(V)-〕我が 【2】	【0】
接続助詞「…が、」	〔N-〕…ありませんが 【1】	【0】
和語	〔ガ〕汚れ、お互いに 〔ゲ〕成し遂げ 〔ゴ〕乞い願（ねご）う 【4】 〔ガ〕しかしながら、遺憾ながら 【2】	〔ガ〕汚れ 〔ゲ〕遂げられん 〔ゴ〕 【2】 【0】
漢語	〔ガ〕 〔ゴ〕その後 〔ギョ〕 【1】	〔ガ〕弊害 〔ゴ〕 〔ギョ〕大業 【2】

　以上、町田忠治と斎藤実のガ行鼻音の保持状況から、鼻音消失の第一段階が漢語から始まり、順序としてはそれに後れて和語や助詞「が」で始まる様子が看て取れる。これを含意尺度の観点から捉え直せば、「消失しやすい漢語グループでガ行鼻音を保持していれば、当然のこととして和語グループや助詞「が」でも保持していると推定することができる」ことになる。

　なお、同じ時期、同じ地域の出身であっても、後藤新平と斎藤実のように鼻音の保持状況に大きな違いが出ていることにも注目しておきたい。経歴を見ると、斎藤は15歳で海軍兵学寮に入り、その後も長く海軍で過ごしているが、軍人としての集団生活（全国各地出身者の混成集団が想定される）が言葉の面に影響した可能性は十分に考えられる[*12]。

　もう一人、明らかに鼻音地域の出身でありながら、鼻音率がやや低めの「疑

表5　小泉又次郎　（全57例　鼻音41例　鼻音率71.9％）

	鼻音（41）	非鼻音（16）
格助詞「が」主格	〔N-〕法案が、議案が、制限が、大部分が、議員が 〔NV(V)-〕…というのが 〔CV(V)-〕議会が（2）、内閣が、詔勅が、それが、狙い所が、人が、議会とが　【14】	【0】
格助詞「が」連体格	〔CV(V)-〕したるがため、それがため　【2】	〔CV(V)-〕我が　【1】
接続助詞「…が、」	〔CV(V)-〕…ますが（2）、…ましたが、…ましょうが、…まするが　【5】	【0】
和語	〔ガ〕強（あなが）ち、取り逃がして（されて）（3）、乞い願わくば、ゆるがせ 〔ギ〕 〔グ〕妨ぐる 〔ゲ〕食い逃げ、陰になり、妨げた 〔ゴ〕　【10】	〔ガ〕 〔ギ〕過ぎぬ、右の 〔グ〕 〔ゲ〕 〔ゴ〕悉く　【3】
	〔ガ〕しかしながら、…しながら、…ながら 〔ゴ〕…のごとき（4）　【7】	【0】
漢語	〔ガ〕内外 〔ギ〕 〔グ〕 〔ゲ〕 〔ゴ〕覚悟、四・五件 〔ギョ〕　【3】	〔ガ〕以外 〔ギ〕審議（2）、衆議院（3） 〔グ〕 〔ゲ〕断言、制限 〔ゴ〕不合理 〔ギョ〕産業、工業、事業　【12】

似性保持者」である小泉又次郎（神奈川県、71.9％）の一覧表を、表5に示す。漢語に加えて和語や格助詞「が」にも非鼻音が現れており、東北出身の斎藤実とほぼ同じ鼻音消失の段階にある「A型の疑似性保持者」（L類）と見なすことができる。ちなみに、先行する鼻音性の有無を見ると、和語や格助詞「が」ではガ行鼻音保持への影響が見られるのに対して、漢語ではむしろ影響を受けずに非鼻音が現れる傾向も見られる。

4-2. 鼻音／非鼻音の境界地帯の場合──新潟・千葉

境界地帯出身ということでA型／B型の判定を保留していた4名の疑似性保持者について、4-1.で得られた知見を適用することにより、ガ行鼻音の保持状況に基づいてA型／B型の判定を試みる。

まず、新潟県の3名から見ていく。増田義一（上越市、85.2％）の一覧表を、表6に示す。保持率はかなり高めであり、また、表6の分布模様は表3の町田忠治に極めてよく似ていることから、類推により町田と同様の鼻音消失の段階にある「A型の疑似性保持者」（H類）と見なすことができる。これによって、その出身地（旧中頸城郡板倉町付近）は1870年代に鼻音地域であったとの推定も成立することになる。

増田とほぼ同じ時期、同じ地域の出身の芳澤謙吉（上越市、86.4％）の一覧表を、表7に示す。データ量は少ないが、保持率がかなり高く、表7の分布模様から見て、増田と同様の鼻音消失の段階にある「A型の疑似性保持者」（H類）と見なすことができる。また、増田の場合と同様に、その出身地（旧中頸城郡諏訪村付近）は1870年代に鼻音地域であったと推定される。

続いて、山本悌二郎（佐渡市、80.4％）の一覧表を、表8に示す。保持率はかなり高く、また、表8の分布模様は表3の町田忠治に極めてよく似ていることから、これも類推により町田と同様の鼻音消失の段階にある「A型の疑似性保持者」（H類）と見なすことができる。また、その出身地（旧佐渡郡真野町付近）は1870年代に鼻音地域であったとの推定も成立する。佐渡は、中央部の畑野町にガ行鼻音の報告があるが、隣接する真野町出身の山本が鼻音保持者であることから、かつて佐渡中央部に広く鼻音地域が存在したことはほぼ確実と言えるだろう。

表6　増田義一　（全108例　鼻音92例　鼻音率85.2％）

	鼻音（92）	非鼻音（16）
格助詞「が」主格	〔N-〕政権が、一端が、時間が、方面が 〔〔NV(V)-〕ものが 〔CV(V)-〕…したるが、…ところが、時が、政友会が、公債が、天候が（2）、会議が、内閣が、風雪が 【15】	【0】
格助詞「が」連体格	〔N-〕…せんがため（3） 〔CV(V)-〕我が（8）、したるがごとき（3）、…なるがゆえに、これが（救済、財源、助長、実現）（4） 【19】	〔CV(V)-〕我が（2） 【2】
接続助詞「…が、」	〔CV(V)-〕…ますが（5）、…まするが、…ですが 【7】	【0】
和語	〔ガ〕考えて、願いたい、新潟 〔ギ〕防ぎ 〔ゲ〕妨げられ、引き上げて、上げしむる（2）、申し上げた、激しかった 【10】	【0】
	〔ガ〕従って（2） 〔ゴ〕したるがごとき（3） 【5】	【0】
漢語	〔ガ〕懇願、1月（3）、増額、教学 〔ギ〕審議会、会議、主義 〔グ〕 〔ゲ〕漸減（2）、財源、軽減、七か月、実現 〔ゴ〕建国 〔ギョ〕産業（3）、大業、営業（2）、農業（5）、工業、商工業（4）、漁業、事業、実業、適業 【36】	〔ガ〕内外（2）、総額 〔ギ〕衆議院（2） 〔グ〕海軍 〔ゲ〕一言（2）、軽減（4） 〔ゴ〕今後、演説後 〔ギョ〕 【14】

表7 芳澤謙吉 （全22例 鼻音19例 鼻音率86.4%）

	鼻音 （19）	非鼻音 （3）
格助詞「が」主格	〔NV(V)-〕破壊せんとする者が 〔CV(V)-〕問題が、三国が 【3】	【0】
格助詞「が」連体格	〔CV(V)-〕我が （9） 【9】	【0】
接続助詞「…が、」	【0】	【0】
和語	〔ガ〕長く 〔ギ〕鍵 〔グ〕申し上ぐる 【3】 〔ガ〕従って 〔ギ〕次に 【2】	【0】 【0】
漢語	〔ギ〕 〔ゴ〕三国 （2） 【2】	〔ギ〕会議 〔ゴ〕その後、擁護 【3】

　最後に、千葉県の牧野元次郎（君津市、86.8%）の一覧表を、表9に示す。鼻音率は一見かなり高いようであるが、表中の網かけ語句の分布からも分かるように、和語や格助詞「が」の多くで先行鼻音の鼻音保持への影響が考えられ、数値を押し上げている可能性は否定できない。また、一覧表の分布模様を見ると、漢語に加えて和語や助詞「が」にも非鼻音が出る点で、東北の斎藤実、神奈川の小泉と同じく、一歩進んだ鼻音消失の段階にある「A型の疑似性保持者」（L類）と見なすことができる。その出身地（房総半島の君津付近）は1870年代に鼻音地域であったとの推定も成立する。

表8　山本悌二郎（全112例　鼻音90例　鼻音率80.4%）

	鼻音（90）	非鼻音（22）
格助詞「が」主格	〔NV(V)-〕ものが、者が、というのが(2)、我が国が(2)、望みが 〔CV(V)-〕布告が、第三国が、22日が、(～する)ことが(7)、これが、英国が(2)、心持ちが、決議が、態度が、演説が、関係が、抜いたが(最後)　【26】	【0】
格助詞「が」連体格	〔CV(V)-〕我が(16)、溢るるがごとき、…なられたがために　【18】	【0】
接続助詞「…が、」	〔N-〕…ませんが 〔CV(V)-〕…まするが(5)、…ましたが　【7】	【0】
和語	〔ガ〕長く、長引かしめ、長年、促し 〔ギ〕限りなき、喘ぎ、すぎない 〔ゲ〕挙げて、読み上げ、申し上げる 〔ゴ〕動かし、出来事、悉く　【13】 〔ガ〕しかしながら、従って 〔ゴ〕溢るるがごとき、…のごとく、…のごとき　【5】	〔ガ〕主催者側　【1】 【0】
漢語	〔ガ〕沿岸、局外(2)、11月 〔ギ〕会議(3)、決議、道義(4)、主義(3)、余儀 〔グ〕敵軍 〔ゲ〕射撃 〔ゴ〕最後(2)、午後　【21】	〔ガ〕妨害、屋外 〔ギ〕旧誼 〔グ〕共産軍、海軍、常備軍 〔ゲ〕感激、断言、宣言、削減 〔ゴ〕第三国(4)、一言、不都合、最後(3)、銃後、選挙後　【21】

表9　牧野元次郎　（全167例　鼻音145例　鼻音率86.8%）

	鼻音（145）	非鼻音（22）
格助詞「が」主格	〔N-〕良心が（2）、預金が（2）、オスフォニンが、主人が、個人が 〔NV(V)-〕皆が（2）、者が、ものが、…というのが（3）、按摩が、神様が、大黒様が（2）、恵みが、意味が 〔CV(V)-〕…とかが、身体（からだ）が（12）、力が、足が、私が、類（るい）が、商売が（4）、元気が、勇気が、株式が、徳が、考えが、風が、それが（4）、家庭が（3）、条例が、人が（4）、…ことが（12）、心が（2）、仕事が、行動が、方法が 【76】	〔CV(V)-〕それが（3）、天佑が、致し方が、…ことが 【6】
格助詞「が」連体格	〔CV(V)-〕それがために　【1】	【0】
接続助詞「…が、」	〔N-〕…ませんが 〔CV(V)-〕…ますが（3）、…ましょうが、…ましたが、…てくるが　【7】	〔CV(V)-〕…まするが（3）、…ましょうが　【4】
和語	〔ガ〕考え（5）、考えて、眺めて、永く（2）、お互い（5）、間違い（4）、違いない、…に従って（2）、従わない 〔ギ〕限って 〔グ〕 〔ゲ〕嘆かわしい（2）、申し上げて、土産物、おかげ 〔ゴ〕何事（2）、名古屋、悉く、従（ご）う（7）、 【39】 〔ガ〕しかしながら（2）、従って 〔ギ〕許す限り 〔グ〕 〔ゴ〕かくのごとき（2）、かくのごとく（2） 【8】	〔ガ〕守り神 〔ギ〕 〔グ〕恵み、くれぐれも 〔ゲ〕申し上げて 〔ゴ〕 【4】 〔グ〕二百万円ぐらい 〔ゴ〕 【1】
漢語	〔ガ〕3月、1月、8月、お正月、以外、利害、巨額 〔ギ〕金銀、主義 〔グ〕 〔ゲ〕 〔ゴ〕論語、不都合、ご加護 〔ギョ〕事業、珠玉 【14】	〔ガ〕 〔ギ〕主義、不義 〔グ〕境遇 〔ゲ〕一家言 〔ゴ〕15年後、最後 〔ギョ〕家業 【7】

4-3. 非鼻音地域の場合——埼玉・群馬

2-2.で見たように、非鼻音地域の出身者と認められる渋沢栄一と野間清治の鼻音率は、予想どおり際立って低い。しかし、全くの非鼻音話者ではなく「B型の疑似性保持者」と見なされることから、若干の語で鼻音が現れることについては何らかの説明が必要である。

埼玉県の渋沢栄一（深谷市、12.4％）の一覧表を、表10に示す。渋沢については、まず、鼻音と判定した場合でも、その鼻音性は総じて弱かったことを指摘しておきたい。「A型の疑似性保持者」の鼻音とは音声実質に違いがあると感じられた。さらに、一覧表の分布模様を見ると、鼻音は漢語、和語には全く現れず、助詞「が」に集中して現れることが分かる。また、網かけの語句が全て非鼻音の側にあることから、先行鼻音のガ行鼻音保持への影響も観察されない。一方、「…。が、…」のような文頭の接続助詞「が」に鼻音が現れるなど、これまで見てきた話者にはなかった振舞いも見せる。

以上の観察を総合すると、渋沢においては、注意が向けやすく意識的な発音の対象になりやすい助詞「が」のような特定の機能語に限って、不完全ながら鼻音が獲得されたものと推測される。また、1840年生れの渋沢のガ行鼻音の保持状況から、埼玉が非鼻音地域であった時期は、LAJの情報よりもさらに50年ほど遡ると推定してよいだろう。

群馬県の野間清治（桐生市、17.2％）の一覧表を、表11に示す。データは少ないが、一覧表の分布模様から見て、基本的には渋沢と同様の位置付けができそうである。和語の「考えて」は、鼻音／非鼻音でゆれが見られるものの、わずかに先行鼻音の影響が観察される例であり、野間が散発的に鼻音の現れる話者であることを示唆している。

5. おわりに

本稿で取り上げた東日本出身の11人の話者は、「一覧表」の分布模様に基づくガ行鼻音の保持状況の詳細な分析により、次のように位置づけられる。

表10　渋沢栄一　（全161例　鼻音20例　鼻音率12.4％）

	鼻音 (20)	非鼻音 (141)
格助詞「が」主格	〔CV(V)-〕私 が (2)、魂が、思いやりが、歳月が、道徳が、子路が、子張が、ファラデーが、…とが 【10】	〔N-〕五年が、国民が、思念が 〔NV(V)-〕翁が (2)、…ものが (2)、楽しみが、意味が 〔CV(V)-〕世の中が、心が、…ことが (4)、竹が、言うが、平和が、学者が、国家が、組織が、大震災が、解釈が、記述が、破壊力が、関係が (3)、連盟が、新発明が、程度が、戦争が、協調が 【33】
格助詞「が」連体格	【0】	〔CV(V)-〕我が (6) 【6】
接続助詞「…が、」	〔CV(V)-〕…ますが (5)、…するが、…であるが (2) 〔#-〕「が、…」(2) 【10】	〔NV(V)-〕…しれませぬが 〔CV(V)-〕…ますが (3)、…ましたが (2)、…であったが 【7】
和語	【0】	〔ガ〕考えて、長生き、お願い、有難さ、輝く (2)、疑い、広がり、汚れたり、違(たが)えず、従って、苦々しい (2)、事柄 (2)、やがて、互いに 〔ギ〕目釘、限り、限って、限られて 〔ゲ〕曲げて (2)、上げて、挙げて (2)、申し上げて (4)、遂げ得る、捧げられ、お蔭 〔ゴ〕悉く 【34】
	【0】	〔ガ〕さりながら、…ながら (2) 〔ゴ〕…のごとし、…のごとく (2)、…のごとき 【7】
漢語	【0】	〔ガ〕天下、科学 (2)、経学、謦咳、経済学、被害、利害 (2)、倫理学、祝賀、哲学、有害、一生涯 〔ギ〕仁義 (9)、信義、会議、盛儀、利義 (2)、主義 (3)、不義 (4)、小義 〔グ〕戦具、境遇 〔ゲ〕感激、人間 (2)、歳月 〔ゴ〕論語 (5)、一言 (2) 〔ギョ〕事業 (2)、実業家、商工業 (2) 【54】

表11 野間清治 （全29例 鼻音5例 鼻音率17.2％）

	鼻音 (5)	非鼻音 (24)
格助詞「が」主格	〔CV(V)-〕…ことが、修行が、高揚が 【3】	〔CV(V)-〕心が、…ことが (7) 【8】
格助詞「が」連体格	【0】	〔CV(V)-〕我が 【1】
接続助詞「…が、」	【0】	〔CV(V)-〕…ありまするが 【1】
和語	〔ガ〕考えて (2) 〔グ〕 〔ゲ〕 【2】	〔ガ〕考えて (2)、お願い、疑って、疑いなく 〔グ〕申し上ぐる、優れて 〔ゲ〕上げたい 【8】
漢語	【0】	〔ガ〕懇願、哲学、小学校 〔ゲ〕具現 〔ゴ〕今後 〔ギョ〕修行 【6】

```
真性保持者          ：後藤新平、星一
A型疑似性保持者H類：町田忠治、増田義一、芳澤謙吉、山本悌二郎
同          L類：斎藤実、小泉又次郎、牧野元次郎
B型疑似性保持者    ：渋沢栄一、野間清治
```

　A型疑似性保持者にH類（鼻音消失の第1段階）とL類（鼻音消失の第2段階）の2類があり、段階を踏んで鼻音が消失する過程を実証することができた。ガ行音の鼻音率だけでなく、鼻音の出現パターンの把握（含意尺度の発見）が重要であることも確認された。

　ガ行鼻音保持者の鼻音の消失は、漢語から始まる。話者の経歴から見て個人語内にも重層構造が想定されるが、漢語も含めたガ行鼻音の保持において真性保持者と疑似性保持者に分かれるのはなぜなのか。馴染みのない未知の漢語に出会ったとき、音声面での対応に話者によって違いが出るのはなぜなのか。明

治期における個々の漢語の出現・定着の時期の確認と併せて、「馴染み度」の観点からの検討が課題となるだろう[*13]。

「岡田コレクション」に収録された音声資料全体を見渡せば、①中京圏の境界地帯の話者、②東京都（いわゆる下町と山の手、および多摩地域）の話者、さらには③西日本に広がる非鼻音地域、境界地帯の話者について、同様の手法で調査の範囲を広げていくことも、次の課題として残されている。

注

1）「岡コレ」全体では大隈重信の1838年生れが最も早い。生年が明らかな話者92名の内訳は、1830年代1名、40年代2名、50年代12名、60年代26名、70年代26名、80年代16名、90年代4名、1900年代〜10年代5名であり、1860年代〜70年代生れの話者が中核を成していることが分かる。

2）「岡コレ」の大部分は大正・昭和戦前期（1915〜1945年）の録音であるが、若干戦後の録音も含まれている。

3）多くの話者は、政治家、実業家、文化人、軍人として、あるいは複数の職業を兼ねながら、東京をはじめとする各地の"公共空間"で活躍したことが知られている（金澤・相澤編、2015）。

4）先駆的な研究として清水康行による合拗音の調査報告があるが（清水1989a、1989b）、談話（演説、講演）における当該音声の出現頻度、出現環境の多様性からみて、ガ行音の方が数量的な分析に適していると予想される（例えば、助詞「が」、接続詞「しかしながら」、「…の（が）ごとく」など、頻出する機能語類にガ行音が含まれることなど）。

5）上野編（1989）の記載情報とそれに基づくガ行子音の分布図、あるいは『日本言語地図 第1集』（1966年、国立国語研究所）所収の音韻分布図（例えば、第1図「カガミ（鏡）の -G- の音」など）を参照。

6）生年の条件で話者を絞り込み、さらに、「1．はじめに」の④で述べた地理的な観点から11人に絞り込んだ。「岡コレ」の東日本出身者には東京と中部地方の話者も多く含まれるが、本稿の議論の範囲からは予め除いてある。

7）文字化資料からガ行子音の存在が想定されても、録音状態が悪いために聴き取りが困難な数例については、判定不能として集計から除外した。

8）ガ行鼻音の関わる言語変異が、単なる自由変異としてではなく、言語内的・外的要因による制約を受けたものであるという、言語変異の「秩序ある異質性orderly heterogeneity」（Weinreich et al. 1968）の具体的な好事例と考えられることについては、

南部・朝日・相澤（2014）を参照。
9）ガ行鼻音保持の傾向性に含意尺度を適用して解釈するアイデアについては、相澤（1994）を参照。また、ガ行鼻音の研究史を踏まえた問題点の指摘と代案の提示については、田中・吉田（1997）も参照。
10）星一は、同じ講演中の「営利会社、製薬会社、株式会社」の3例で「〜会社」の「が」の頭子音を鼻音で発音している。一続きで切れ目を意識しないときは鼻音が出るようであり、強固な鼻音保持者であることを窺わせる。
11）言語形成期（母方言の習得）後に、新たな活躍分野（政治家・実業家など）で習得した専門的な漢語から非鼻音化が始まった可能性が考えられる。
12）集団語の一つとして"軍人語"を想定すると、一つには、母方言の特徴の意図的な消去（この場合は非鼻音化）が考えられる。また、歯切れのよい（この場合は非鼻音の）漢語の使用を志向する傾向も考えられる。
13）馴染み度の低い専門的な漢語は、一字一字の漢字表記に切れ目が意識され、語中のガ行音の発音が影響を受ける可能性が考えられる。原稿の読み上げによる演説かどうかも、拾い読みの観点から検討する必要がある。

参考文献

相澤正夫（1994）「ガ行鼻音保持の傾向性と含意尺度―札幌市民調査の事例から―」『研究報告集』15（国立国語研究所報告107）
上野善道編（1989）『日本方言音韻総覧』小学館（『日本方言大辞典』下巻所収）
金澤裕之・相澤正夫編（2015）『大正・昭和戦前期 政治・実業・文化 演説・講演集―SP盤レコード文字化資料―』日外アソシエーツ
清水康行（1989a）「録音資料で聴く過去の音声の実例―二十世紀早期演説レコードの合拗音を例に―」『国文学解釈と鑑賞』54-1
清水康行（1989b）「二十世紀早期の演説レコード資料群に聴く合拗音の発音」『名古屋大学国語国文学』64
田中ゆかり・吉田健二（1997）「変異消失の過程とその制約―山梨県西部域若年層におけるガ行子音―」『計量国語学』20-8
南部智史・朝日祥之・相澤正夫（2014）「ガ行鼻音の衰退過程とその要因について―札幌と富良野の言語調査データを利用して―」『国立国語研究所論集』 7
Weinreich, Uriel, Willam Labov and Marvin I. Herzog (1968) Empirical foundations for a theory of language change. In Winfred P. Lehmann and Yakov Malkiel (eds.) *Directions for Historical Linguistics*, Austin: University of Texas Press.

大正期演説のピッチ
——ピッチレンジおよび大隈演説のfinal loweringについて

高田三枝子

要旨

　岡田コレクションの大正期の演説の音声資料を取り上げ、特にピッチの様相を中心に報告する。前半ではまず音声資料としての基本的な情報と、また特に使用音域の偏りについて述べる。後半では無アクセント方言話者である大隈重信の演説を分析し、final loweringの生起範囲について、これまでに東京方言を中心とした分析で報告された範囲とは異なることを報告する。

キーワード：大正期演説音声資料、音声分析、ピッチ、大隈演説、final lowering

1. 研究の概要

　改めて言うまでもないことであるが、音声研究において、観察対象とする資料がなければ研究は始まらない。特にその詳細な音響的特徴を観察する研究は録音資料がなければ不可能である。しかし録音技術が発明され広く普及したのは極めて最近のことで、従ってそうした音響音声学的研究は現代の資料を中心に展開せざるを得ない。

　その中において岡田コレクション（以降、岡コレ）の録音資料は録音技術が発明され日本に輸入されて間もない時期の非常に貴重な録音資料を提供する。もちろん録音技術は洗練されておらず、その音質は現代の録音のそれに比べて圧倒的に低いが、しかしそこから読み取れる情報は少なくない。特に韻律面においては多くの有益な情報を得ることができる。

　本稿では、岡コレの中で最も古い時期、すなわち大正期の演説の音声につい

てピッチの様相を中心に報告する。ピッチはその音質面で分析に制限のある大正期演説音声資料においても比較的観察しやすい側面であるが、やはり資料の音質により、観察のしやすさが異なる。本稿の前半ではまず筆者が本稿の分析を手さぐりで進める過程で得た音声資料としての基本的な情報、特に音質に関わる情報を示し、その後に各演説の使用音域について報告する。

後半では大隈重信の演説「憲政における輿論の勢力」（以下、大隈演説）の音声資料を取り上げ、発話末でのピッチ下降現象すなわちfinal loweringの生起範囲について報告する。final loweringの分析では日本語の韻律情報ラベリングシステムとして考案されたX-JToBIを適用するが、その際必要となったアクセント句の認定に関わる音調についても合わせて提案する。

2. 岡田コレクション大正期演説の音声資料

まず岡コレに含まれる10の大正期演説の音声資料についてその概要と、各演説の使用音域（ピッチの分布範囲）について報告する。

2-1. 資料の概要――音声面を中心に

岡コレには大正期の演説音声資料として、先に挙げた大隈をはじめとする9人による10の演説（永井柳太郎が2演説）が含まれる。表1に、大正期の各演説を示す。なおこれらの情報は相澤・金澤（2014）による。以降演者の名前は姓のみで示す。

表1　岡コレに含まれる大正期の演説

no.	通番	演者	演題	録音年	時間長〔分：秒〕
1	通番1	尾崎行雄	司法大臣尾崎行雄君演説	大正4年	〔28:09〕
2	通番4	大隈重信	憲政ニ於ケル輿論ノ勢力	大正4年[*1]	〔17:13〕
3	通番5	島田三郎	非立憲の解散・当路者の曲解	大正9年	〔18:25〕
4	通番6	永井柳太郎	普通選挙論	大正12年	〔11:45〕
5	通番7	永井柳太郎	第二維新の理想	大正末	〔12:51〕

6	通番15	田中義一	護国の礎	大正13年	〔6:48〕
7	通番17	後藤新平	政治の倫理化	大正15年	〔12:53〕
8	通番18	阪谷芳郎	人間一生の信念	大正末	〔5:09〕
9	通番20	武藤山治	政党ノ政策ヲ確ムル必要	大正末	〔6:06〕
10	通番69	長岡外史	飛行機の大進歩	大正13年	〔7:08〕

　なお当時の録音技術では連続して録音できる時間は短く、例えば大隈の場合6回の録音に分けて録音されている。この録音のつなぎ目は資料中おおよそ3分ごとに現れる録音の音質が突然変化する箇所（長いポーズの存在や雑音成分の変化など）から比較的容易に知ることができる。

　本稿ではピッチ特徴に関して分析を行うが、そのF₀検出に関わる資料の音質に関する情報として、表2に、各資料における、倍音成分が比較的明確に観察可能な周波数帯域の下限（録音下限）と上限（録音上限）の周波数を示す。また同時に、実際に各演説のF₀をPraatのピッチ分析機能により自動的に算出した場合の誤計測率も示す（演説の前に他者による紹介がある場合（no.2とno.3）、紹介部分は除いている）。なお本稿で使用した音声分析ソフトはPraat version 5.4.01で

表2　各演説音声資料の録音下限／上限値とピッチの誤計測率

no.	演者	録音下限値(Hz)	録音上限値(Hz)	誤計測率(%)
1	尾崎行雄	240	1800	8.9
2	大隈重信	210	3000	1.1
3	島田三郎	190	2300	2.4
4	永井柳太郎	210	3000	0.4
5	永井柳太郎	210	3000	4.4
6	田中義一	230	2600	3.1
7	後藤新平	250	2500	3.5
8	阪谷芳郎	200	2500	1.9
9	武藤山治	210	3000	1.0
10	長岡外史	200	2000	3.6

ある。

　録音下限・上限については、狭帯域スペクトログラム（窓長0.1秒）の表示において倍音成分が明確に見られる周波数を目視で確認した値である。この境界は下限については比較的明白であるが、上限についてはよりあいまいになるため、ここで示したのは多くの共鳴音、特に母音で倍音構造が明確に観察できるおおよその上限である。表2を見るとわかるように、大正期の演説音声資料はすべて200Hz以下が録音されていない。また上限は高いもので3000Hz程度である。図1に下限の、図2に上限のスペクトログラムによる確認例を示す（no2.（大隈）の音声。表示箇所は図1、2とも同じ）。200Hz以下の帯域が直接録音されていないことはピッチ分析においてもちろん好ましいことではない。しかし200Hz以下のピッチ曲線も分析ソフトによって補完されて表示される。低い値では誤計測や未検出が多くなるが、目と耳で確認することによりその分析の目的に応じて利用可能なレベルの資料も多い。

　F_0の誤計測率は次の手順で算出した。まず各演説についてPraatのautocorrelation methodによるピッチ分析（Pitch（acc））を使って自動的にF_0値を算出した。パラメータは全演説に共通してtime step＝0.02秒、octave-jump cost＝0.5、その他の値はPraatのデフォルト値とした。ただしceilingとfloorの値については各演説のF_0最高値と最低値を目と耳で確認した上で、それぞれの値とした。このPitch（acc）によるピッチ分析は、0.02秒に1つのF_0値を返す

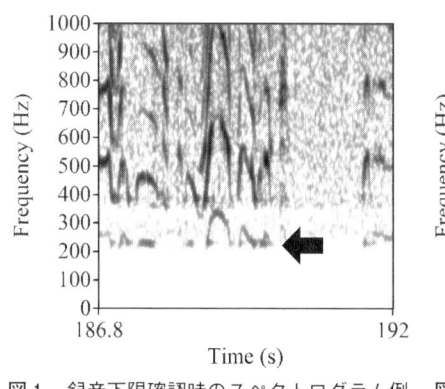

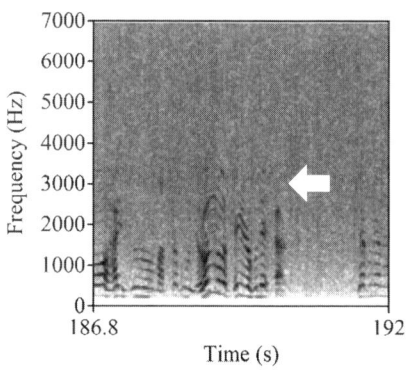

図1　録音下限確認時のスペクトログラム例　図2　録音上限確認時のスペクトログラム例

が（音声の発せられている箇所で）、これをリスト化し、資料開始から1分ごとに5秒間の音声をサンプリングし、計測されたF_0値について、その計測値の正誤を目と耳で確認し判定した。そしてF_0の計測されたフレーム数に占める誤計測率を求めた。

各演説の誤計測率を比べると、no.1は8.9%ととびぬけて高い。実際、後に記す大隈の演説（no.2）と同様の分析を行おうとした際には、難が多く、時間的な制約から今回はあきらめざるを得なかった。no.1は他の資料に比べ、倍音成分の明確な周波数帯域が狭く、このことが誤計測率にも影響していると考えられる[*2]。

次節の分析はこのPraatのピッチ分析による値に基づくものであり、ここで示した誤計測率に留意する必要がある。

2-2. 岡田コレクション大正期演説音声資料の使用音域

本節では岡コレに含まれる大正期の演説音声資料について、使用音域という観点から見ていく。

具体的な観測値は計測されたピッチ分布の各パーセンタイルの値から決める。すなわち最高値と最低値の範囲をピッチレンジとし、またPraatのピッチ分析における全フレームの値から算出した84%点と16%点の範囲[*3]（計測されたピッチの値の68%が含まれる範囲）を主要音域とする。

表3には各演説のピッチの最高値、84%点、中央値（=50%点）、16%点、最低値、ピッチ幅を示す。基本周波数の最高値・最低値は演説全編を通して目と耳で確認したが、84%点、中央値、16%点の値についてはPraatのピッチ分析の機能で自動算出されたものである。以上の値の単位はすべてHzで示すが、最右列のピッチ幅については最高値と最低値をそれぞれ聴覚的な高さの感覚としてよりとらえやすくするためsemitone（100Hz基準）に換算した上でその差を示した。また表3の内容を全てsemitoneで図示したのが図3である。

図3を見ると、まずピッチレンジの広い演説としてno.2（大隈）とno.10（長岡）が目立つ。12 semitone＝1 octaveであるから、この2名に関しては、演説で2 octave以上の音域を使用していることが分かる。特に大隈はピッチの下限が他の演者に比べて大幅に低く、それに対して長岡は上限が大幅に高い。こう

表3　各演説音声資料の使用音域（パーセンタイル、ピッチレンジ）

no.	演者	最高値 (Hz)	84%点 (Hz)	中央値 (Hz)	16%点 (Hz)	最低値 (Hz)	ピッチレンジ (semitone)
1	尾崎行雄	315	238	189	159	102	19.5
2	大隈重信	378	293	264	217	72	28.7
3	島田三郎	366	251	216	198	127	18.3
4	永井柳太郎	354	260	238	210	113	19.8
5	永井柳太郎	411	300	267	218	110	22.8
6	田中義一	385	286	263	232	111	21.5
7	後藤新平	387	308	242	194	139	17.7
8	阪谷芳郎	301	250	222	179	115	16.7
9	武藤山治	437	341	308	276	151	18.4
10	長岡外史	606	378	317	253	129	26.8

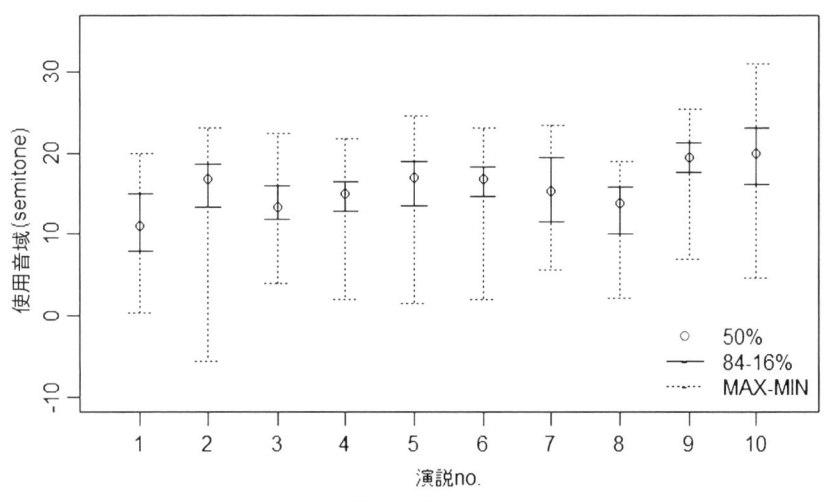

図3　各演説音声資料の使用音域（パーセンタイル、ピッチレンジ）

したことは、演者の演説スタイルを特徴づけ演者に対する印象にも関わることが考えられる。

　また大隈のno.2の演説は主要音域が演説のピッチレンジに対して高い方に偏っており、演説の大部分は高い音域を使用しつつ、談話中のある部分で思い切り低いピッチを使用するというピッチの用い方をしていることが分かる。大隈の演説の主要音域は、大隈自身においても、演説でない普通の会話でのそれに比べて高い音域を使用していることが伺われる。それは、録音の切れ目でおそらく技士に向けられて発せられている発話で、例えば「もういいか」など発話している部分のピッチとの比較で読みとれる。演説中、2回ほどそうした発話が見られるが、それらはおよそ130Hz前後であり、演説全体のピッチレンジに対してかなり低い音域のピッチである。なおno.2（大隈）を聞くと最も低い値はほとんどが「信じますんで、ある」「感じますんで、ある」といった表現の「ある」の部分に現れるものであった。またこの「ある」の部分は息もれ音あるいはきしみ音といった通常と異なる発声が聞かれる場合も多かった。

　長岡のno.10の演説は主要音域自体、他の演者に比べ高く広い傾向があるが、そこからさらに、ピッチを高く跳ね上げるような音調が見られる。実際にno.10を聞くと高低の変化が激しい印象を受ける。最高値の606Hzは演説の最後に「おーい、諸君、どうか、はやくしてください」と聴衆に呼びかける「はやく」の部分で現れるが、ここは裏声を使用しているようである。

　次に演説のピッチレンジに対する主要音域の偏りに注目してみよう。これについてタイプを分けて見ると、低音域に偏るタイプは見られず、見られるのは高音域に偏るタイプと、高音域にも低音域にも偏らないタイプである。no.1（尾崎）、no.3（島田）、no.7（後藤）、no.10（長岡）の演説は偏らないタイプ、他は高音域に偏るタイプと言える。

　またno.1（尾崎）とno.7（後藤）は主要音域が比較的広くピッチレンジとの差が比較的小さい。すなわちピッチレンジをまんべんなく使用するタイプであると考えられる。例えばno.1（尾崎）の演説を実際に聞くと、比較的通常の話し方に近い印象を受ける。すなわち極端に声を張り上げたり一定音調に保つといったことをせず、アクセントを無視せず、演者のいわゆる地声に近い音域で話しているという印象である。

逆に主要音域が比較的狭い演説は抑揚の比較的少ない演説になると考えられる。特にno.3（島田）、no.4（永井）、no.6（田中）、no.9（武藤）はピッチレンジも広いわけではなく、比較的抑揚のない演説になっていると考えられる。
　no.9（武藤）は主要音域がピッチレンジの高音域に偏っているが、この演説を実際に聞くと、本来のアクセントを無視して無核にされた文節（自立語＋助詞）が連続し、一つの大きなアクセント句を形成する特徴的な音調が目立つ（例、図4の「我が国の政党は諸君が政党の政策に重きを置かずして」はこの1フレーズで1アクセント句を成す）。これは現時点で筆者の個人的な印象に過ぎないが、この高く張りつめた音調は、ある種の緊張感をもたらしている。そしてまたこのような音調は、決してこの演説だけにでなく（例えば戦時中の大本営発表など）見い出せるのではないかと感じられた。今後、時代やスタイルと結びついた特徴として、この音調を位置づけられるかどうか、検証を続けるべきであろう。
　ところでこのような音調はno.2（大隈）でもしばしば見られる。しかしno.2（大隈）の場合はこの形成単位が統一されず、短いものから長いものまでさまざまであるのに対し、no.9（武藤）の場合には大きい単位（節など）で形成されることが多いようである。これは、大隈のそれが、無アクセント方言である母方言によるものであるのに対し、武藤のそれは、本来有核のものを無核化してわざわざ作り出したものであることを反映しているのではないかと思われる（武藤は岐阜県（尾張）出身）。

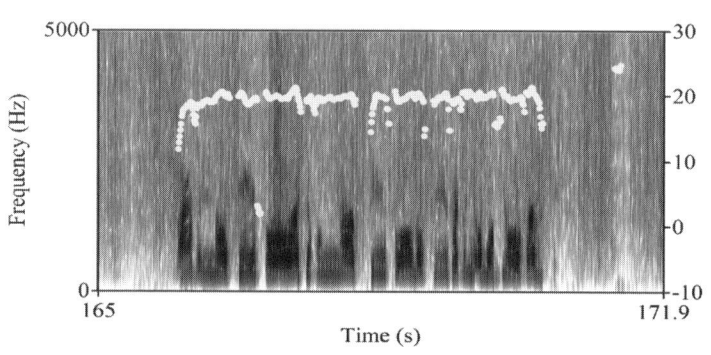

図4　1節が1APを成す音声例
（no.9（武藤）「我が国の政党は諸君が政党の政策に重きを置かずして」）

以上のような、ピッチレンジと主要音域の偏りについては、演説スタイルおよびその印象と音声特徴との関係を検証する研究において、有用な観点となるのではないだろうか。

3. 大隈演説におけるfinal loweringの生起範囲

　以下では、より詳細な音声事象に焦点を絞った分析の事例を報告する。具体的には上述の大正期演説の中から特に大隈重信の「憲政における輿論の勢力」（表1の演説no.2、以下、大隈演説）を取り上げ、発話末という位置によって引き起こされるピッチ下降の現象、すなわちfinal loweringの生起範囲について、現代の東京方言を中心とする音声による分析とは異なる結果を得たので、それについて報告する。

3-1. 資料とラベリングについて

　まず大隈重信と大隈演説の資料について、続いて分析する上での音声資料のラベリングの概要について述べる。

3-1-1. 無アクセント方言談話としての大隈演説

　大隈は1838年に佐賀の会所小路（現佐賀県佐賀市）の上級武士の家に生まれ育ち、29歳ごろまで佐賀を中心に活動しており（『国史大辞典』2「大隈重信」より）、母方言は佐賀のいわゆる無アクセントの方言であると考えられる。無アクセント方言話者であることは、当然ながら演説でのピッチの様相に大きく関与すると考えられる。大隈はその後東京で政治家として活躍するが、この演説は大正4年（1915年）の第12回総選挙における選挙活動の一環として行われたものであるといい（倉田1979）、当時77歳、東京を本拠地に活動して既に50年弱の歳月を送った後の音声であると考えられる。50年弱という長い年月を考えれば、他方言、特に東京方言の影響を受けることが考えられる。

　しかし結論を言えば、大隈演説には無アクセント方言話者としての特徴が色濃く表れており、有アクセントの話者による演説とは捉えがたく、無アクセント方言話者の音声資料として扱うべきであると判断した。実際に演説を聞くと、ピッチの急な下がり目が聞き取れる箇所も多々ある。しかしそれらは語に固定

して現れるものではなく、むしろアクセント句や発話といった単位の決まった位置に現れており、アクセントによる下降とは言えない（むしろ句音調などとして捉えられる）と判断される場合が多かった。このことについては次節でX-JToBIに用意されていないが観察された境界音調として詳述する。いずれにしても、今後さらなる検討が必要と思われるが、本稿ではこの大隈の演説を無アクセント方言話者によるものとして扱うことにする。

3-1-2. 韻律の単位およびトーンの設定

　本稿では、韻律の単位として発話（utterance）、イントネーション句（intonational phrase: IP）、アクセント句（accentual phrase: AP）といった単位を設定する。これらの韻律単位は大きい方から、発話＞IP＞APとなる。これはPierrehumbert & Beckman（1988）（以下、P&B（1988））の考えに依拠するもので、実際の認定においてはこのP&B（1988）の理論に基づいて考案されたX-JToBI（その前身としてはJ-ToBIがあるが）のマニュアル（五十嵐ほか2006）を参考にしている。

　これらの単位について簡単に述べれば次のようである。まず発話は基本的には文末表現によって区切られる。統語的には文に対応する韻律の単位で、その末尾ではそれ以外の箇所に比べて特にピッチが低くなる現象、すなわちfinal loweringが観察されることが知られる。なお本研究で扱う演説は、会話などと異なり基本的に発話末には文末表現が現れ、認定においてあまり迷うことはない。

　APはアクセント核を1つないしは含まないで形成される単位で、基本的に句頭のピッチの上昇→アクセントによる急激な下降あるいは自然下降→句末の低いピッチという一まとまりを形成する。この単位はいわゆる文節と呼ばれる統語的な単位（内容語と機能語がひとまとまりとなった単位）とも密接に関わるが、APは文節1つに対応する場合もあれば、無核の語からなる文節の連続により複数の文節が融合して一つのAPを成すこともある。本研究で扱う大隈演説は無アクセント方言の音声資料であることから、原則として無核のAPしか存在しないと考えられる。

　IPは発話とAPの中間的な単位であるが、これは基本的にそれ以前のAPに対しピッチレンジのリセット、あるいは拡大がなされる箇所で区切る単位である。

　なお本研究のラベリング作業は基本的にX-JToBIのマニュアルに従い、

Praatのannotation機能を用いて行った。ただしX-JToBIでは韻律単位をBreak Index（BI）層に韻律境界の強さを表す数値で書く方式をとるが、本研究では操作の便宜上、それぞれの単位に異なるラベリングのための層（tier）を与えた。

　次に各韻律単位の具体的な認定作業における基準を簡単に示す。

【韻律単位の認定基準】
　　＜発話＞　　基本的に、文末形式、あるいは書き起しテキスト（相澤・金澤 2014）で句点「。」の現れる箇所で区切る。
　　＜IP＞　　基本的に、APを1つ以上含み、冒頭でそれ以前のピッチレンジがリセットされる箇所で区切る。具体的には、当該APと直前AP間を比較し、次のいずれかの条件でIP境界認定する。
　　　　　　　①当該ピッチレンジの拡大がある
　　　　　　　②直前APに下降の句末境界音調（Boundary Pitch Movement: BPM）があり、かつ当該APにダウンステップに類するピッチレンジの逓減が見られない
　　＜AP＞　　基本的に、句頭の高いピッチ（→下降のBPMによる急激な下降あるいは自然下降）→句末の低いピッチという一まとまりを形成する単位。ただし下降がほとんど見られない場合もある。具体的には、いわゆる「文節」単位の音調に次の特徴が見られた場合にAP境界認定する。
　　　　　　　①句頭の上昇（initial rising）がある（直前単位との間に認定）
　　　　　　　②句末境界音調（BPM）がある（直後単位との間に認定）
　　　　　　　③直前単位との間のF_0傾斜が不連続（直前単位との間に認定）

具体的な各単位の認定例を図5に示す[4]。この場合、「およそ、ものの、善悪邪正、順逆は、実質的、道徳的に発達するもので、ある。」という全体が1発話の単位をなし、その中に「およそものの」「善悪邪正」「順逆は」「実質的」「道徳的に発達するものである」という5つのIPがあり、さらに「およそ」「ものの」「善悪邪正」「順逆は」「実質的」「道徳的に」「発達するもので」「ある」という8つのAPに分けられると考える。

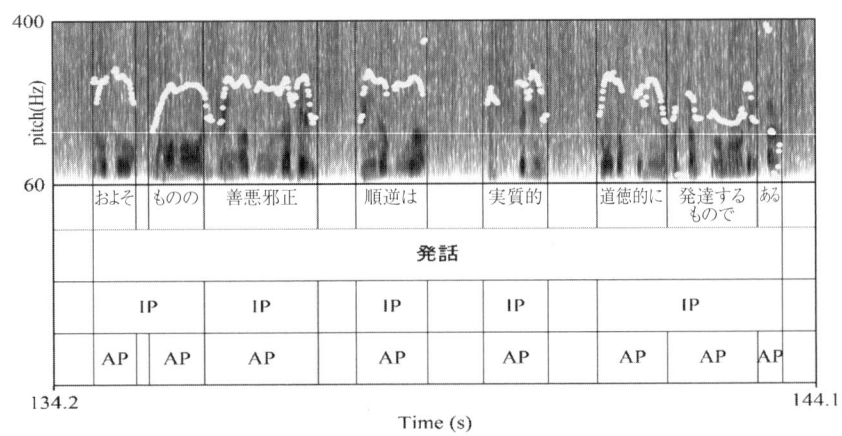

図5 韻律単位認定例

　なおP&B（1988）は日本語の東京方言のアクセント体系に基づく理論であり、X-JToBIも同方言を対象とするものである。従って無アクセント方言の韻律分析にそのまま適用できるかどうかについては一考を要する。しかし無アクセント方言で現れるのは無核APだけであり、無核APの連続は東京方言にも存在する。そしてこれを記述するシステムはX-JToBIに用意されていることから、基本的にこれを援用することは可能であろう。本稿ではX-JToBIに従ってアノテーションを進め、その過程で必要となったいくつかの拡張ルールを加えてX-JToBIの認定基準を援用した。この拡充ルールについては次節で詳しく述べる。

　韻律単位の認定の他、トーンのラベリングについてもX-JToBIに用意されたラベルを利用した。本研究ではAP内の句頭のピッチのピークと句末で最も低くなったピッチを観察対象とする。これはおおよそX-JToBIで用意された、各APに認定される句頭の上昇のピークを表すH-と、AP末におけるピッチの最低部に付されるL%の付与箇所に相等する。本研究では、前川（2011）を参考に、これらをそれぞれInitial High Tone（以下、IHT）、Final Low Tone（以下、FLT）と読みかえて計測対象とした。ただしFLTのラベリングにおいて、上昇下降調（HL%）のような複合的句末音調の影響により、ピッチの最低部分がL%のラ

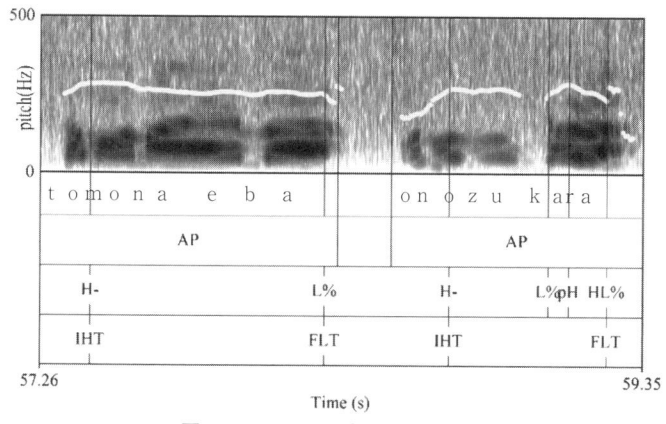

図6 トーンの認定（ラベリング）

ベリング部分より後（例えばHL%の部分）に来る場合には、後の最低部分（この場合HL%の位置）をFLTとした。図6にトーンの認定（ラベリング）の例を示す[4]。なお図6にはH-とL%の他、X-JToBI句末音調の為に用意されたHL%、pHも見えるが、それぞれ上昇下降調およびその上昇のピークを示すラベルである。これらの他、本稿のアノテーションで使用したトーンラベルとしてはH%があるが、本稿で述べる分析には関わらない。

IHT、FLTの各F_0値の計測は基本的にはPraatのピッチ分析の機能を用いた。しかし計測を間違えるあるいは計測できない部分も見られ、再度目と耳による確認と修正を行った。

なお発話末APについては、2.2節でも紹介したように、大隈演説の特徴とも言われる「（～で,）ある」という表現がかなり頻繁に表れる。しかしこの発話末部分は声が小さく、手作業による確認によっても計測が不可能な場合も多かった。どうしても計測不可であったものについては、その後の計算から除外する。ただしこの計測不可であった発話末のピッチは全て、実際耳で聞くと、低いきしみ声であったり、あるいは先行APのピッチの傾斜などから非常に低い音声であることが推測できるものであった。

3-1-3. X-JToBIの適用における拡充事項—AP境界認定と境界音調

　無アクセント方言談話である大隈演説の音声資料では、東京方言の場合と異なり、無核の語の連続により長大なAPが形成される可能性がある。しかし実際にはそうした長大なAPはそれほど現れず、境界音調によってAPが区切られた。ただしその認定に関わる境界音調についてX-JToBIで想定されているもの以外にも認める必要があった。ここでそれらの境界音調について述べることにする。図7[*4]はここで提案する2つの境界音調を含む発話の一部である。

　まず句末の境界音調に関して、先にも述べた「句末ピッチの急な下降」を認める。この急な下降は、その生じる位置が語ごとに決まっているというより、むしろAPの単位においてその前半に生じているように見られる。その意味でもアクセントとは認め難い。こうした下降は大隈演説では強調する場合や発話末に近いAPで頻繁に見られた。

　東京方言のように、有核語においてアクセント核がピッチの急な下降をもたらすアクセント体系の場合、同じく急な下降が、アクセントとは別に、句末境界音調としても働くとは考えにくい。しかし無アクセント方言では自然下降ではない急激な下降が現れた場合、そこに有標性を感じとり（しかしアクセントとしての解決はできず）、結果としてそこに何らかの機能の存在を感じることになる。その機能として何が含まれ、どのような効果をもたらすかという全体像に

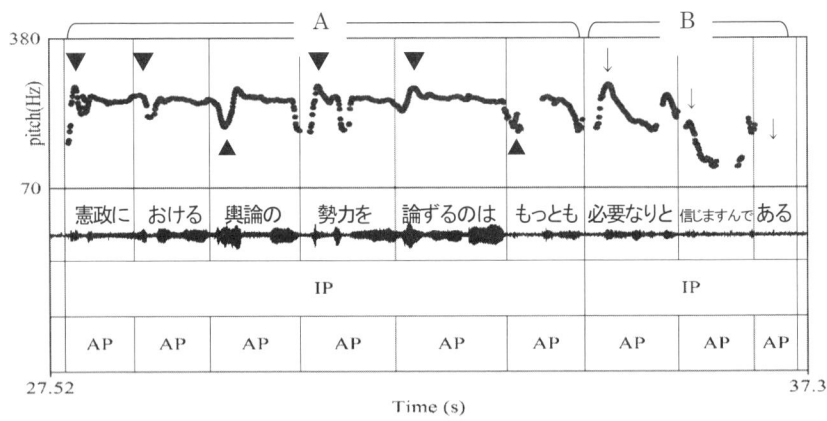

図7　「句末ピッチの急な下降（↓）」と「句頭の超高ピッチ（▼）」の境界音調例

ついて現時点で何らかの知見を持つわけではないが、少なくともこのピッチの急激な下降は、何らかの単位の区切りを示す機能を果たしていると考えられる。

さらにIP認定においてもこのピッチの急激な下降を句末境界音調として認めることは有効に働く。東京方言では有核APの連続においてアクセント核が契機となってピッチピークの逓減すなわちダウンステップが起こり、このピッチレンジのリセットによってIPが認定される。しかし無アクセント方言においてはそうしたアクセント核によるダウンステップはあり得ない。ところが実際に分析を進めると、アクセント核による下降ではないが、先に見たピッチの急な下降がそれに似た現象を見せることがある。すなわち、ピッチの急な下降とその後に続くAPのピッチピークの逓減といった、ダウンステップに非常によく似た形式を持つ現象が見られるのである。図7のBはこうした句末境界音調の連続とダウンステップに類する後続APのIHTの漸次的な低下が見られた箇所である。矢印（↓）で示したAPの句頭のピッチピーク（後述のIHT）が次第に下がっていく様子が分かる（発話末の「ある」はピッチが計測されていないが、聴覚的な確認で、100Hz以下の先行のAPのピッチピークより低い値であることを確認した）。このようにIP認定においてもAP内の下降に関する句末境界音調を認め、それに続くAPのピッチレンジのリセットという観点を導入する必要があると考えられた。

以上の句末境界音調以外に、もう一つ、本稿では句頭に現れる境界音調として、無核AP冒頭モーラ[*5]がその後のモーラに対して特別に高くなる「句頭の超高ピッチ」を認める。図7のA部分がその例であり、句頭の超高ピッチがあった箇所を▼で示している（▲は逆に1モーラ目が下がった箇所を指している）。これは無核APの上昇ピーク（H-）の後に急な下降（しかし小幅な）が見られるとも言い換えられる。ただしAP頭（％L相当箇所）での先行AP末に対するピッチの相対的な低下が必須でない（図7中左から2番目の▼はその顕著な例）。感覚的にはむしろ無核語の連続において前後のピッチが比較的高く平坦に連続する中でそのAP頭だけを特別高くしているように聞こえる。これはX-JToBIで用意されたAP開始時の最低ピッチ（％L）と上昇のピーク（H-）のラベルによる句頭上昇の認定では捉えきれない。しかし本資料ではこのような句頭のピッチが文節の区切りで現れ、APの区切りを示していると考えられる例が多く見られ、これを

APの認定基準に含める必要性が感じられた。

　以上のように、AP・IP認定基準に関わる境界音調については、東京方言を対象として構築されたX-JToBI内で想定されている種以外のものを新たに設定した。上記２種の境界音調は共通してAP境界の隣接部分に生起し、APの切れ目を表示するという機能があると考える。ただし今後引き続き、これらがはたして無アクセント方言の談話全体に見られる現象であるのか、あるいはまた方言という地域性に還元されるものではなく演説というスタイルに伴う現象である可能性も含め、検討が必要である。

3-2. 大隈演説の分析結果と考察

　本節では大隈演説のピッチについて、IPを単位として、その中に含むIHT、FLTの変化を観察した結果を報告する。その際、特に、当該IPが発話末に位置するか否かということに注目する。発話という単位では、先にも述べたように、その末尾で特にピッチが低くなるfinal loweringが観察されることが指摘されている（P&B1988）。日本語の東京方言を中心とした自発音声コーパス（『日本語話し言葉コーパス（Corpus of Spontaneous Japanese: CSJ)』）の分析においてもこのfinal loweringは観察されている。前川（2011、2013）はCSJデータの観察において、主に最終AP（部分的に次末APも）の範囲でfinal loweringによる下降が認められると指摘している。本稿ではこのfinal loweringの範囲について無アクセント方言談話である大隈演説について確かめるべく、発話末IPでのIHTおよびFLTのピッチ低下の程度を非発話末の場合と比較する。

　まず本資料でラベリングされた各韻律単位とトーンの数を表４に、また図８にIPサイズ別、発話末／非発話末別IP数を示す。ここでいうIPサイズとは中に含むAPの数である。トーンのラベリング数は本来APの数と同じになるはずであるが、計測不可の箇所があるため実際には下回る。図８を見ると、当然のことながら発話末IPは非発話末IPよりも少ない。またIPサイズ別の頻度は、全体に６以下のものが多いが、非発話末IPではIPサイズ１に頻度のピークがあり、サイズの小さいものへの偏りが目立つのに対し、発話末IPではIPサイズ２にピークがあり、また偏りも相対的に見て小さい。

　次にfinal loweringの生起範囲について見てみよう。図９は、IPサイズごと

表4 本資料中のラベリング数

発話	93
IP	371
AP	869
IHT	831
FLT	829

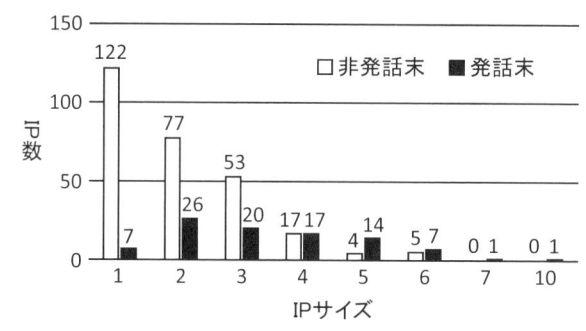

図8 サイズ別・発話末／非発話末別IP数

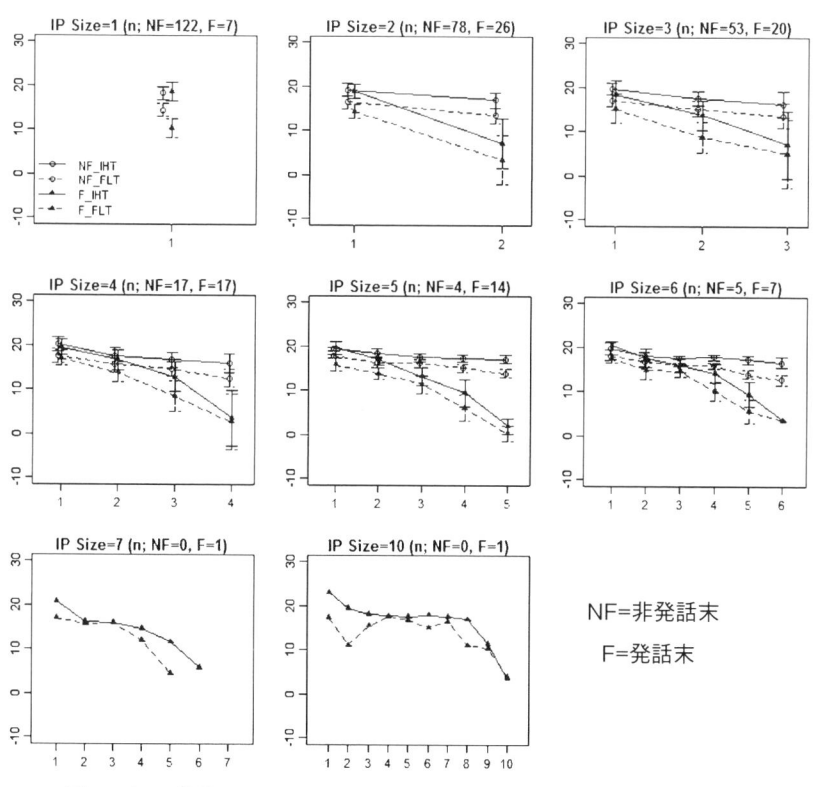

図9 各AP位置におけるIHT、FLTのピッチの平均と標準偏差（semitone）

NF=非発話末
F=発話末

に(各小図)、AP位置(IP内で何番目に当該APが位置するか)によるトーン(IHT、FLT)のピッチの平均値と標準偏差を示したものである。各小図の横軸はAP位置、縦軸はピッチの値(semitone)を示す。発話末／非発話末はマーカー(○=非発話末(NF)、▲=発話末(F))、トーンの違いは線種(直線=IHT、破線=FLT)で表している。各マーカーで示された値は、トーンの計測値(Hz)をsemitoneに換算した上で平均値を求めたもので、ひげは標準偏差±1の範囲を示している。また各小図上部に分析対象としたIP数(n)が示されており、各値のもととなるトーンの計測数は基本的にこれに一致する。ただし中にはピッチが計測不可であったトーンもあるため(特に発話末APのトーン)、実際の各AP位置の計測トーン数を表5に示した。

図9を見ると、全体にIPの先頭から末尾に向かって、IHTもFLTもどちらか

表5　発話内位置・IPサイズ・AP位置別の計測トーン数(IHT／FLT)

非発話末		IP内のAP位置					
		1	2	3	4	5	6
IPサイズ	1	122/122					
	2	76/77	77/77				
	3	52/52	53/53	53/52			
	4	17/17	17/17	17/16	17/17		
	5	4/4	4/4	4/4	4/4	4/4	
	6	5/5	5/5	5/5	5/5	5/5	4/5

発話末		IP内のAP位置									
		1	2	3	4	5	6	7	8	9	10
IPサイズ	1	7/6									
	2	26/26	21/22								
	3	20/20	20/20	14/13							
	4	17/17	17/17	17/17	9/10						
	5	14/14	14/14	13/13	14/14	7/6					
	6	7/7	7/7	7/7	7/7	7/6	1/1				
	7	1/1	1/1	1/1	1/1	1/1	1/0	0/0			
	10	1/1	1/1	1/1	1/1	1/1	1/1	1/1	1/1	1/1	1/1

と言えば下降する傾向が見られる。ただしこれはIP認定操作の基準を考えれば当然のことである。つまりIHTがそれ以前のIHTより高くなればそこでIPを区切るので、必然的に後ろのIHTは先行するIHTと同じかあるいは低くなる。このことを考えた上でもう一度見直せば、むしろ非発話末の場合に、IP末に向けての下降が小さいことが注目される。例えば東京方言の有核APを含むIPではダウンステップが起こりIHTがこれほど平坦に連続することは考えづらい。つまりこの非発話末におけるIHTの平坦さは大隈演説に無核APの連続しかないことの反映であるとみることができるだろう。なお、この非発話末IPにおけるIHTとFLTの高く平坦な保持は、先に2‒2節図3で見た、ピッチレンジに対する主要音域の偏りという結果に繋がっていると考えられる。

　一方、発話末の場合は非発話末の場合と大きく異なり、そのIPサイズに関わらず、IP冒頭からIP末（＝発話末）に向かってIHT、FLTともに大きく下降していく様子が見られる。IP冒頭の値は、非発話末とほとんど変わらないが、IP末では大きく離れたものになる。またその下降はほぼ線形に（データ数があまりに少ないものは除いて）下降していくように見える。本資料に含まれるAPは全て無核であり、この下降はダウンステップとは異なる、発話末という発話内位置の影響によるものであると考えることができる。そして発話末という位置条件が関わるということは、すなわちfinal loweringによる下降であると言える。

　先にも紹介したように、前川（2013）によれば、東京方言を中心としたCSJの資料の分析では、発話末のfinal loweringの生起範囲は主に最終APの範囲であった。しかし図9の結果を見ると、この大隈演説ではより大きな範囲で下降が生じているように見える。このことを確かめるべく、各AP位置のトーンの値（semitone）について、発話末と非発話末の差の有意性を検証した（Mann-WhitneyのU検定）。その結果を表6に示す。

　この表6と図9の結果を合わせて見ると、データ数が極めて少ないIPサイズ6の場合を除き、IP末に近いほど発話末と非発話末の差が明確になる。そしてその範囲は発話の最終APだけにおさまらない。おおよそIP末から3AP前後に及ぶと見ることができる。IPサイズが小さいものについては、IP頭APでさえFLTで有意差が確認される。つまり大隈演説資料において、final loweringによる下降の影響を受ける範囲は、IP頭APのIHTを除く、発話末から3AP前後

表6 発話末と非発話末のトーンにおけるピッチ差の検定結果

IHT (semitone)		IP内のAP位置					
		1	2	3	4	5	6
IPサイズ	1	U=349 n.s.					
	2	U=1119 n.s.	U=1481 ***				
	3	U=662 n.s.	U=899 ***	U=621 ***			
	4	U=173 n.s.	U=193 n.s.	U=220 **	U=140 ***		
	5	U=23 n.s.	U=39 n.s.	U=51 **	U=56 ***	U=28 **	
	6	U=11 n.s.	U=18 n.s.	U=27 n.s.	U=32 *	U=35 **	U=4 n.s.

FLT (semitone)		IP内のAP位置					
		1	2	3	4	5	6
IPサイズ	1	U=600 **					
	2	U=1428 **	U=1630 ***				
	3	U=759 **	U=917 ***	U=574 **			
	4	U=156 n.s.	U=177 n.s.	U=231 ***	U=145 **		
	5	U=38 n.s.	U=48 *	U=52 ***	U=56 ***	U=24 **	
	6	U=20 n.s.	U=28 n.s.	U=26 n.s.	U=35 **	U=30 **	U=5 n.s.

Mann-WhitneyのU検定　有意性水準 ***：$p<0.001$、**：$p<0.01$、*：$p<0.05$、n.s.：$p>=0.05$

の範囲と見ることができる。

　この結果は前川（2013）の示したCSJで観察されるfinal loweringの範囲と異なり、注目に値する。ただし前川（2013）は、有核APの連鎖による発話のみを取り上げて分析しており、その点で東京方言を中心とした音声による無核AP

連鎖でどのようなfinal loweringの生起範囲が認められるかということは分かっていない。従って今後、今回の大隈演説資料に観察されたfinal loweringの生起範囲が無アクセント方言の特徴なのか、それとも無核AP連鎖の特徴なのかを検証する必要がある。本資料で示された結果は、今後東京方言の無核APの連鎖や他方言におけるfinal loweringの生起範囲を検討する上で興味深い結果であると言える。

4. 今後の展望

　以上、岡コレの大正期演説音声資料をピッチの観点から分析した結果を報告した。本稿での分析は資料、観点共に部分的ではあったが、しかし今後の、歴史的、地域的な研究、あるいはスタイルといった観点からの研究への展開に興味深い手掛かりを与えるのではないか。例えば大正期演説のピッチレンジおよび主要音域は演説のスタイル、あるいは個別の演説家のスタイルを捉える観点として比較の基となる資料となろう。また大隈演説の分析から得られたfinal loweringの生起範囲に関する結果や、あるいはまた分析の過程で示されたAPの境界音調の提案など、今後様々な音声資料の分析を進める上で注意を払い検証を行うべき箇所を示した。本報告は、総体として、この岡コレの大正期演説音声資料がピッチに関して多くの情報を提供できる資料であることを示すことができたと考える。

注

1 ）大隈の録音年については相澤・金澤（2014）と異なるが、これは倉田（1979）の情報に従うものである。倉田（1979）には、尾崎と大隈の録音はともに第12回総選挙の活動の一環であったことが述べられている。「尾崎に続いて首相大隈重信の吹込みも実現した。三月二日午後四時、（後省略）」（同、101p.）といった日時の詳しい記述もある。
2 ）もちろん録音周波数だけがこの誤計測率に関わるわけではない。永井柳太郎の資料は同じ人物、同程度の録音周波数であるのに、大きく誤計測率が異なる。
3 ）ここで四分位点ではなく84％点、16％点の値を利用したのはピッチの分布に標準正規分布を想定してのことではないが、Praatのinformationで四分位点の値ではなくこの値が示され、また四分位点の代わりにこの値を用いる（データ全体の68％が含まれる

範囲を主要音域とする）ことも問題ないと考えたためである。
4）図5、図6、図7ではそれぞれ説明に直接かかわる層のみを表示しているが、実際のアノテーションでは第1層にレコーディング番号（レコードの盤面の順番）、第2層に発話区間と発話内容、第3層にIP区間、第4層にAP区間、第5層にトーンラベルを付した。
5）基本的に1モーラ目であるが、時に2モーラ目まで含む場合も見られた。

引用文献

相澤正夫・金澤裕之（2014）『岡田コレクション「演説音源集」文字化資料　カテゴリ順第1分冊』（国立国語研究所共同プロジェクト「多角的アプローチによる現代日本語の動態の解明」報告資料）国立国語研究所

五十嵐陽介・菊池英明・前川喜久雄（2006）「韻律情報」『国立国語研究所報告集124　日本語話し言葉コーパスの構築法』国立国語研究所

五十嵐 陽介・馬塚 れい子（2014）「対乳幼児会話のなかのイントネーション」『日本語学』33-7

倉田喜弘（1979）『日本レコード文化史』東京書籍（2006年、岩波現代文庫版）

中村尚美（1980）「おおくましげのぶ　大隈重信」国史大辞典編集委員会（編）『国史大辞典』2　吉川弘文館

前川喜久雄（2011）『コーパスを利用した自発音声の研究』学位請求論文（東京工業大学）

前川喜久雄（2013）「日本語自発音声におけるfinal lowering の生起領域」『第27回日本音声学会全国大会予稿集』

Pierrehumbert, J. B. and M. E. Beckman (1988) *Japanese Tone Structure*. MIT Press.

3

大正〜昭和前期の演説・講演における漢語の読みのゆれ

松田謙次郎

要旨

　岡田コレクション中に使われた漢語のうち、現代語と読みが異なるもの、また変異を示すものを抽出し、それらを構成漢字により4つの類（「存」類、「没」類、「達」類、「重」類）にまとめて分析した。岡田コレクションのカバーする期間は演説年にして40年ほどであり、かなり限定されているが、調査した漢語の中には演説者の生年により差を見せるもの、また個人内でのゆれを見せるものがあることが確認された。さらに、「軍人読み」の存在の可能性を探り、職業軍人出身者に特異な読みがほとんど見られないことが判明した。

キーワード：漢語、ゆれ、年齢差、複合語、軍人読み

1. はじめに

　大正〜昭和前期の演説を収めた岡田コレクションでは、さまざまな言語形式のゆれを観察することができる。その中には現代語にまで連綿と続くものもあれば、昭和前期から現代に至る時の流れの中で変化を遂げたものもある。ここでは、こうしたゆれが観察される現象の一つとして漢語の読みを取り上げる。明治期の漢語の読み、またその動きについては、池上（1957）、佐藤（1962）、磯貝（1964）、飛田（1966a、1966b、1968）、など豊富な漢語関連の先行研究から知ることができる。現代語における漢語読みのゆれについては個々の漢語について国立国語研究所（1954）以降多くの調査が行われており（たとえば石野（1980）、石野・丸田・土屋（1989）など）、その実相をおおまかに把握することも容易である。

しかしながら、大正から昭和前期に至る時代については調査研究が乏しいように見受けられる。最近になり、塩田（2014）の放送用語の観点からの詳細な調査分析によりようやくこの空隙を埋める作業が始まったが、岡田コレクションのような実際の発話データから得られる知見も、些少ながらも大正から昭和前期にかけての日本語史研究の一助になるであろう。このような見地から、本稿では同コレクションで使われた漢語の主たるものを対象として、その読みを分析する。

2. 方法論

岡田コレクション文字化ファイルから漢語を抽出するにあたり、以下の3ファイルは対象外とした：

○松岡洋右「FAREWELL MESSAGE寿府決別の際のメッセージ」（全文が英語）
○筧克彦「やまとばたらき（日本体操）」（全文が祝詞のような内容であるため）
○出口王仁三郎「神言」（全文が祝詞のような内容であるため）

この結果、対象としたファイルは合計156ファイルとなった。これらの演説の録音をすべて聞き直し、当該漢語の読みが現代と異なるもの、また岡田コレクション中でゆれていると思われるものについて「根本（こんぽん）」のようにカッコ内に読みを付していった。すべてのファイルを聞き直した後、スクリプト（egrep/grep）を使用して一気に漢語と読みを抽出した。

抽出した漢語のうち、話者の出身地域方言によるものと思われるゆれ（例：税（じぇい）［大隈重信「憲政ニ於ケル輿論ノ勢力」1916年］、政府（しぇーふ）[*1]［犬養毅「新内閣の責務」1932年］[*2]、結了（けつじょう）［東郷平八郎「連合艦隊解散式訓示」1934年］[*3]）、また仏教語に由来するものと思われるゆれ（例：妄想（もうぞう）、和尚（かしょう）[*4]、凡夫（ぼんぷ～ぼんぶ））、さらに連濁によるゆれは考察の対象外とした（ただし、「存」類と「達」類については連濁による変異も扱った）。

こうして揃った漢語をその構成漢字によって4類にまとめた。これらについて分析を行い、類から漏れた項目については項を改めて考察することとしたい。

3.「存」類

　最初に「存」を含む漢語をまとめた「存」類から考察を始めよう。昭和前期における「存」を含む漢語の読みのゆれについては、特に浅井 (1983) と塩田 (2014：209ff.) の記述が詳しく、また現代語でのゆれ変異の状況については石野 (1980)、石野・丸田・土屋 (1989)、菅野・臼田 (1979)、山下 (2014) に報告がある。昭和前期においてはとりわけ「依存」と「生存」に関する記述が詳しいが、菅野・臼田 (1979)、浅井 (1983：54)、塩田 (2014：227ff.) の所見をまとめると、以下のようになる：

① 「依存」は昭和前期のほとんどの国語辞書において発音記述がないが、『大辞典』(1934) に「イゾン」という読みが、『言苑』(1938) に「イソン」という読みが記されている。
② 放送におけるアナウンサーの発音の誤りとして、生存「セイソン」を「セイゾン」としたという指摘が1938年になされている（河合1938）。
③ 日本放送協会の設置による放送用語並発音改善調査委員会（放送用語委員会）がまとめた内部資料『放送用語調査委員会決定語彙記録（一）』（以後『語彙記録』）(1939) で「依存」「イソン」〜「イゾン」のゆれが認められており、放送で用いる形として「イソン」が採用されている。
④ 1941年に放送用語委員会が「存」の読みについて以下の決定をした：
　　A.「存在」「依存」「存続」「共存」「存置」「存立」「現存」「存亡」「残存」では「ソン」と読み、
　　B.「存意」「一存」「存外」「所存」「存知」「存生」「存念」「存命」「御存命」では「ゾン」と読み、
　　C.「生存」は「ソン」「ゾン」の両用を認めるが、「生存競争」「生存者」については「ゾン」を採る
⑤ 上記④からは「存」が実在の意味の場合には「ソン」、思考の意味の場合には「ゾン」と読む傾向が見て取れるが、「存生」「存命」「存分」「異存」などの例外もある。ただし思考の意味の場合には「ゾン」と読むと言える。

　さて、岡田コレクション中の「存」を含む漢語12種類の読みをまとめたのが

表1である[*5]。演説タイトル欄のカッコ内の数字は、同一話者・同一演説内における同様な読みの合計を示す(一度しか使われていない場合には省略)。また、「依存者」のような複合語は破線で分けてある。

表1 「存」類の読み方一覧

項目	読み	演説者	生年	演説年	演説タイトル
依存	いそん	中野正剛	1886	1942	総選挙と東方会 (3)
		中野正剛	1886	1942	国民的政治力を集結せよ (2)
		中野正剛	1886	1942	総選挙と東方会
依存者	いそんしゃ	中野正剛	1886	1942	米英撃滅を重点とせよ
自存	じそん	津下紋太郎	1870	1926-34 (昭和1ケタ代)	石油事業について
自存 自営	じそん じえい	東條英機	1884	1941	大詔を拝し奉りて
存在	ぞんざい	東郷平八郎	1848	1934	軍人勅諭奉戴五十周年記念
	そんざい	大隈重信	1838	1916	憲政ニ於ケル輿論ノ勢力
		穂積陳重	1855	1921-1926 (大正末)	法律の進化
		頼母木桂吉	1867	1936	総選挙ニ直面シテ
		牧野元次郎	1874	1935-1944 (昭和10年代)	良心運動の第一声 (2)
		大谷光演	1875	1923	戦いなき世界への道 (2)
		中野正剛	1886	1942	総選挙と東方会
		近衛文麿	1891	1937	時局に処する国民の覚悟 (2)
存立	ぞんりつ	東郷平八郎	1848	1934	軍人勅諭奉戴五十周年記念
	そんりつ	島田三郎	1852	1920	非立憲の解散、当路者の曲解
		田中義一	1864	1924	護国の礎

		若槻礼次郎	1866	1932-33	地方政戦に直面して
		津下紋太郎	1870	1926-34 (昭和1ケタ代)	石油事業について
		山本悌二郎	1870	1937	対英国民大会
		東條英機	1884	1941	大詔を拝し奉りて
		竹脇昌作	1910	1942	一億起てり
共存	きょうぞん	田中智学	1861	1926-34 (昭和1ケタ代)	教育勅語の神髄
	きょうそん	渋沢栄一	1840	1928	御大礼ニ際シテ迎フル 休戦記念日ニ就テ
		後藤新平	1857	1926	政治の倫理化
		田中義一	1864	1928	国民ニ告グ
		弘世助太郎	1871	1926-34 (昭和1ケタ代)	我等の覚悟
		成瀬達	1882	1936	我等の信条
		成瀬達	1882	1939頃	創業五十周年に際して
共存 共栄	きょうぞん きょうえい	木下成太郎	1865	1932	御挨拶に代へて
		増田義一	1869	1936	立候補御挨拶 並ニ政見発表
	きょうそん きょうえい	成瀬達	1882	1936	我等の信条
共存 共栄圏	きょうぞん きょうえいけん	近衛文麿	1891	1941	日独伊三国条約 締結に際して(2)
生存	せいぞん	東條英機	1884	1941	大詔を拝し奉りて
	せいそん	矢野恒太	1866	1935-44年 (昭和10年代)	人生のゴール
		芳澤謙吉	1874	1931	対支政策
		平出英夫	1896	1942	護国の神『特別攻撃隊』
生存 競争	せいぞん きょうそう	賀川豊彦	1888	1922	恋愛と自由
生存権	せいぞんけん	内田良平	1874	1932	日本の天職

表全体を見渡すと、同一話者（中野正剛）とは言え、清音のみの「依存（者）」、2件のみではあるがやはり清音のみの「自存（自営）」、またいずれも東郷平八郎の1例を除くすべてが清音の「存在」「存立」から、清濁両形が分かれる「共存」「生存」といった2つないし3つぐらいのグループに分けられそうである。
　この分布を菅野・臼田（1979）、浅井（1983）、塩田（2014）による記述と照合してみよう。まず「依存」と「生存」について見ると、中野正剛にしか使用が見られなかったものの、「イソン」は実は当時の放送用語委員会の決定に沿うものであった。中野の演説はこの決定の翌年に当たり、中野の発音は当時優勢だった読みを反映していたわけである。
　興味深いのが「生存」である。「生存」単独では「ソン」2件と「ゾン」1件に分かれたが、「生存権」「生存競争」と複合語化している場合にはいずれも「ゾン」であり、上記④Cの規則と合致している。これらの演説は1922年から1942年までのほぼ20年間になされたものであるが、1941年の『語彙記録』におよそ沿うものであったことになる。
　他の漢語では、④Aで清音とされている「存在」は10件中9件までが清音で同決定に合致、表からは省いてあるが「存続」（1例）も同様に合致している。同じく清音であるはずの「共存」は複合語を含めて12件中7件が清音と、一見決定とは乖離しているかのようである。しかし「共存」単独では7件中6件までが「ソン」であり、「共存共栄（圏）」と複合化すると5件中4件までが「ゾン」となる。ここでは上記「生存」と同様な連濁の原理を想定すべきであろう。
　最後に④Bで濁音と読むとされているものは、現代語と読みが同じであり、また変異がないことから表からは除いたが、「存命」「所存」「存知」が1例ずつではあるが決定に合致するものであった。
　まとめると、単独と複合化した場合を分離して扱うならば、岡田コレクション中の「存」を含む漢語は、『語彙記録』にほぼ沿った読みであったと言うことができる。

4.「没」類

　「没」をその構成要素とする漢語は、対象範囲としたデータ中には19件発見された。このうち現代語での読みと異なって「もつ／っ」と読まれたものは「没

頭」と「没収」である。他の「没」を含む漢語14件は、いずれも現代語と同様の読みがなされていた（表2）[*6]。

表2 「没」類の読み方一覧

項目	読み	演説者名	生年	演説年	演説タイトル
没我	ぼつが	東條英機	1884	1941-42	戦陣訓
		平出英夫	1896	1942	護国の神『特別攻撃隊』
没我的	ぼつがてき	秦真次	1879	1933	弥マコトの道に還れ
没却	ぼっきゃく	広池千九郎	1866	1926-34（昭和1ケタ代）	モラロジー及び最高道徳の特質
		山本悌二郎	1870	1937	対英国民大会
没後	ぼつご	小笠原長生	1867	1931	乃木将軍の肉声と其想出
没落	ぼつらく	山本悌二郎	1870	1937	対英国民大会（2）
		中野正剛	1886	1942	米英撃滅を重点とせよ
没収	もっしゅう	坪内逍遥	1859	1934	ベニスの商人（3）
没頭	もっとう	後藤新平	1857	1926	政治の倫理化
		田中義一	1864	1924	護国の礎
出没	しゅつぼつ	徳富猪一郎	1863	1943	ペルリ来航の意図
潜没	せんぼつ	平出英夫	1896	1942	護国の神『特別攻撃隊』
戦没者	せんぼつしゃ	近衛文麿	1891	1938	新東亜の建設と国民の覚悟
沈没	ちんぼつ	平出英夫	1896	1942	護国の神『特別攻撃隊』
日没	にちぼつ	平出英夫	1896	1942	護国の神『特別攻撃隊』

　岡田コレクションでは「没収」の出現は1件のみであるが、「没収」については佐藤（1962：363）によって「易林本節用集」（1597）から「広辞苑」（1955）に至るまでの辞書の読みが調査されている。それによれば、「没収」の読みは「易林本節用集」で「モツシユ」、「日葡辞書」（1603）「Moxxu」、「書言字考」（1698）「モツシユ」、「和英語林集成」（1872）「Mosshu」、「和独対訳字林」（1877）「Mosshu」、「言海」（1891）「モツシユ」、「広辞苑」「もつしゅ　もつしゅう　ぼっしゅう」

であった。ここからして、1859年生まれの坪内逍遙にとって「もっしゅう」という読みはごく自然なものであったであろう。

「没頭」は田中義一と後藤新平と異なる2名による演説で使われたものであり、3件の「没収」はいずれも坪内による朗読中の使用である。演説年で見ると、田中と後藤はそれぞれ1924年と1926年だが、坪内は1934年であり、小笠原や秦の演説よりも後となる。しかしそれぞれの演説者の生年で比べると、後藤はこれら12人の演説者の中で最も生年が早く（1857年）、坪内はそれに次ぐ（1859年）。一人おいて田中もそれに続くことが分かり、「没」を「モツ」と読むか否かはほぼ話者の生年で決定されているようである。それも田中の生年を考えると、明治以前の出生か否かが分かれ目だった可能性が高く、田中と後藤が「もつ／っ」という読みの最後の世代であったと考えられそうである。

5.「達」類

「達」を含む漢語でゆれ、もしくは現代と異なる読みがあったのは、「発達」「暢達」「調達」「到達」「配達」の5語である（表3、表4）。「発達」は全27件中4件が「はつだつ」と「はっだつ」であり、残りは現代語と同じ「はったつ」であった。使用者の中でも最若年の林銑十郎（1876年生）も「はつだつ」を用いているものの、この分布から「はつだつ」は消滅寸前の状況であったと考えて差し支えないであろう。なお、現代語と異なる読み4件中2件は高橋是清の同一演説であるが、興味深いことにそれぞれ微妙に違う読みをしている。

①自国の産業を発達（はつだつ）せしめ、自国の経済力を充実せしむることをもって第一としなければなりません。
②また井上前蔵相は、現内閣が金本位制を中止したのは非常に悪いと言いますけれども、金本位制度といえども、元々経済の発達（はっだつ）・国民生活の安定のための手段に他ならぬんであります。

表3 「発達」読み一覧

読み	演説者名	生年	演説年	演説タイトル
はっだつ	高橋是清	1854	1932	金輸出再禁止に就て
はつだつ	安達謙蔵	1864	1929-31	地方政戦に直面して
	林銑十郎	1876	1937	国民諸君ニ告グ
はったつ	大隈重信	1838	1916	憲政ニ於ケル輿論ノ勢力 (5)
	渋沢栄一	1840	1922	第七十五回誕辰祝賀会
	犬養毅	1855	1932	新内閣の責務 (2)
	田中智学	1861	1926-34（昭和１ケタ代）	教育勅語の神髄 (2)
	徳川家達	1863	1935	済生会の使命に就いて
	田中義一	1864	1928	国民ニ告グ
	広池千九郎	1866	1926-34（昭和１ケタ代）	モラロジー及び最高道徳の特質 (4)
	宇垣一成	1868	1934	伸び行く朝鮮 (2)
	浜口雄幸	1870	1929	経済難局の打開について (3)
	牧野元次郎	1874	1925	貯金の三徳
	高原操	1875	1925	訪欧大飛行航空講演

表4 「発達」以外の「達」類読み方一覧

項目	読み	演説者名	生年	演説年	演説タイトル
暢達	ちょうだつ	岡田啓介	1868	1938-39	愛国の熱誠に愬ふ
	ちょうたつ	町田忠治	1863	1938-39	政界の浄化
調達	ちょうだつ	井上準之助	1869	1932	危ない哉！国民経済
	ちょうたつ	山本悌二郎	1870	1937	対英国民大会
		田澤義鋪	1885	1935	国家の為に我々の為に
到達	とうだつ	犬養毅	1855	1931	強力内閣の必要
		犬養毅	1855	1932	新内閣の責務
	とうたつ	近衛文麿	1891	1941	日独伊三国条約締結に際して

到達点	とうたつてん	田中智学	1861	1926-34 (昭和1ケタ代)	教育勅語の神髄
配達	はいだつ	安達謙蔵	1864	1929-1931	地方政戦に直面して
配達人	はいたつにん	尾崎行雄	1858	1915	司法大臣尾崎行雄君演説
配達夫	はいたつふ	牧野元次郎	1874	1925	貯金の三徳

　「調達」では、3件と少数ではあるが井上準之助のみが「ちょうだつ」と読み、井上より後年生まれの他の2人は現代語と同じ読み方である。同様に、「到達点」を含めて4件の「到達」は、1855年生まれの犬養毅のみが「とうだつ」で、それ以後生まれの田中智学、近衛文麿は「とうたつ」と分かれている。件数があまりに少ないので、これが変化を反映したものかどうかは断定できないが、示唆的なデータと言えるのかも知れない。

　一方、清濁1件ずつの「暢達」、清音2件濁音1件の「配達（人・夫）」については、変化の動向は判断できない。「暢達」は現代語ではあまり使われない単語となりつつあるが[7]、現代語辞書ではいずれも「ちょうたつ」のみが記載されており[8]、演説の行われた1938・39年から現代にかけていずれかの時点で変化が完了したものとみられる[9]。

6.「重」類

　「重」を含む漢語3つ（「重要」「貴重」「軽重」）を「重類」としてまとめて検討してみよう。まず「重要」は30件使用され、現代語的な「じゅうよう」14件に加えて、「ちょうよう」という読みが16件見られた（表5、図1）。件数のみでは両者はほぼ半々のようであるが、グラフの分布はまったく異なる様相を呈する。「ちょうよう」は特定話者2名（小泉又次郎の8件、林銑十郎の4件）に多く使われているものの、データ間の間隔も広く散発的な印象であるのに対し、「じゅうよう」は1〜2件とはいうもののその出現は継続的である。グラフの形は「じゅうよう」が「ちょうよう」に取って代わろうとしていることを示していると考えられそうである。この後「ちょうよう」はさらに散発的になり、やがて途絶えたと考えられるのである。

　次に「貴重」と「軽重」を見てみよう（表6）。「貴重」は5件中3件までが

大隈重信(1838年生)の「きじゅう」という読みである。「きちょう」と読んだ林(1876年生)、平出英夫(1896年生)との間には生年にして38年以上の開きがある。データ量を踏まえると慎重になるべきであるが、この間に「きじゅう」から「きちょう」への変化が進行したのではないであろうか。

「軽重」は、東郷(1848年生)と坪内(1859年生)による2件がいずれも「けいじゅう」という現代とは異なる読みであり、現代の「けいちょう」という読みにつながる読みは見いだせなかった。坪内後のどこかの時点で「けいちょう」という読みへの転換がなされたはずであるが、その過程を観察するにはまた別の資料が必要である[*10]。

表5 「重要」の読み方一覧

読み	演説者名	生年	演説年	演説タイトル
じゅうよう	町田忠治	1863	1937年	総選挙ニ際シテ国民ニ愬フ
	安達謙蔵	1864	1929-31年	地方政戦に直面して
	若槻礼次郎	1866	1932年	総選挙に臨み国民に愬ふ
	松井茂	1866	1934-35年	日の用心の講演
	頼母木桂吉	1867	1936年	総選挙ニ直面シテ (2)
	岡田啓介	1868	1936年	総選挙に際して
	津下紋太郎	1870	1926-34 (昭和1ケタ代)	石油事業について
	松岡洋右	1880	1933-34年	日本精神に目覚めよ
	米内光政	1880	1940年	政府の所信
	田澤義鋪	1885	1936年	選挙の真精神 (2)
	重光葵	1887	1952-53年	重光総裁
	近衛文麿	1891	1941年	日独伊三国条約締結に際して
ちょうよう	渋沢栄一	1840	1922年	第七十五回誕辰祝賀会 (2)
	小泉又次郎	1865	1937年	理由ナキ解散 (8)
	林銑十郎	1876	1937年	国民諸君ニ告グ (4)
	桜内幸雄	1880	1937年	総選挙ニ際シテ
	東條英機	1884	1941-42年	戦陣訓

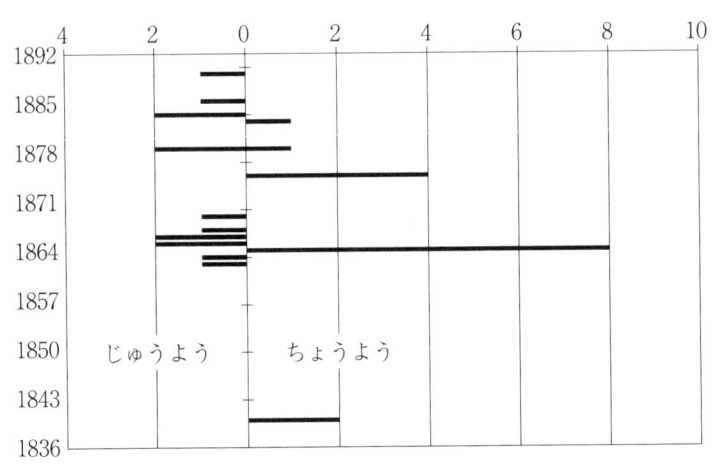

図1 演説者生年と「重要」の読みの分布

表6 「貴重」・「軽重」の読み方一覧

項目	読み	演説者名	生年	演説年	演説タイトル
貴重	きじゅう	大隈重信	1838	1916	憲政ニ於ケル輿論ノ勢力（3）
	きちょう	林銑十郎	1876	1937	「国民諸君ニ告グ」
		平出英夫	1896	1941	「提督の最期」
軽重	けいじょう	東郷平八郎	1848	1934	「連合艦隊解散式訓示」
	けいじゅう	坪内逍遥	1859	1934	「ベニスの商人」

7. 軍人読み？

　塩田（2014：235ff.）には、昭和初期の軍隊において独特な漢語の読みがあったとあり、『語彙記録』で「軍人勅諭での読みである」との注記がある項目として「上下一致（ショーカ・イッチ）」、「存す（ゾンス）」などの例を引いている。塩田（2014）も引用している池田（1962：102）では「聖戦完遂」が「カンツイ」、遂行が「ツイコウ」、満腔が「マンクウ」、円滑は「エンコツ」と読まれていたとしている。米川（2009：518）では同じ軍隊でも「大尉」については陸軍が「たいい」、海軍が「だいい」と違いがあったと述べている。こうした記述は、昭

和初期に軍隊内や軍隊関連の場面・文脈で、独特な漢語読みが使われていた可能性を示唆するものである。岡田コレクションの演説者の中にも軍人、および軍人出身者[11]が含まれているが、彼らの演説では、こうした独特な漢語の読み方（「軍人読み」）が確認できるであろうか。

上で挙げられた他の漢語（「上下（一致）」「存す」「満腔」「円滑」「大尉」）を見てみよう（表7）。表中、軍人・軍人出身者にはアステリスク（*）を付してある。

表7 「軍人読み」一覧

項目	読み	演説者名	生年	演説年	演説タイトル
上下	しょうか	*東條英機	1884	1941-42	戦陣訓
	じょうか				
上下一	じょうかいつ	桜内幸雄	1880	1937	総選挙ニ際シテ
存す	そんす	阪谷芳郎	1863	1920-1926（大正末）	人間一生の信念
		*東條英機	1884	1941-42	戦陣訓
完遂	かんつい	中野正剛	1886	1942	総選挙と東方会
	かんすい	岸本綾夫	1879	1943	昭和十八年武装の春
		*米内光政	1880	1940	政府の所信（2）
		*林桂	1880	1940-41	徴用者代表宣誓・社長林桂挨拶・万歳三唱（2）
		成瀬達	1882	1936	二十億円達成に際して
		*東條英機	1884	1941	大詔を拝し奉りて
				1941-42	戦陣訓（2）
				1942	皇軍感謝決議に対する東條陸軍大臣謝辞
		中野正剛	1886	1942	国民的政治力を集結せよ
		*平出英夫	1896	1942	護国の神『特別攻撃隊』

遂行	すいこう	高橋是清	1854	1932	金輸出再禁止に就て
		安達謙蔵	1864	1929-31	地方政戦に直面して
		木下成太郎	1865	1932	御挨拶に代へて
		頼母木桂吉	1867	1936	総選挙ニ直面シテ
		*岡田啓介	1868	1936	総選挙に際して
		内田良平	1874	1932	日本の天職（2）
		*多門二郎	1878	1933	凱旋後の所感
		桜内幸雄	1880	1937	総選挙ニ際シテ
		松岡洋右	1880	1933-34	日本精神に目覚めよ
		*林桂	1880	1940-41	徴用者代表宣誓・社長林桂挨拶・万歳三唱
		中野正剛	1886	1942	米英撃滅を重点とせよ
					総選挙と東方会
		近衛文麿	1891	1937	時局に処する国民の覚悟（3）
				1938	新東亜の建設と国民の覚悟
		*平出英夫	1896	1944	提督の最期
		東京市報道課	?	戦中	れいれいれいのれいれいれい
満腔	まんくう	町田忠治	1863	1937	総選挙ニ際シテ国民ニ愬フ
		中野正剛	1886	1942	米英撃滅を重点とせよ
円滑	えんこつ	*岡田啓介	1868	1936	総選挙に際して
		増田義一	1869	1936	立候補御挨拶並ニ政見発表
		津下紋太郎	1870	1926-1934（昭和1ケタ代）	石油事業について
		*米内光政	1880	1940	政府の所信

	だいい	*平出英夫	1896	1942	護国の神『特別攻撃隊』
大尉	たいい	JOBKアナウンサー	?	1928	御大礼行幸実写 (3)
		高原操	1875	1925	訪欧大飛行航空講演

　「上下（一）」は、「しょうか」東條英機の1件を除いて、残り2件はいずれも「じょうか」である。東條は同演説（「戦陣訓」）において両方の読みを見せており、ゆれていたことが窺われる。いずれにしても3件とも現代語の「じょうげ」とは異なる読みであることには違いはないが、「軍人読み」は東條の1件であり、それもゆれていたわけである。

　「存す」については、終止形「存す」の形では、阪谷芳郎と東條にのみ出現するが、いずれも「そんす」であり、「ぞんす」ではない。東條の演説は「軍人勅諭」とも性格的に近い「戦陣訓」であり、その読みが「ぞんす」でなかったことは注目される。さらに「存する」は10件、「存して」は2件使われているが、いずれも「そ」である。つまり岡田コレクションでは、「存（ぞん）す」という読みは軍人どころか、軍人・非軍人を問わずまったく使われていないわけである。

　「完遂」については8名による11件中、「かんつい」という読みは中野の1件のみである*12。中野には職業軍人としての経歴はない。「遂行」は使用された19件すべてが現代語と同じ「すいこう」であり、ゆれは認められなかった。演説者14名の中には、岡田啓介、多門二郎、平出、林桂ら職業軍人も含まれている。つまり、「完遂」と「遂行」の軍人読みは確認できないわけである。

　「満腔」は出現した2件共に「まんくう」だが、使用した二人とも非軍人である（町田忠治と中野正剛）。「円滑」では使用された4件すべてが「えんこつ」であったが、軍人は4人中2人（米内光政、岡田啓介）である。6件使われた「大尉」については、軍人の平出以外はすべて「たいい」だが、その平出も「だいい」1回と「たいい」1回で割れている。平出は海軍大学校卒であることを考慮すると、「だいい」という読みについては上記の米川（2009）と符合すること

から、「軍人読み」である可能性が高い。

　まとめると、池田（1962）、塩田（2014）、米川（2009）らが挙げた読みはたしかに岡田コレクションでも確認できるが、それらは（「しようか」と「だいい」を除いて）必ずしも軍人のみによって使われる読みではなかった。ただし、上記文献に加えて尾川（2003）の証言を考慮しても、当時の軍隊関係者の間で漢語の独特な読みが行われていたことは動かしがたい事実であろう。岡田コレクションのような量的制限の厳しいデータでは、また演説というスタイルではそうした読みが確認できないことは不思議なことではなく[*13]、この時代の軍人語・軍人読みについてはさらにデータと研究の積み重ねによって検証される必要がある。

8. まとめ

　以上、岡田コレクションにおける漢語の読みのゆれを見てきた。塩田（2007）では戦前期より放送において読みの統一を図るべくさまざまな試みがあったことが詳述されているが、これは塩田（2007：80）の述べるように当時の日本語の実態を反映しているものと考えられる。すなわち、戦前期の漢語の読みの規範が現在よりも緩く、複数の読みが共存している漢語が現代よりもはるかに多かったことが察せられる。当時から現代に至るまでの期間に、これらのうち多くの漢語の読みは徐々に統一の方向へ向かったものの、中には依然ゆれを保ったままいずれの読みにも定着しないものもあったであろう。

　岡田コレクションがカバーする期間は、演説年にするとたかだか40年ほどと、写真というよりはごく短い動画のような時間的幅を持つものであるが、この期間でも読みの統一へ向かった漢語（たとえば「存在」「存立」「共存」「発達」「重要」など）、そして出現頻度の問題もあり少なくともこの期間にはそうした動きが確認できなかった漢語（「生存」「到達」「暢達」「調達」など）の存在が明らかになった。さらに、生年を異にする話者間の移り変わりばかりでなく、高橋是清の「発達」、中野正剛の「完遂」、さらに東條英機の「上下」のように同一話者内でのゆれも確認することができ、大正から昭和前期に至る時代における漢語のダイナミズムの一端は捕捉できたのではないであろうか。

　今回の分析では、紙幅の制約上、類にまとめられる項目に限定して取り上げ

ざるを得なかった。その結果、「根本」、「場合」のように個別的な項目ながらきれいな分布を示すもの、「日本（にほん～にっぽん）」のようなトピックとして一筋縄では手に負えないものなども見送ることとなった。さらに、使用頻度は低くとも「未曾有（みそう～みそうう～みぞうゆう～みそゆ）」「審判（しんぱん～しんばん）」「大戦（たいせん～だいせん）」「同胞・同朋（どうほう～どうぼう）」など多くの分析価値のある漢語を扱うことも叶わなかった。これらすべてを別稿に委ねることとしたい。

注

1）岡山市高年層による /s/ は [s] から [ʃ] まで、地域差・個人差があるが（虫明1982）、犬養の時代を考慮すれば犬養に硬口蓋化された [ʃ] があっても当然と言える。
2）本稿では年号表記はすべて西暦に統一した。
3）東郷の出生地は鹿児島市であるが、後藤（1983）によれば鹿児島市方言では栗 [kui]、鳥 [toi] などのように（語中の）ラ行子音が脱落することがある。ここから推測すると、このケースは [ketsurjoː] > [ketsujoː] > [ketsuʒoː] といった過程を経てこのような発音になったと考えられる。
4）「かしょう」は天台宗での読みであり、禅宗では「おしょう」と読むとされる。
5）すべて現代語読みと同じでゆれがなかった項目と生起頻度は以下の通り：保存（6）、存分（2）、存続（1）、存命（1）、現存（1）、所存（1）、存知（1）。
6）ここでは生年による比較を行うので、現代語と同じ読みで変異のないものも表に含めた。
7）たとえば国会会議録では平成元年以降「暢達」は出現していない。
8）調査した辞書は以下の通り：「広辞苑」「新潮国語辞典（第二版）」「岩波国語辞典」「新明解国語辞典」「三省堂国語辞典」「集英社国語辞典」「大辞林」「角川国語辞典」「明鏡国語辞典」「大辞泉」「NHK日本語アクセント辞典」「日本国語大辞典」。
9）岡田コレクションでは出現していないが、佐藤（1962：360）によれば「通達」は「易林本節用集」から「日本大辞書」（1893）に至るまで辞書の読みの表示は「ツウダツ」であり、1955年の「広辞苑」に至って初めて「つうたつ」が採用されている。おそらく岡田コレクションと同時期に「つうたつ」という読みが生まれたものと思われる。
10）佐藤（1962：365）によれば、「易林本節用集」では「キヤウヂウ」、「日葡辞書」では「Qiŏgiŭ」、「書言字考」（1698）「キヤウジウ　ケイチヨウ」、「和英語林集成」「Kei-jū」、「和独対訳字林」「Kei-djū」、「言海」「けいぢゆう」、「日本大辞書」「けいちよう　けい

ぢゅう」、「広辞苑」「けいちょう　けいじゅう」とそれぞれ読みが付されていた。明治期の辞書はいずれも「けいじゅう」を載せており、「けいちょう」が「日本大辞書」のみであることは注目に値しよう。
11) 本稿では「軍人」を職業軍人と考える。つまり応召ではなく、本人の意志で軍務に就いた者である。軍人がその後政治家となった場合も軍人として扱った。
12) 興味深いことに中野は同年（1942年）に行われた2演説で「かんつい」と「かんすい」を用いている：
　　　「我らは東條内閣の聖戦完遂（かんつい）には絶対的支援を惜しまないが、阿部信行氏を中心とするこれら諸名士の推薦を押し戴くことは、我らの潔癖がこれを許さないのである。」[「総選挙と東方会」]
　　　「東亜戦争完遂（かんすい）の根本政策を推進せんがために、いちいちお指図を受けずして自発的に奉公の誠を定むることは、日本国民の積極的責任であり、それが集まっていわゆる国民的政治力となるのである。」[「国民的政治力を集結せよ」]
　　いずれも複合名詞の一部であり、ほぼ同一の言語的文脈と考えられることから、中野個人の中でのゆれを示す証拠と言える。
13) 一つの可能性として、集団語としての性格の強い軍人読みが、非軍人を対象とした言語活動では使われにくかったことが考えられる。

参考文献

浅井真慧（1983）「依存と読んでも異存なし」『放送研究と調査』1983-10
池上禎造（1957）「漢語流行の一時期―明治前期資料の處理について―」『国語国文』26-6
池田弥三郎（1962）「現代国語の成り立ち」『ゆれる日本語』河出書房新社
石野博史（1980）「"ゆれ"のあることば―有識者アンケート結果報告―」『文研月報』30-12
石野博史・丸田実・土屋健（1989）「ことばの正しさ美しさ（第三回言語環境調査から）」『放送研究と調査』39-8
磯貝俊枝（1964）「明治初期における漢語の研究―『和英語林集成』を通して見た漢語の推移―」『日本文學』22（藤森朋夫先生田所義行先生記念號）
尾川正二（2003）『帝国陸軍の教育と機構』新風舎
河合絹吉（1938）『國語と四聲』育英書院
国立国語研究所（1954）「語形確定のための基礎調査」『国立国語研究所年報6』
後藤和彦（1983）「鹿児島県の方言」飯豊毅一・日野資純・佐藤亮一編『講座方言学　9　―九州地方の方言―』国書刊行会

佐藤喜代治（1962）「近世における漢語の語形変化」『文化』26-3
塩田雄大（2007）「漢語の読み方はどのように決められてきたか―戦前の放送用語委員会
　　における議論の輪郭―」『NHK 放送文化研究所年報2007』
塩田雄大（2014）『現代日本語史における放送用語の形成の研究』三省堂
菅野謙・臼田弘（1979）「放送での「発音のゆれ」45年」『NHK 放送文化研究年報』24
飛田良文（1966a）「明治大正時代の漢語の連濁現象」『日本文化研究所研究報告』2
飛田良文（1966b）「明治以後の語彙の変遷」『言語生活』182
飛田良文（1968）「明治大正期における漢音呉音の交替」『近代語研究』2
虫明吉治郎（1982）「岡山県の方言」飯豊毅一・日野資純・佐藤亮一編『講座方言学 8
　　―中国・四国地方の方言―』国書刊行会
山下洋子（2014）「放送用語委員会（東京）　用語の決定」『放送研究と調査』2014-5
米川明彦（2009）『集団語の研究　上巻』東京堂出版

付記

　本研究の一部は、平成27年度日本学術振興会科学研究費補助金基盤研究（B）（課題番号25284082）「変異理論の新展開と日本語変異データの多角的分析」（研究代表者　松田謙次郎）を受けている。

4
戦時中の広報
―― 東京市情報課の「巻き込み」手法

東　照二

要旨

　本稿は、戦時中の東京市情報課（報道課）が当時の東京市民に向けて制作した広報音源資料を、社会言語学の観点から分析研究するものである。理論的枠組みとして、タネン（Tannen 2007）の主張する「巻き込み」（involvement）の理論を用いることとする[*1]。戦時中の広報は、概して権威に頼った上意下達型だと思われているが、その中でも聞き手との心理的距離感を少なくし、共感を作り上げるために、音楽性と物語性に即した巻き込み手法が使われていることが明らかになった。「巻き込み」の言語学的研究は、主に現代の会話分析に集中して行われているが、本稿は、戦時中の自治体の音声広報という、今までほとんど研究されてこなかった新しいジャンルを切り開き、言語理論の可能性を探るものである。

キーワード：巻き込み、音楽性、物語性、広報、自治体

1. はじめに

　行政がその管轄する区域内の市民、住民に対して情報伝達や啓蒙などを行う広報に関する研究は、主に戦後の広報について注目されてきたが、戦前、戦中にも、もちろん広報活動は行われていた。特に、1938年に国家総動員法が施行されてからは、戦意高揚、戦争への協力、動員を促すさまざまな広報、取り組みが実施されていた。たとえば、「帝都」東京市では、国策宣伝パンフレットである『週報』にならった『市政週報』（毎週土曜日発行）、回覧板、紙芝居、市

政写真ニュース、移動講演隊（トラックの上からの貯蓄奨励などの講演、漫談）、隣組の集会などで放送した「市民文化レコード」などを通じて、活発な広報活動が行なわれていたことが分かっている（上地1997、国枝2013、東京市役所1943、東京都公文書館1995、Orbaugh 2012など）。

そこで、本稿では、今まで研究されてこなかった東京市制作の戦時中のSP盤レコードに残されている音源資料を一次的資料として言語学的に分析し、その広報の実態はどのようなものであったかを検討することにしたい。特に、戦時中の広報というと、「プロパガンダ」（宣伝）あるいは「情報操作」という否定的なことばと連結しており、権威者が一般市民に対して、統治、コントロールを目的として一方的に行われるもので、情報の正確性は問われず、虚偽情報や誇張表現を内包するものだと考えられている。本稿は、もちろんこれを否定するものではない。しかしながら、権威、力だけに頼った一方的な伝達が、果たしてどの程度効果的に、市民を説得、感化、そして行動をおこさせることにつながるのだろうか、という素朴な疑問もわいてくる。むしろ、戦時下で権威の象徴である行政といえども、より効果的に市民を動かすためには、力だけに頼るのではなく、その広報戦略になんらかの言語的な方略、メカニズムがあったのではないだろうか[2]。もし、そうだとするならば、その言語的方略とはどのようなものであったのだろうか。そして、それは、今日の言語理論にあてはめてみると、どう解釈できるのだろうか。本稿では、こういったリサーチ・クエスチョンを設定し、SP盤音源資料をもとに考察していくことにする。

2. 理論的背景

本研究では、話す、聞くという行為を静的なものとみなし、話し手が話す、そしてそれを聞き手が聞くという一方的な関係性の中でとらえるのではなく、むしろ動的に、聞き手と話し手が相互に関係し、影響し合うという、いわば「交渉」を通じて意味が形成されるという考えをとることにする（Duranti 1993, Ochs, Schegloff, and Thompson 1996, Myers-Scotton 2006など）。この言語観では、会話とは話し手と聞き手によって意味が作り上げられる「共同産出」（a joint production）である、ということになる。話し手が一人で意味を作り上げ確定するのではなく、聞き手がその意味作りに積極的に関与していく。この話し手と

聞き手がお互いに影響を与えながら、会話に巻き込まれ、意味を作り上げていくという言語観は、ディスコース研究の先駆者ともいえるガンパーズ（Gumperz 1982:1）の次のことばにも明確にうかがうことができる。

> Once involved in a conversation, both speaker and hearer must actively respond to what transpires by signaling <u>involvement</u>, either directly through words or indirectly through gestures or similar nonverbal signals.（下線は引用者）

この「巻き込み」(involvement) という概念は、他の多くの言語学者（Scollon 1982, Chafe 1982など）も用いる概念だが、その中でも社会言語学者のタネン（Tannen 2007: 27）は心理的、内的、情緒的な側面に着目し、次のようなことばで、巻き込みを定義している。

> an internal, even emotional connection individuals feel which binds them to other people as well as to places, things, activities, ideas, memories, and words.

つまるところ、巻き込みとは聞き手（話し手も）が感じる心理的な結びつきのことであり、それによって他者、場所、もの、行為、考え、記憶、ことばなどとつながることである。この考えに従うと、たとえば、話し手だけが一方的に情報を相手に伝えようとしても、もしそこに巻き込みがないならば、聞き手はその情報に心理的、情緒的なつながりを見出すことはできない。この場合は、話し手の情報は、聞き手の情緒に訴えるような、強いインパクトをもったことばとはならず、したがって（説得力も含めて）聞き手を動かす力に欠けるものとなるだろう。話し手がその話す内容、話し方などを通じて、聞き手とつながったと聞き手が感じる時、その情報は初めてインパクトを持ったものとなって、聞き手に響いてくることになる。このつながりは、ベイトソン（Bateson 1972）の言うところの「ラポートのメタメッセージ」(metamessage of rapport) だとも考えられる（Tannen 2007: 29）。共感（ラポート）は、つまるところ、心理的、情

緒的なつながりのことである。

　では、どのようにしたら巻き込みを生み出し、聞き手を惹きつけることができるのだろうか。いわば、巻き込みの方略とは何であろうか。タネン（Tannen 2007）は、音（音楽性）と意味に注目し、同じ音で始まる語、表現の繰り返しなどによってリズムを作り出すこと、物語（narratives, stories）を語ること、詳細（details）に語ることなどをあげている。

　行政広報に接した聞き手の観点からこの巻き込みを考えてみると、大きく二つの要素に分けることができる。一つは、まず最初に、そもそも広報に耳を傾けるかどうか（つまり広報を聞くか、聞かないか）、ということである。もう一つは、その広報がどの程度に、またどういうふうに認知面、情緒面で聞き手を惹きつけるか、ということになる。この二つは、お互いに連動しており、人は認知的、情緒的に広報に惹きつけられればそうであるほど、途中で聞くのを止めるということをしないで、ずっと最後まで聞くことになる。また、聞くということにしても、ただ単に、受け身的に漫然と聞くというのではなく、感動したり、魅惑されたり、登場人物に自分を重ね合わせてみたり、というふうに文字通り「巻き込まれて」積極的に聞く、そして感化されるということになるだろう。したがって、本稿ではこの心理的、情緒的な巻き込みが、戦時中の東京市制作の広報でどのようになされていたかを分析してみることとする。

3．データ

　本稿の一次的データは、東京市制作の戦時中のSP盤レコードである。いわゆる岡田コレクションには、このうち東京市情報課制作のレコードが2点、東京市報道課制作のものが2点、収められている。これらのレコードは、それぞれタイトルがつけられており、以下の4点である。

　　『或る少年航空兵』（情報課、録音時間3分28秒）
　　『塵芥（ゴミ）と戦争』（情報課、録音時間3分03秒）
　　『みんな朗かで親切に』（報道課、録音時間3分06秒）
　　『れいれいれいのれいれいれい』（報道課、録音時間2分49秒）

これらが、具体的にいつ制作されたかは不明だが、1943年7月1日、東京都制の施行により、東京市が廃止され東京都になったことを考慮すると、これ以前に作成されたものと考えることができる。また、1939年12月に東京市に総務局情報課が新設され、さらに42年には総務局に報道課が設置されているところから、情報課制作のものは1939年から1942年、また報道課制作のものは1942年から1943年のいつかと考えることができる。

　なぜ、どういう目的でこのような録音媒体が作成されたのか、レコードそのものには、具体的な経緯、意義などは記されていない。しかしながら、ほぼ同じ時期に東京市役所から発刊された紙媒体である広報誌『市政週報』をみると、東京市が描いていた広報の目的、またその背景がみえてくる。特に、第一号（1939年4月8日発行）で、時の東京市長小橋一太は発刊の理由として、東京市は日本帝国の首都であり、自治において全国市町村の模範となるべきであるとして次のように述べている（東京市役所1939:3）。

> 真に前古未曾有の非常時局に際会して、政治に、産業に、文化に、厚生に、益々挙国一致、堅忍持久の覚悟を新たにし、国力を総動員しなければならぬ秋であります。（中略）自治は市民の自治であり、市政は市民の市政であります。六百五十万市民の自覚と奉仕と協力なしには、到底所期の成果を挙げることは出来ません。（漢字は、旧字を書き改めて使用）

帝都東京が、全国自治体の模範となり、「堅忍持久」し、戦争遂行のために人的、物的資源を「総動員」することを目的とし、市民の「自覚と奉仕と協力」を徹底するために広報誌を発刊したと述べている。恐らく、東京市が制作した録音媒体（レコード）も、これと同じ目的であったと想像できる。つまり、物資不足で耐久生活をおくる市民に対して、生活統制への協力、戦意高揚、士気の鼓舞を促そうとしたものだといえるだろう。

　なお、このレコードをどういう場所、場面で、どういう人たちが聞いたのかはよく分かっていない。しかし、ポータブル蓄音機などを所有している個人宅、あるいは隣組などの集会場で市民に向けて再生されたと考えるのが妥当であろう[*3]。

4. 分析

本稿では、前述のようにタネン (Tannen 2007) の巻き込み理論、その中でも音楽性、そして物語性に着目して、東京市の広報に表れた聞き手を惹きつける巻き込み方略を同定、分析していくことにする。

4-1. 音楽性

言語と音（あるいは音楽性）の密接な関係は、多くの言語学者によって指摘されている。たとえば、ソシュール (Saussure 1959:113) は、言語を一枚の紙にたとえるならば、紙の表が「考え」(thought) であり、紙の裏が「音」(sound) であるとして、one can neither divide sound from thought nor thought from soundだと述べている。それほど、ことばと音は、切っても切れない関係にあり、私たちの認知のスタイルも感覚的な音の要素に大きく影響を受けているといえる。たとえば、音の繰り返し、調べ、そして音楽性は直感的、感覚的に聞き手を惹きつけ、巻き込むために大きな力を発揮することが考えられる。このあたりを、タネン (Tannen 2007: 31) は次のように記述している。

> involve the audience with the speaker or writer and the discourse by sweeping them up in what Scollon (1982) calls rhythmic ensemble, much as one is swept by music and finds oneself moving in its rhythm.

リズミック・アンサンブルとでもよぶべきもの、つまり音楽によって人は圧倒され、リズムとともに動いて行くことにより、話し手の語りに巻き込まれていくというわけである。

この巻き込み方略としての音楽性の視点から、データを分析してみると、すべてのレコードが冒頭の短い出だしの軽快な調べ、あるいは音楽（歌）から始まっているのが分かる。役所の広報から連想しがちな、難解でフォーマルで知的で、権威的で、命令的で、近寄り難いものではなく、その逆に分かりやすく、娯楽的、庶民的、日常的で、気楽に、楽しみながら聞けるものといった、日常性のフレームを作り上げる調べである。

4つのレコードのうち、2つは音楽性を最大限に利用して、歌を挿入するこ

とにより、聞き手の巻き込みを図っている。それは、軽妙で明るい調べの歌である。音楽性が豊富なレコードの一つである『或る少年航空兵』[*4]の冒頭部分を再現すると、次のようになる（数字は秒数を示す）。

  0:00-0:13 （軽快な調べの前奏）
  0:14-0:20 東京市情報課編集、或る少年航空兵
  0:21-0:49 （歌）
        恩賜のタバコ戴いて、明日は死ぬぞと決めた夜は、
        広野の風も生臭く、ぐっと睨んだ敵空に、
        星が瞬く、二つ三つ

軽快な調べの前奏曲が13秒間続き、いわば劇中のステージが設定される。そして、レコードの作成、編集者として、東京市情報課がアナウンスされ、続けてタイトルが発表される。それは、「或る少年航空兵」である。その後、軽快な行進曲を伴奏にして、若々しい男女二人による歌が流れてくる。それは、出撃前夜、明朝、向かって飛んで行く戦場、その遥かかなたの夜空を決死の覚悟でみつめる若者の姿を描写した歌である。そこには、悲壮さはなく、勝利を信じて邁進する兵士や家族の歌声がある。暗さではなく、明るさ、不安ではなく自信がみなぎっている。士気高揚、精神の高ぶりを表現する歌である。この歌には、冷静、客観的で、正確な情報性というものは全くない。あくまでも情緒的で審美的で主観的な世界がある。この調べ、歌によって、聞き手は圧倒されるかどうかは別としても、少なくとも、歌われている兵士のことを想像し、頭に思い描き、イメージ化することができる。抽象的な情報ではなく、あくまでも具体的で映像化できるようなイメージである。暗い夜空をぐっと見つめる兵士、そして空には光り輝く星、聞き手がこういった映像を連想したとき、すでに聞き手は音楽が持つ強力な磁力によって、レコードが作り出すメッセージに巻き込まれてしまっている。

 さらに、音楽性が持つ巻き込みの力を利用したもう一つのレコードとして、『みんな朗かで親切に』をみてみよう。これは、物資不足で耐久生活を送る市民を励まし、時間がたてば戦況もよくなり、次第に必要物資や食料も豊富にな

るので、それまで辛抱し、士気を高め、希望を持ち続けることを促すものである。このレコードも先の『或る少年航空兵』と同じ様に、軽快で素朴な音楽性を最大限に活用している 。レコードの作成者、タイトルの紹介のあと、まさにそのタイトルを音楽で表現するように、明るく朗らかで楽天的ともいえる歌が挿入される。それも、一度冒頭で歌が使われたあと、メッセージ朗読を経て、再び歌の続編ともいえるような同じメロディーの歌が繰り返される。つまり、メッセージの前後を歌ではさみ込むように作られている。その流れをみてみると、次のようになる。

0:00-0:05 　　　東京市報道課編集、みんな朗かで親切に
0:06-0:35 　　　（歌１）
0:36-1:39 　　　（メッセージの朗読）
1:40-3:05 　　　（歌２）（歌３）

全体で３分弱の長さのレコードだが、メッセージの朗読は、約１分にすぎない。それ以外の全体の３分の２は歌である。つまり、歌がメインになった広報だといっても過言ではない。

　それでは、その歌を具体的に分析してみよう。歌１は歌２、３と同様に、軽快で明るい、快活で心地よいテンポを踏んだように、聞く者を勇気づける、元気づけるような歌である。 興味深いことに、一人の男性の歌い手と男女複数の歌い手が、それぞれのパートを交互に受け持ちながら、あたかもお互いに呼びかけ合っているかのように、あるいは対話しているかのように歌が発展していく。それは次のようなものだ。

（歌１）
辛抱辛抱とただ辛抱じゃないよ（男性歌手独唱）
今は辛抱しどころ買いどころ（男性歌手独唱）
外米、うどん（男女複数歌手合唱）
何のその（男性歌手独唱）
やがて時来りゃ米の山（男女複数歌手合唱）

最初に男性歌手が一人で歌い出す。戦時中で物資が少ない中、我慢しながら耐乏生活を送るわけだが、それはただずっと辛抱をするということではない。今が辛抱の真価が問われている時期である（これを耐えると後はよくなる）と歌う。そして、その男性歌手の意見、主張をサポートするかのように、他の男女複数の歌手が耐乏生活の一例である「外米、うどん」ということばを投げかけると、男性歌手が「何のその」で、全く問題ない（耐えることができる）と答える。なぜなら、その後、男女複数の歌手たちが歌うように、「やがて時来りゃ米の山」になるからである。つまり、今を辛抱して乗り切れば、物資が豊かな時代が必ず来るというわけである。これを、裏打ち、同意するかのように、最後に男性歌手が「さあさ米の山」と繰り返す。つまり、男性歌手、そして男女複数歌手の間で、かけ声が繰り返され、対話をしながら、歌が進んでいくという構図である。

　これは、つまるところ、今辛抱しないといけないというのは、男性一人だけの意見ではなく、その他大勢の人たちの一致した意見でもあるということになる。そして、聞き手はこの男女複数の中に自分も入り、その一員になったかのように感じた時、どっぷりと歌に引き込まれていく。いわば、歌が醸し出す「リズミック・アンサンブル」に巻き込まれ、それとともに自分もその一員として動いていくかのように感じる。このあと、メッセージの朗読が続く。それは次のようなものだ。

　　（前略）大東亜戦争という大仕事の最中ですから、多少のことはあっても、不平を言わずに、笑って朗らかに陽気に暮らしたいものですねえ。どうせ暮らしてゆくなら、苦虫を噛み潰したような顔でなく、みんなで親切を分け合って、感謝したり感謝されたり、戦争の済む日が20年先であろうと、100年先であろうと、乗り出した戦いの船の中です。みんな大国民らしく、大都市の市民らしく、すべての苦難を押しのけて、立派に生活戦線を確保いたしましょう。

このことばが示すように、耐乏生活を否定的にみるのではなく、みんなで協力し、助け合いながら、肯定的に明るく生活していくことを促すメッセージであ

る。それは、同じ船に乗り合わせた乗員という視覚化しやすいメタファーを使って、助け合い、つながり、相互扶助の生活を勧めるものだといえる。この、一人ではなく、みんなで共同して苦難を乗り越えて行く、それも明るく、快活に過ごしていこうというテーマは、音楽の巻き込みの力を援用しながら、歌2、歌3で、繰り返し、強化されていく。この二つの歌は、歌1と同じメロディーで、ほぼ同じ歌詞だが、若干のバリエーションをつけて、次のように歌われていく。

(歌2)
辛抱辛抱とただ辛抱じゃないよ (男性歌手独唱)
今は辛抱しどころ買いどころ (男性歌手独唱)
砂糖、制限 (男女複数歌手合唱)
何のその (男性歌手独唱)
やがて時来りゃ砂糖の山 (男女複数歌手合唱)
さあさ砂糖の山 (男性歌手独唱)

(メロディーの演奏、繰り返し)

(歌3)
辛抱辛抱とただ辛抱じゃないよ (男性歌手独唱)
今は辛抱しどころ買いどころ (男性歌手独唱)
木炭、配給 (男女複数歌手合唱)
何のその (男性歌手独唱)
やがて時来りゃ木炭の山 (男女複数歌手合唱)
さあさ木炭の山 (男性歌手独唱)

歌1の「米」が、歌2では「砂糖」になり、歌3では「木炭」になる。それ以外の歌詞、リズム、調べは同じものの繰り返しである。それは、文構造の繰り返し(「~ないよ」、「何のその」、「さあさ」など)でもあり、単語の繰り返し(「辛抱」、「山」など)でもあり、音の繰り返し(辛抱しどころ、買いどころ)でもある。繰り

返し、並列などは、およそあらゆる詩の特徴といってもいい。音、文構造、単語の繰り返しが、聞く者を巻き込んでいく。

　近代の演説のうちで、繰り返しの効果が最も如実に証明された歴史的な出来事というと、表現、文構造などの繰り返しをふんだんに活用したキング牧師のワシントン大行進の演説（1963年）が真っ先に浮かぶ。演説のタイトルにもなった、あまりにも有名な定型表現I have a dreamの繰り返しである。さらに、このスピーチでは、もう一つの定型表現let freedom ringも何度も繰り返されて行く。そして、繰り返されるたびに、スピーチが次第に盛り上がって、聴衆はその力に巻き込まれていく。それは、まさにタネン（Tannen 2007: 88）が形容するところの、「リズムと修辞のクレッシェンド」（rhythmic and rhetorical crescendo）である。この感動的なキング牧師の演説が証明するように、繰り返しはメッセージを効果的に聴衆に伝え、聴衆を巻き込み、動かす力を持っている。

　東京市の作成した『みんな朗かで親切に』は、比較的単調で分かりやすく軽快で明るい音楽、男性と男女複数の間での対話的な歌の構成、そして表現やリズムの繰り返しなど、これらが相乗的に聴衆へ向けての巻き込み効果を発揮しているといえる。

　次に、レコードの中にある物語性について、巻き込み手法の観点から考察してみることにする。

4-2. 物語性

　物語性と巻き込みは、いろいろな研究で相関関係があることが報告されている。たとえば、食卓を囲んでの会話を研究したタネン（Tannen 1984）は、会話への巻き込み度が高い会話参加者は、そうでない人よりも多く物語を語り、特に個人的な経験、またそれについてどう感じたかを語っていたという。社会学者のエクストロム（Ekstrom 2000）は、テレビジャーナリズムを詳しく分析し、テレビ番組が視聴者を巻き込む大きな力は、その物語性にあると結論づけている。物語は、聞き手の共感を呼び起こすことができる。また、聞き手を興奮させ、物語がどのように終わるのか知りたいという欲望をかきたてることもできる。それは、楽しいものかもしれないし、醜くて、恐ろしいものかもしれないが、とにかく、聞き手の興味をそそるものとなる。社会言語学者のデフィナと

ジョーガコポーロウ（De Fina & Georgakopoulou 2012: 16）は、物語の中心にあるものは、人間の移り変わりとドラマ（human vicissitudes and drama）であるという。さらに、物語は聞き手に現実はどのようなもので、他者、そして自分はどういう人なのかを理解する手助けをしてくれることにもなる。つまり、物語という様式（mode）は、相手を巻き込むコミュニケーションの方法であり、現実を理解する一つの方法となるわけだ。

では、ここで具体的に音源レコードを分析していくことにしよう。『或る少年航空兵』は前項でふれた音楽性に加えて、物語性が重要な役割を担っている。全体で3分28秒の長さだが、そのうち冒頭のタイトル、音楽、歌に50秒、そして物語に2分10秒、最後にアナウンサーのまとめのコメントに28秒という構成になっている。つまり、物語が全体の3分の2という大きな部分を占めていることになる。冒頭の若い男女二人による歌が終わると、すぐに物語の始まりである。その出だしは次のようなものだ。

　　ある少年航空兵が休みの日に教官の家を訪ねました。ちょうど昼食の時間になったので、お膳の上には心尽くしのご馳走が並びました。ところが少年航空兵はそれをいただこうともしません。

「ある〜」で始まる出だしは、まさに物語の定型的なフレームだ。まだ10代の若い少年航空兵が教官の自宅に招待される。少年航空兵と親切で面倒見のいい教官の関係、教官の自宅、テーブルの上に用意されたご馳走、その映像がまぶたに浮かんでくる。ところが、食べ盛りの少年航空兵は、それに箸をつけようともしない。予想に反した行動である。一体、どうしたのだろう。謎が提示される。興味がわいてくる。この時点で、すでに聞き手は物語に巻き込まれていく。ここまでは、語り手の音声のみが聞こえてきたが、次の展開からは、軽快な行進曲のような調べが背景の効果音として、語り手のナレーションとともに流れてくる。音楽と物語のいわば二重協奏曲である。

　　「遠慮せんでいいじゃないか。」教官がしきりに勧めると、「今日は昼飯抜きのつもりであります。」と言って、少年航空兵は自分が郷里にいた時に、

凶作でごはんを食べられないことがあったのに、軍隊に入るとキチンキチ
　　　ンといただくので、とかくその有難みを忘れがちです、今日は休暇で休ん
　　　でいるのに、こんなご馳走はもったいない、と辞退のわけを話ました。

教官の勧めにもかかわらず箸をつけようともしない少年航空兵。その理由は、
郷里の父母や家族、知人たちの厳しい耐乏生活に想いを馳せ、自分一人だけご
馳走を食べるわけにはいかない、ましてや休暇の日にとなるとなおさらである、
という少年の自制の念、他者への思いやりの気持ちなのだということが分かっ
てくる。聞き手は、それぞれ不自由ななか、耐乏生活を送っているのだが、そ
の聞き手が自分たちと関連づけて受け入れることができる物語、つまり巻き込
みをさらに強度なものにしていく物語である。
　さらに、談話構造の点からみても、興味深い特徴として、対話の活用がある。
それは、教官の「遠慮せんでいいじゃないか」そして、それに答える少年航空
兵の「今日は昼飯抜きのつもりであります」である。いずれも直接話法で発話
が引用され、それが一対の対話を構成している。こういった対話は物語を鮮明
で生き生きしたものにし、巻き込みを促すことにつながる（Chafe 1982, Coulmas
1986）。引用された話者の声が、聞き手にその人のことを想像させ、その情景
をイメージさせることを可能にするからだ。
　さて、物語はここで終結するかというと、そうではなくさらに新しい展開へ
とつながっていく。少年航空兵の気持ちを理解した上で、それでもせっかく作っ
たのだからと勧める教官に、「では、いただきます」（直接話法）と答え、少年
航空兵は初めて箸をとるが、漬け物だけにして、他の馳走はそのままにしてし
まう。ここで、それまで流れていたバックグラウンドの効果音が、一際大きく
なり、約20秒間、聞き手に沈思黙考させる機会を与えるかのように、音楽だけ
が流れてくる。そして、物語は別の効果音の調べとともに、ドラマチックな展
開を迎える。

　　　その少年航空兵が帰っていった後のことです。「申し訳ございません。」教
　　　官の前に手をついて泣き出した者があります。女中さんでした。「どうし
　　　たのだ？」教官の不思議そうなことばに対して、女中さんは、「私は今ま

で随分、気をつけていたつもりでしたが、あの兵隊さんのお心遣いを知ると、まだまだ私は物を粗末にしていたことが分かりました。これからは一層心を入れ替えます。」と詫びるのでした。

　物語は、少年航空兵と教官の会話場面から一転して、教官と女中という新しい意外な会話場面へと展開していく。それもまた、二人の対話を直接引用するという、巻き込みを促進する形で提示される。自分で日頃、物を大切に使うことに気をつけていた女中さんだが、その女中さんでさえ、物を粗末にしていたことに気がつく。そして、重要なことに、他者から指摘されるのではなく、自分から気がつき、それを主人に正直に報告し、改心することを誓う。
　ここまで物語の世界に巻き込まれ、その中で具体的に場面、登場人物、発話、声、情景を想像し、イメージ化しながら、物語とともに心理的に「動いてきた」聞き手は、この物語から自分なりのメッセージ、考え方、行動指針を受け取る。それも、アナウンサー、語り部、市役所の役人などから直接指示されて理解するものではなく、聞き手が自分自身で発見、理解するようになったものである[5]。
　質素、倹約に励み、戦争に協力しようといったかけ声、スローガンだけをどれだけ唱えたとしても、聞き手にその気がなければ、十分に効果的に伝わらない。しかし、物語の中にそのメッセージを埋め込んで、聞き手が自分でそのメッセージについて物語を通じて読み解くというスタイルは、聞き手を納得させ、説得するために大きな力を発揮する。否、もっと正確にいうと、それは誰かが誰かを納得させる、説得するという、動作主とその受動者という一方的な図式ではなく、相互共同的に、物語の語り手と聞き手がともに作り上げる現実であり、価値であるといえるだろう。もちろん、現実には少年航空兵や女中のような理想的な人物は実在しないのかもしれない。しかし、物語は真実ではないにしても、真実に近い、実在していても不思議でない（と思わせる）ような登場人物を通じて、聞き手の経験（たとえば、質素で不都合な生活）に意味や価値を与えることになり、できれば自分も少年航空兵や女中のようにありたいと思うようになる[6]。
　次に、別なレコード『れいれいれいのれいれいれい』から、さらなる物語の

例をみてみよう。これは、これまでのレコードと違い、前半、作成者（東京市報道課）、そしてタイトルがゆるやかに流れるような音楽とともに読み上げられ、そのあと小学生が自分の作文（物語）を朗読するというスタイルをとっている。そして、後半に勇ましい行進曲風の背景音楽とともに、アナウンサーが納税の大切さを話すという構成である。小学生の朗読は、全体2分49秒のうち、1分間とっており、小学生の語る作文（物語）が大きな要素を占めていることが分かる。その物語は、次のように始まる。

> 「れいれいれいのれいれいれい」と節をつけて歌うような声がして、大勢が笑った。僕は何だろうと思って橋の欄干から下をのぞいてみると、船頭さんたちが船に集まってお茶を飲んでいた。

最初の一文は、タイトルでもある「れいれいれいのれいれいれい」から始まる。一体どういう意味だろうか。何かの暗号だろうか。はたまた、何かの娯楽ゲームだろうか。小学生にとっての謎は、聞き手にとっての謎でもある。「僕は何だろうと思って橋の欄干から下をのぞいてみると」と同時に、聞き手も（小学生と同じように）橋の欄干から下をのぞいているような気がしてくる。段々と、物語に巻き込まれていく。どうも船頭さんたちが集まって、一服休憩しているらしい。それにしても、「れいれいれいのれいれいれい」は何の意味だろうか。謎はまだ消えない。聞き手はさらにその答えを求めて耳を傾ける。

> 「そうだよ、一億円と言やあ（小文字のあ）、れいれいれいが八つさ。百億円じゃ十（とお）だ。べらぼうな金がいるんだなあ。」と口々に言った。「だから税金をうんと納めて、戦争の足しにしなけりゃあ駄目だ。うちの旦那なんか、一日に税金百円を納めるんだとよう。」と年寄りの船頭さんが言うと、「えっ。一日百円、一年365日じゃ何円になるんだ。俺なんか、まだ税金を払ったことなんかねえや。」と若い男が言ったので、みんな声をそろえて笑った。笑い声がガーンと橋に響いた。

物語が進むにつれて、「れい」は数字のゼロで、「れい」の連続は数字の桁を示

していることが分かってくる。つまり金額の大きさを数えるためのものであり、船頭さんたちが税金の話をしている場面だと分かる。そして、その税金は戦争を遂行するために使われるものだということも分かってくる。ここでも、直接話法による対話形式が生かされており、船頭さんたちの会話、様子、笑い声などが、臨場感のある生き生きとしたイメージとなり伝わってくる。この物語は、税金、納税、戦時経済という固いトピックであるにもかかわらず、大人ではなくまだ小さい小学生が語り部である、また、登場人物の船頭さんたちは特権階級でも金持ちでも役人でもなんでもなく、聞き手と同じふつうの市民であるというところから、聞き手が身近に感じられるような、日常のフレームを作り上げ、巻き込みをより一層効果的なものにしているといえる。

　興味深い点は、この物語そのものの中には、納税すべしといったような威圧的で命令的な調子は全く感じられないというところだ。むしろ、船頭たちのなかには納税の経験のないことを公言する者まで登場し、それに対し一同が屈託なく笑う場面で終わっている。最後の「笑い声がガーンと橋に響いた」は、どのようにも解釈できることばで、聞き手の自由な想像、解釈を可能にし、ひいては巻き込みを誘発、促進し、物語の効果を高めることになる。

　もちろん、東京市にとってこのレコード作成の目的は、市民の間での納税を促進させることにある。したがって、レコードの最後には、アナウンサーの納税を勧めることば「大東亜戦争を勝ち抜くために、納税報国に邁進いたしましょう」で終わっている。しかしながら、レコードの主要部分ともいえる物語では、役所から市民への指示、指導、管理という「力」の差にもとづいた上意下達のフレームは感じられない。権威ある者が、そうでない者に、上から下へ一方的に情報を伝達するというスタイルではないことが分かる。

　最後に、4つ目のレコードである『塵芥（ゴミ）と戦争』をみておこう。このレコードはこれまで分析してきたレコードと違い、物語性や音楽性は希薄で、ゴミをどう減らしたらいいかについての具体的な情報伝達がメインになっている広報である。しかしながら、それは 最初から 役所が一方的に指示、指導するスタイルではなく、聞き手の「声」を直接話法で引用することによって、役所の視点ではなく、聞き手の視点を前面に提示しながら聞き手を巻き込む手法がとられている。そして、その聞き手の「声」にアナウンサーが答えるという、

疑似対話形式になっている。その冒頭をみてみよう。

> 「ゴミが溜まって困りますねえ。」
> 電気の節約、ガスの節約、食料の節約、日用品の節約、何から何まで節約の世の中で、どうしてこうまでゴミばかり溜まるのでしょう。
> ゴミ箱が一杯になって処分が遅れるのは全く困りものです。これは今まで塵芥（じんかい）処理のために働いていた人夫や運搬のトラックなどが、戦争に直接関係のある職場の方へ振り向けられたからです。

最初の聞き手、市民の「声」は直接話法だ。そして、節約なのになぜゴミが溜まるのかという聞き手の素朴な疑問が提示される。アナウンサーは、それに同情したあと、ゴミが溜まる理由を提示する。市民の感情、疑問、それに対し行政が説明するという疑似対話を冒頭に置くことによって、一方的な上意下達のフレームではなく、合理的な背景を示しながら、納得、合意、協力のフレームを作ろうとしているといえる。このあと、外国の大都市（ベルリン、ロンドン）でもゴミの苦労はあることを伝え、ゴミの品目を具体的に例示しながら分別ゴミ（燃えるゴミ、再生資源用のゴミなど）の方法を説明する。そして、東京市全体のゴミの量を聞き手に分かりやすく説明するために、次のようなたとえの表現で視覚化、イメージ化を図る。

> 一体、従来東京市から出るゴミは、どのくらいでしょうか。一ヶ月でおよそ二千百万貫と言いますから、これを家庭用の大バケツ一斗一升入りのものに詰めて並べれば、何と青森―下関の間を二列縦隊でつながります。もう想像しただけで臭い壮観さです。

難しい抽象的な数字では理解しにくいが、それを視覚化することによって、聞き手は具体的なものとして理解することができる。これも、巻き込みの手法の一つといえる。さらに、最後の「臭い壮観さです」は、ユーモアも少し感じられるような表現である。「臭い」という否定的で望ましくないものと、「壮観さ」という肯定的で望ましいものを並列して用いることによって、そのアンバラン

スさがユーモアを生み出す。これも聞き手を巻き込むことにつながるといえるだろう。

5. まとめ

　戦時中の行政広報については、戦争という極めて特殊な時代的背景もあり、単純に上意下達型の直線的、一方的な広報を想像しがちだ（井出1967）。しかしながら、本稿で分析した東京市制作の戦時中のSP盤レコードからみえてきた広報は、あからさまで一方的な上意下達では決してなく、聞き手、市民を巻き込む方略を駆使し、聞き手の認知スタイルを強く意識した広報であったといえる[7]。

　特に、音楽性、そして物語性、さらには語彙や文構造の繰り返し、対話スタイルといった巻き込みの方略は、主に現代の会話分析について指摘されてきたものだが（Tannen 2007など）、戦時中の広報という全く異なったジャンル・時空にも当てはまることが分かった。このことは、巻き込み理論の汎用性、ひいては普遍性 を示唆しているといえるだろう。

　戦後徐々に「広報」に加えて、「広聴」という概念が広まってきた。しかしながら、今から70年も前に、市民を意識した広報作りが行われていたというのは実に興味深い（東2014）。戦時中とはいえ、東京市の広報は、決して行政としての権威だけに頼っていたのではない[8]。コミュニケーションという観点から見た場合、その道義的、社会的、歴史的帰結はさておいて、戦時中の広報には聞き手、聴衆の認知スタイルに合致した方略が豊富に使われており、それは今日の巻き込み理論と極めて整合性のあるものであった、と結論づけることができるのではないだろうか。

注

1）　involvementの訳語としては、「関わり」、「関与」、「積極的な参加」、「共感」、「一体感」などがあるが、ここでは「巻き込み」を訳語として当てることにする。
2）　第二次大戦中のドイツ・ナチスでヒットラーが国民を魅了したその言語使用、あるいは演説のスタイルは、権威ある総督としての力強い恫喝だけではなく、用意周到に

工夫された様々な方略、そして究極的には「聴衆からの信頼、聴衆との一体感」にあったという指摘（高田2014）は、実に興味深いといえる。
3）　金沢蓄音機館・館長の八日市屋典巳氏（2014私信）によると、当時、高価な家具調の蓄音機に加えて、比較的安価で持ち運びのできる小型の蓄音機も出回っており、地域の集会などで使用された可能性があるという。
4）　朝日新聞社編集の『海軍少年航空兵』（1937）によると、少年航空兵とは徴兵年齢に達しない少年（満15歳以上、17歳未満）が自分から志願して任官される人たちのことで、横須賀海軍航空隊飛行予科練習生のことである。全国から応募し、一次、二次にわたって学力、身体、適性検査、さらには人物考査などを経て選ばれ、航空兵としてトレーニングを受ける。なお、同様のものは陸軍にも設置されていた。前掲書（朝日新聞社1937:55）は少年航空兵のことを次のように記している。「立派な教官教員の下で、又立派に整った設備の下で、学術を修め、豪快な教練と体技で肝を練り、厳格な規律によって身を修めつつ、すくすくと空の鳳雛としての鍛錬を積んでゆくのである。」
5）　これは、ラボブ（Labov 1972）がいうところの内的評価（internal evaluation）であり、他者から指摘されて気づかされる外的評価（external evaluation）に比べ、はるかに影響が大きいことが報告されている。
6）　戦時中の紙芝居を研究したオルボー（Orbaugh 2012: 94）は、理想的な人物を描き、それを美化、賛美した紙芝居（「軍神の母」など）を"the emulation plays"（模倣を促す上演）として、最も効果的な紙芝居であったと指摘している。
7）　行政から市民への一方的な情報伝達だけではなく、行政も市民の声を聞くという双方向なアプローチは、東京市の広報誌である『市政週報』にも確認できる。『市政週報』には「市政ポスト」という欄があり、ここでは市民から行政への声が掲載されている。たとえば、その第三号（1939年4月22日）には、次のような少々滑稽な「声」が掲載されている。「便所の汲取は夜間に出来ないものだろうか。真昼に公然と黄金色を持運ぶことは、如何にも東京市の面目が汚らしく感じられて体裁が悪い。（中略）<u>よろしく当局者は、単に市民の声を聞きおく程度ではなく</u>、観光客には勿論、市民にも不快の思ひをさせぬやう善処あらんことを希望する。」（下線は引用者）
8）　1937年12月の「第一線ノ行政事務刷新方策要綱」によると、「窓口業務を担当している職員に、しばしば民衆が＜官僚的＞と感じる原因は、「横柄で、へんに威張って、しかも不親切」といった態度にある」（東京都公文書館1995: 6-7）として、市職員に行政事務刷新を求めている。また、これより以前、1928年1月の『東京市公報』に関する編纂方針について、次のような興味深い記述がある。「本公報は市役所と市民との連携を図り、公民教育の機関であり、<u>市民共有</u>の機関とすべきである。文章字句をでき

るかぎり平明にする。(中略) 一般市民の投書寄せ書きを歓迎する。」(東京都公文書館 1995: 5)(下線は引用者)

参考文献
朝日新聞社 (1937)『海軍少年航空兵』朝日新聞
束照二 (2014)『なぜ、あの人の話に耳を傾けてしまうのか?』光文社新書694
井出嘉憲 (1967)『行政広報論』勁草書房
上地ちづ子 (1997)『紙芝居の歴史』久山社
国枝智樹 (2013)「東京の広報前史:戦前、戦中における自治体広報の変遷」『広報研究』17: 28-41日本広報学会
高田博行 (2014)『ヒトラー演説』中公新書 2272
東京市役所 (1939)『市政週報』1: 1-43東京市役所文書課
東京市役所 (1943)『市政週報』209: 2-3東京市役所文書課
東京都公文書館 (1995)『都史紀要36戦時下「都庁」の広報活動』東京都公文書館
八日市屋典巳 (2014) 私信 (personal communication) 12月24日
Bakhtin, Mikhail (1981) *The Dialogic Imagination*. Austin: The University of Texas Press.
Bateson, Gregory (1972) *Steps to an Ecology of Mind*. New York: Ballantine.
Chafe, Wallace L. (1982) Integration and involvement in speaking, writing, and oral literature. *Spoken and Written Language: Exploring orality and literacy*, ed. by Deborah Tannen, 35-53. Norwood, NJ: Ablex.
Coulmas, Florian (1986) *Conversational Routine*. The Hague: Mouton.
Coupland, Justine (2014) *Small Talk*. New York: Routledge.
De Fina, Anna, and Alexandra Georgakopoulou (2012) *Analyzing Narrative: Discourse and sociolinguistic perspectives*. Cambridge: Cambridge University Press.
Duranti, Alessandro (1993) Intentionality and truth: An ethnographic critique. *Cultural Anthropology* 8: 214-245.
Ekstrom, Mats (2000) Information, storytelling and attractions: TV journalism in three modes of communication. *Media, culture and society* 22: 465-492.
Foucault, Michel (1972) *The Archeology of Knowledge*. New York: Harper and Row.
Gumperz, John (1982) *Discourse Strategies*. Cambridge: Cambridge University Press.
Labov, William (1972) *Language in the Inner City*. Phillladelphia: University of Pennsylvania Press.
Myers-Scotton, Carol (2006) *Multiple Voices: An introduction to bilingualism*. Malden,

MA: Blackwell Publishers.
Ochs, Elinor, Emanuel A, Schegloff, and Sandra A. Thompson (1996) *Interaction and Grammar*. Cambridge: Cambridge University Press.
Orbaugh, Sharalyn (2012) *Kamishibai* and the art of the interval. *Mechademia* 7: 78-100.
Saussure, Ferdinand (1959) *Course in General Linguistics*. ed. by Charles Bally and Albert Sechehaye. New York: Philosophical Library.
Scollon, Ron (1982) The rhythmic integration of ordinary talk: Analyzing Discourse: Text and Talk. Georgetown University Round Table on Languages and Linguistics 1981. ed. by Deborah Tannen, 335-349. Washington, DC: Georgetown University Press.
Tannen, Deborah (1984) *Conversational Style: Analyzing talk among friends*. Norwood, NJ: Ablex.
Tannen, Deborah (2007) *Talking Voices: Repetition, dialogue, and imagery in conversational discourse*. Cambridge: Cambridge University Press.

謝辞
本研究の一部は、公益財団法人博報児童教育振興会からの助成を得て行われた。記して、感謝したい。

II
文字化資料がひらく文法・形式の研究

1

大正〜昭和前期の演説・講演レコードに見る「テおる／テいる」の実態

金澤裕之

要旨

　『岡田コレクション「演説音源集」文字化資料』を利用して、大正〜昭和前期の演説・講演レコードにおける「テおる」と「テいる」の交替現象について調査した結果、全体的には「テおる」が優勢であることは間違いないが、この期間内で徐々に「テいる」の使用が広がっていることや、話者の属性面では、文化人の場合にその傾向が強いことが分かった。また、言語の内的な状況という点では、打消の助動詞に続く場合に「テいる」が優勢になることや、丁寧表現の場合にはほとんど「テおる」に偏ることなどが分かり、こうした傾向は、『国会会議録』によってその後の状況を調査した服部（2009）の調査結果と共通するところが少なくないことも明らかになった。

キーワード：演説・講演、SPレコード、「テおる」、「テいる」

1. はじめに

　本稿では、本書巻頭の解説で説明された「岡田コレクション・文字化資料」を利用して、こうした口語的な資料において"文体変化のメルクマール"とも考えることが可能な、「テおる」と「テいる」の交替現象について、調査・分析を進めてみたい。なお、ここでテーマとする「テおる」と「テいる」の交替現象については、近年、服部匡氏による、戦後（＝1945年以降）の『国会会議録』を調査対象とした研究が発表されており（服部2009）、注目に値する。ただし、服部氏の論文そのものは、資料に出現した具体的な数値やそれを図化したもの

がほとんどとなっており、その概要を簡潔に理解できるような引用が難しいと考えられるため、ここでは便宜的に、その内容を高く評価しつつ要点を簡潔にまとめている松田（2012）に拠って、一部編集を加えながら引用をしてみることにする。

「～している・しておる」のバリエーション〔同書71～73頁より〕

- しかし、国会は以前からずっと「～おる」一辺倒なのでしょうか。私たちがふだん使う「～いる」はどれくらい使われているのでしょうか。このことを調査した研究をのぞいてみましょう（服部2009）。この研究では、1945年から10年ごとの期間に分けてデータを取っています。
- 「～おる」と「～いる」は文脈によって出方が異なるので、ここでは3つの文脈に特定して、そこでの両形の出方を見ることにします。3つの文脈は、「丁寧な言い切り」（～テおります・～テいます）・「丁寧な疑問」（～テおりますか・～テいますか・～テますか）そして従属節中の「～テおります・～テいます」です。
- いずれの場合も「いる」系が伸びつつあり、「おる」系が退潮しつつあることは確認できるでしょう。ただし、それはその「いる」や「おる」がどのような場合（言語環境）で使われているのかで、状況はまったく違うこともわかります。
- 「丁寧な言い切り」（図3-10）では、「います」が「おります」を駆逐するまでにはまだまだ時間がかかるでしょう。これがちょっと変わった疑問になると状況は一変し、もう大半が「いる」系になってしまっています（図3-11）。環境の効き方の微妙さを語るのは、図3-12も同様です。同じ従属節といえども、もっとも「いる」率の高い「～から」ともっとも低い「～こと」では、なんと7倍以上の開きがあります。
- ここからわかることは、国会でも「おる」がどんどん「いる」に取って代わられつつあるということ、そして言語のバリエーションを探る場合、こうした言語環境を細かく規定した上で検討することが、非常に重要だということなのです。

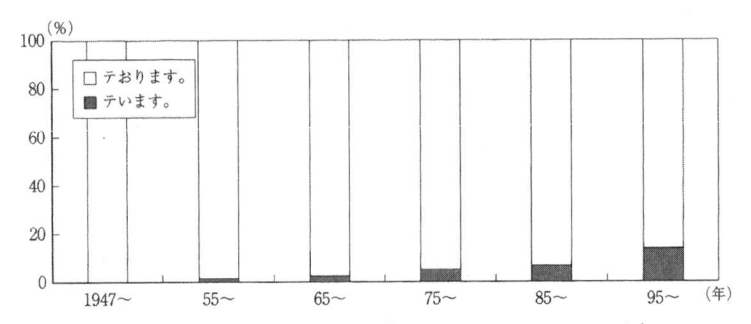

図 3-10 丁寧な言い切りでの「～テおります・～テいます」
出典：服部（2009）図1。

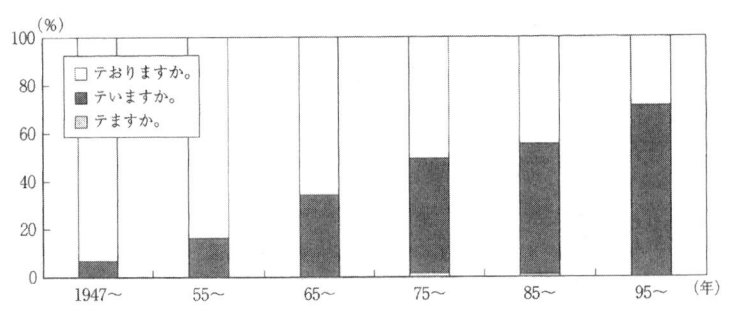

図 3-11 丁寧な疑問形での「～テおります・～テいます」
出典：服部（2009）図2。

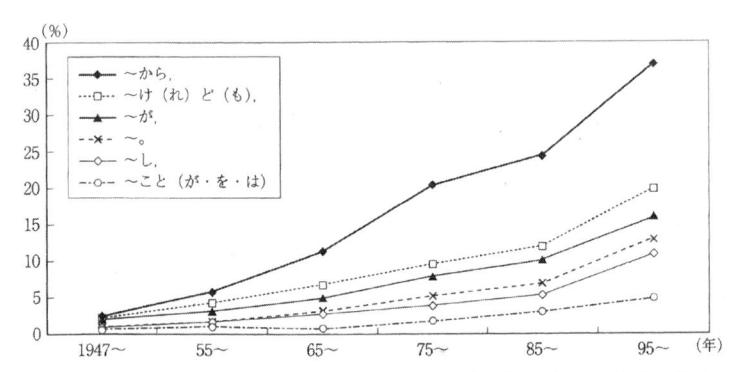

図 3-12 従属節での「～テおります・～テいます」（「いる」系の比率を表す）
出典：服部（2009）図14。

これを一つの参考としつつ、次節以下で、今回の資料の調査・分析を進めてみることにしたい。

2. 調査について

　今回の資料は、服部（2009）が対象とした『国会会議録』とは性格的に見てかなり異なるところが多く、同一の基準で調査を進めることが難しい[*1]ので、ここでは本稿における具体的な調査対象や方法について、詳しく述べておくことにする。

2-1. 調査対象

　『演説音源集・文字化資料』一覧に掲載されている全165の演説や講演（以下では、便宜的に「作品」と呼ぶ）を、その形式や内容から、まず次の4種類に分けた。（分類の詳細については、本稿の末尾に掲げた岡田コレクション「演説音源集」〔分類一覧〕を参照のこと。）

　　A：演説　　　〔67作品──主に、政治家・軍人による〕
　　B：講演・講話〔50作品──主に、実業家・文化人・宗教家による〕
　　C：朗読　　　〔28作品──主に、軍人・児童・文学者による〕
　　D：放送・その他〔20作品──物語や実況、他に祝詞（のりと）・唄・広報など〕

　次にこれらのうち、今回の調査項目との関係から、対象をAとBの二種類に限定することとし（合計、117作品）、それ以外のCとD（合計、48作品）については、今回は割愛した。

2-2. 下位分類

　上記の通りに限定した計117の作品について、その制作（或いは、発売）の時期を、レコード番号や発話内容などから（可能な限り）推測した上で、それを次に掲げる3期に分類した。なお、全体の中には昭和20年代のものが3作品含まれているが、これらについては、参考資料としての扱いとすることにした[*2]。

　　ⅰ：大正期（T1〈1912〉〜T15〈1926〉）　　　　〔22作品〕
　　ⅱ：昭和1ケタ代（S1〈1926〉〜S9〈1934〉）　　〔44作品〕
　　ⅲ：昭和10年代（S10〈1935〉〜S19〈1944〉）　　〔48作品〕

また、言語の使用状況と関わりがあると考えられる、発話者の属性（特に、職業等）については、それらの人々の経歴などを参照した上で、大きく次の4種類に分類した。（なお、この時代、政治家の中には軍人出身者が少なからず見られるが、個々の経歴や演説内容等を勘案して、それぞれを〈両者の〉どちらかに分類した。）更に、何名か含まれている宗教家については、便宜的に「文化人」の中に加えている。
　　　　a：政治家　〔68作品──上記の時期別に、10 - 26 - 31（＋1）〕
　　　　b：軍人　　〔9作品──上記の時期別に、0 - 4 - 5〕
　　　　c：実業家　〔15作品──上記の時期別に、5 - 3 - 7〕
　　　　d：文化人　〔25作品──上記の時期別に、7 - 11 - 5（＋2）〕

2-3. 調査項目

　調査項目については、資料全体の量が（例えば服部2009における資料と比較すると、）とても限られているため、「テおる」と「テいる」の交替が可能となるような表現については、その全てを収集する。なお、一部に用例が見られる「〜テる（e.g. 持ってる）」形については、一応「テいる」の方に分類した上で、必要に応じて個別に検討する。

2-4. 調査方法

　調査の方法は、基本的に目視によるが、その後に導入された検索システム『ひまわり』の活用によって、用例の確認を行なっている。

3. 調査結果Ⅰ〔一般的な傾向〕

（1）時期的な変化

　まずは、前節での時期的な分類に従って、大正〜昭和10年代の3期における出現の状況を描き出してみる。その結果は、次の【表1】の通りである。大正期においても、全体の用例数や割合は少ないながら、複数の作品（＝話者）において、「テいる」の使用が見られる。

　そして、時間的に次第に下っていく昭和期の1ケタ代や10年代においても、「テいる」は少しずつではあるが着実な成長を見せ、いわゆる「戦前期」においても、必ずしも「テおる」一辺倒ではなかった様相が明らかになっている。

表1

	大正期	昭和1ケタ代	昭和10年代
テおる	119（93.7%）	283（88.2%）	152（76.8%）
テいる	8（6.3%）	38（11.8%）	46（23.2%）
計	127	321	198

（2）職業別（⇒「テいる」率）

　次に、上の【表1】を利用しつつ、それぞれの時期における話者の職業別の状況を次の【表2】に描き出してみる。なお、全体の用例数との関係で、それぞれの項における「テおる／テいる」の全用例数が10～20の範囲に収まるものについては、（参考の数値という意味合いで、）結果としての「テいる」の割合の数字を〔　〕で括っておいた[*3]。また、大正期においては、軍人によるものと判断できる作品の例はなかった。

　今述べた通り、必ずしも用例数が多くはない場合が多いため、あまり確定的なことは言い得ないが、例えば、政治家と文化人の間には、（「テいる」形の使用という点で）比較的大きな差異のあることが分かる。実業家の場合には、全体的には両者の中間的に位置しそうな状況だが、個人差の可能性が大きいためか、あまり安定した形にはなっていない。また、昭和期に入ってからの例しかない軍人の場合については、（全体の用例数が少ないことは措くとして、）やや意外にも、ここでも必ずしも「テおる」一辺倒ではなさそうなことが注目される[*4]。

表2　「テいる」率（%）

	政治家	軍人	実業家	文化人
大正期	1.3	×	15.6	〔12.5〕
昭和1ケタ代	5.0	〔15.8〕	〔7.1〕	34.8
昭和10年代	27.1	〔33.3〕	10.0	26.9

※〔　〕内の数字は、全用例数が10～20の場合の割合（%）

（3）出現位置別（⇒「テいる」率）

　さらに、「はじめに」において言及した服部（2009）でも触れられている通り、

「テおる／ている」の使い分けについては文脈による違いが影響を及ぼしている可能性が高いので、ここでは、先にも記したように必ずしも服部（2009）と同一の基準を適用している訳ではないが、最低限の文脈的分類として「文末」「従属節末」「その他」の三つを用意し、時期ごとにおけるその結果を、「ている」率を掲げる形で、次の【表3】に示しておく。

　全体的な様相としては、服部（2009）の場合と同様に、文末での「テおる」の割合がかなり高いことが分かる。ただし、昭和10年代になると、その差はさほど際立つものとはなっておらず、徐々に平均化してゆくような傾向にあるらしいことが窺われる。

表3　「ている」率（%）

	文末	従属節末	その他
大正期	0.0	9.1	10.0
昭和1ケタ代	3.8	0.0	16.8
昭和10年代	20.8	30.0	26.6

4.　調査結果Ⅱ〔個別的な特色〕

　次に、2節で示した時期的な分類（ⅰ～ⅲ）に従った上で、それぞれの時期における個別的な特色について、具体的な例を挙げつつ説明してみることにする。なお参考のため、本稿の稿末には、大正期・昭和1ケタ代・昭和10年代の資料に出現した「ている」の全ての例（8＋38＋46の計92例）を、それぞれの作品における【「テおる」：「ている」】の出現状況とともに、掲げておくことにする。

ⅰ）大正期

　この時期における最も顕著な傾向は、用例全体の数（＝79）としても必ずしも少ないとは思えない政治家の場合において、「ている」の例は皆無に等しいということであろう。唯一の例外となっている、後掲（1）の例の表現をしている永井柳太郎の場合でも、その発話の全体においては、【テおる：ている ＝ 6：1】となっており、基本的に「テおる」のスタイルを採っていることは明らか

である。

　また、実業家や文化人の中でも、「テいる」の使用が目立つのは銀行家の牧野元次郎のみであり、この牧野の場合でも、この時期の全ての音源での出現数を確認すると、【「テおる」:「テいる」＝17：5】となって、基本的には「テおる」が優勢であることが分かる。更に出現位置という点でも、先の【表3】で明らかなように、文末の場合には「テいる」の使用が全く見られないことが注目される。

　なお、牧野元次郎の場合に「テいる」が目立つことについては、その原因は不明だが[*5]、文末の場合がほぼ一様に「テおる」で安定していることについては、同様の傾向が、服部（2009）による戦後の調査の結果にも見られており、(多分、明治期以来の）政治家を中心とする演説や講話における安定的・固定的なスタイルとして、いわゆる「～テおる」体が広範に用いられていたらしいことが窺われる。

ⅱ）昭和1ケタ代
　それに続く昭和1ケタ代になると、政治家・軍人・実業家の場合にも、少しずつ「テいる」の出現が見られるが、文化人の場合にはその程度が更に進んでおり、特にその中の一部には、「テいる」の方に偏りつつある人物（e.g. 菊池寛、杉村楚人冠）も見られる。

　また、出現状況については、次に挙げる①～④のようなかなり顕著な特徴が見られる。

①打消の助動詞に続く場合は、「テいる」が比較的優勢であること
　　この時期における、打消の助動詞に続く場合（全21例）の全ての状況を示すと、次の通りである。

　　　　「テおる」12例 (57.1%)　　　　「テいる」9例 (42.9%)
　　　　～ておらん　　　　10例　　　　～ていない　　　　7例
　　　　～ておらない　　　1例　　　　～ていず　　　　　1例
　　　　～ておらなかった　1例　　　　～ていなかった　　1例

　　こうした例から容易に想像できると思うが、この現象については、打消の助動詞そのものの時代的な変化である、「ぬ（ん）」⇒「ない」への移

行と深い関わりがあると考えられ、この移行が進みつつあるのに従う形で、古形の「〜テおらん」から新形である「〜テいない」への変化が、他の状況に先んじて起こりつつあると言えるのではないだろうか。そして、上に具体的な用例として掲げた中の「〜テおらない」「〜テいず」などの諸形は、そうした移行期における部分的な混乱の状況を、象徴的に描き出している例であるように思われる。

② 丁寧形の部分（＝「ます」に直接接続）では、ほとんど「テおる」に偏っていること

この点についても、この時期における「丁寧形／非丁寧形」の場合の全体的状況を示すと、次の通りである。

	「テおる」	：	「テいる」
丁寧形	80（98.8%）		1（ 1.2%）
非丁寧形	203（84.6%）		37（15.4%）

なお、こうした傾向については「はじめに」で挙げた、服部（2009）の結果においても同様の状況である。

③ 自分に関わることである場合に、「テおる」が多いこと[*6]

自分に関わることの典型例として考えられるのは、この部分の主語が「私」になっている場合であろう。そこで、そうした例を数えてみたところ、次に示すような結果となった。〔なお、下段の〈　〉内には参考として、「我々」「我ら」「私ども」の分の用例数を示す。〕

	「テおる」	：	「テいる」
	46（93.9%）		3（ 6.1%）
	〈9〉		〈0〉

金水（2006）によれば、「明治時代の初めには、書き言葉および男性知識人の話し言葉において、「おる」が現在よりも遙かに多く用いられていた」とのことで、更に、「武家語において「おる」は卑語というよりは尊大語としての性格を強めていった」（以上、同書246-7頁）ともあることから、前時代からのこうした「おる」の性格が、大正から昭和前期における男性[*7]の演説や講演のことばの中の「テおる」表現に受け継がれていった可能性も考えられよう[*8]。

④象徴的な例としての、通番31（2-31）内田良平『日本の天職』における両者の使い分け

　この作品に出現する「テおる／テいる」の全11例を、出現順に挙げてみよう。
・…実現せしむることが、天職であらねばならんことになっておる。
・…、建国の初めから国の名称によって、明らかに示されておるのであります。
・…、宇宙の全てをも主宰なさせらるべく、先天的に定まっておるのであります。
・かように、ご天職が国の名称に示されておる以上、…
・…、日本という国名さえ知っておれば、天皇のご天職を容易に認識することが出来るようになっておるのである。
・…、いかに大国でも、偉がっても、世界を統治する使命を与えられていないから、彼らには彼ら分相応の国名しか持っていないのである。
・…、外国を尊（たっと）んで欧米先進国などと唱え、無闇に有難がっていた結果…
・その国柄の異なっておる点などは少しも考えず、…
・この学者たちは〔国に〕国際的と唱え、合理的と唱えておりますが…

以上の例から分かる通り、「テおる」が８例と「テいる」が３例出現しているが、その（無意識の）使い分けには、これまでに挙げてきた点も含めて、顕著な特色が示されているように思われる。まず「テおる」については、文末と丁寧形の場合がそれぞれ１例であり、また、「〜のである」や体言に続く場合が併せて５例と、その他に条件形（〜ば）が１例である。一方「テいる」については、３例の全てが助動詞に接続する形で、打消「ない」の場合が２例と完了「た」の場合が１例である。

これらの状況からほぼ明らかなことは、後続する（＝下接する）要素との繋がりの強さ（密接度）が、両者の使い分けと関わりを持っているらしいということで、密接の度合が強いと考えられる助動詞下接の場合から、「テいる」への移行が進んでいる可能性がある。また、先に①では「ない」に続く場合のことを述べたが、「た」に続く場合も、「テおった」と「テ

いた」というように、形態や拍数の点で異なる形式となっており、助動詞をも含めた一体の形式として、(「おる」ではなく)「いる」の方が選択された新しい形式の方が、先行的なものとして採り入れられているという可能性があるように思われる。

ⅲ) 昭和10年代

　戦前では最後の、昭和10年代に関しては、実業家の場合にはやや異なる様相を呈しているものの、全体としてはある程度の「テいる」の出現が見られる。服部（2009）の調査における昭和20年代（＝1947〜　）の様相（前掲の、図3-10〜12を参照）などと比較すると、割合が意外に大きすぎる（＝進みすぎている）感がするのも否めないが、詳細については今後の課題とするにしても、これが（限られた資料の中ではあるが）一応の実態である。

　先に、「ⅱ）昭和１ケタ代」の部分で挙げた顕著な特徴のうちの①〜③については、基本的に前の時期に続いてその特徴が維持されている。

①打消の助動詞に続く場合

　「テいる」が優勢な傾向は、全体の用例の数は少し少なくなるが、昭和10年代においても次のような状況で、その優勢さが前の時期より更に顕著になっていることは興味深いように思われる。

```
        「テおる」 3例 (42.9%)      「テいる」 4例 (57.1%)
         〜ておらん    1例        〜ていない    4例
         〜ておらない  1例
         〜ておらねば  1例
```

②丁寧形の部分（＝「ます」に直接接続）の場合

　昭和10年代においては次のような状況で、数値的にはわずかに丁寧形の場合の「テいる」の出現が見られるが、大まかな傾向としては、前の時期とほとんど変わっていないと言える。

```
                 「テおる」　　　：　　「テいる」
       丁寧形    44 (91.7%)      4 ( 8.3%)
       非丁寧形  108 (72.0%)    42 (28.0%)
```

③自分に関わることである場合

昭和10年代においても次のような状況で、前の時期とほぼ同様の傾向を示していることが分かる。

　　　　　　　「テおる」　：　「テいる」
　　　　　　　18（94.7）　　　1（ 5.3%）
　　　　　　　〈4〉　　　　　　〈2〉

　また、文末の場合にも、同様に、ある程度の「テいる」の出現が見られ、その典型と考えられるのが非丁寧・肯定・文末の場合（「～テおる。／テいる。」）である。丁寧の場合と併せて、次に【表4】で示す。

表4

	「テおる」	「テいる」
非丁寧・文末	11（61.1%）	7（38.9%）
丁寧・文末	31（91.2%）	3（ 8.8%）

　なお、この点については服部（2009）の中に昭和20年代以降における状況がグラフ（「図7」）で示されているので、参考のために次に掲げてみよう。これを見ると、今回の調査における約39％という昭和10年代の（「テいる」の）割合は、数値自体はやや高めに出ているが、おおよその傾向としては、これに通ずるところがあるように思われる。

　更に、非丁寧形の場合には、多様な出現状況（下接語）において「テいる」が現われており、複数の出現が見られる主な例としては、助動詞「ない」「た」「だ（断定）」、助詞「ながら」「か」「ば」など、名詞類の「者」「こと」など、

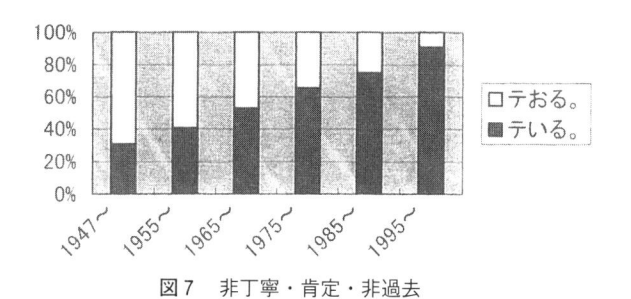

図7　非丁寧・肯定・非過去

が挙げられる。

5. おわりに

　以上、大正期～昭和・戦前期の演説・講演レコードを資料として、そこに出現している「テおる／テいる」の状況を見てきたが、そこでは必ずしも「テおる」一辺倒の状態ではなく、わずかずつではあっても、時期的な面・話者（職業）的な面・文中での出現位置的な面などである程度の変化が見られ、一定の条件や文脈などで「テいる」の出現が見られることが分かった。

　公的なスタイルでの話しことばにおいて、その文体的な特徴の典型であるとも考えられる「テおる／テいる」形の使い分けは、その他の表現とも関わりつつ、新しいスタイルへと移り変わってゆく際のメルクマールとも言えるのではないかと思う。今後は、そうした他の表現形式の様相（例えば、動詞や助動詞における二段型活用と一段型活用の使い分けなど）についても更に調査・分析を進めてゆきたい。

注
1）服部（2009）の調査における出現例の数は、例えば、「テいます。」「テおります。」については10年間で〈十万〉の単位に上っており、この状況では、量的な面からの処理が最も相応しい数字となっている。それに対して今回の調査では、3節内に掲げた表の中の数値からも明らかな通り、せいぜい〈百〉の単位（＝3ケタ）の用例数なので、両者に対して同様の扱いや処理を行うことは必ずしも適当ではないものと考えられる。
2）因みに、そこでの出現状況は、全19例のうち、「テおる」2例（10.5％）・「ている」17例（89.5％）となっている。
3）因みに、項の中の全用例数が1～9の間（＝1ケタ）となる場合は無かった。
4）この項目に関しては、話者の出身地の違いによる方言的な面からの影響も当然考えられるが、出現した用例から見る限りでは、「テいる」の使用者が東日本出身者に偏っているという傾向は伺えず（例えば、後掲の出現例に登場する賀川、内田、菊池、杉村らは、西日本出身者）、この点に関しては不明と言わざるを得ない。
　さらに、一般の存在動詞（主語が人間の場合）との関わりも気になるところだが、この資料全体での出現状況を調べたところ、全56例中、「ある」が47例（83.9％）・「おる」が6例（10.7％）・「いる」が3例（5.4％）となっており、「ある」が圧倒的多数を占め

るというこの分布を見る限りでは、演説・講演という独特のスタイルの環境における出現の様相を示している可能性が高いのではないかと考えられる。
5）音声を聞いた印象からは、聞く者に分かりやすい表現を心掛けているらしいという感じが、確かに窺われる。
6）この点については、杉戸清樹氏からのご指摘による。
7）今回、調査対象とした117作品のうち女性の話者によるものは、昭和1ケタ代の2作品（ともに下田歌子氏）のみで、あとは全て男性によるものである。
8）なお、こうした推測と関わりそうな最近の研究に野村（2013）があり、そこでは、演説の表現とも深く関わる明治時代以降の知識層に共有される「明治（期）スタンダード」（更に時代が下ると、「現代スタンダード〈共通語〉」）の存在に焦点が当てられている。

参考文献
金水敏（2006）「第12章　全国共通語「おる」の機能とその起源」『日本語存在表現の歴史』ひつじ書房、pp.229-247
野村剛史（2013）『日本語スタンダードの歴史』岩波書店
服部匡（2009）「「～シテイル」と「～シテオル」―戦後の国会会議録における使用傾向調査―」『計量国語学』27-1、pp.1-17
松田謙次郎編（2008）『国会会議録を使った日本語研究』ひつじ書房
松田謙次郎（2012）「第3章　国会会議録をつかう」、日比谷潤子編著『はじめて学ぶ社会言語学』ミネルヴァ書房、pp.54-79

本稿において調査対象とした「ている」の用例一覧
(冒頭の数字は、音盤と通番のNo.)

◎大正期の「ている」の例　(全8例、(1)～(8))

※右端の【　】内は、その作品の中での状況――以下同様

1－7　永井柳太郎「第二維新の理想」　大正末〔12:51〕【テおる：ている＝0：1】
(1)我が日本の、いわゆる先輩政治家の大多数は、同じ時代錯誤に陥っ<u>ている</u>のでありまして、…

6－91　牧野元次郎「神守不動貯金銀行」　大正14年〔5:08〕【同上＝9：1】
(2)却ってその以前に、持っ<u>ていた</u>株を悉く売ってしまいましたから、…

6－92　牧野元次郎「貯金の三徳」　大正14年〔4:45〕【同上＝4：1】
(3)また、郵便配達夫は年中歩い<u>ている</u>ので、従って足が丈夫であります。

6－93　牧野元次郎「ニコニコの徳」　大正14年〔5:41〕【同上＝4：3】
(4・5)汽車の中で時々懐中から出して眺め<u>ている</u>と、言うに言われぬ快感を覚えて、…そうして大黒様のお顔を拝し<u>ている</u>うちに、色々の意味がそのお顔に現れて…
(6)大黒様は昔から福の神と称えられ<u>ている</u>けれども、まさにそれに違いない。

10－158　青木庄蔵「国家的禁酒注意」　大正末〔5:36〕【同上＝3：1】
(7)即ち、百人のうち五十人までがそれに冒され<u>てる</u>という専門家の統計であります。

10－165　賀川豊彦「恋愛と自由」　大正11年〔6:51〕【同上＝2：1】
(8)しかし或る人は放縦であることを、恋愛の自由を持っ<u>ている</u>かのごとく考える…

◎昭和1ケタ代の「ている」の例　(全38例、(9)～(46))

2－25　井上準之助「地方政戦に直面して」昭和7年〔7:02〕
【テおる：ている＝14：1】
(9)イギリスは一大危機に瀕しておりますが、これは我が国のごとく、不景気以前に財政の緊縮が十分に出来<u>てい</u>なかった結果であります。

2－31　内田良平「日本の天職」　昭和7年〔6:36〕【同上＝8：3】
(10・11)いかに大国でも、偉がっても、世界を統治する使命を与えられ<u>てい</u>ないから、彼らには彼ら分相応の国名しか持っ<u>てい</u>ないのである。

(12) 外国を尊んで欧米先進国などと唱え、無闇に有難がっていた結果、…

3−32 松岡洋右「青年よ起て」 昭和9年〔5:49〕【同上＝7：3】
(13) 実際に昭和維新に邁進するだけの覚悟を持ってるならば、国の内外に亘ってどんな困難が横たわっておろうとも、…
(14) しかし、我が国が維新の断行に迫られてることは、…一点疑う余地はない。
(15) これを信ずるが故に、私は諸君に呼び掛けているのである。

3−33 松岡洋右「日本精神に目覚めよ」 昭和8〜9年〔30:25〕【同上＝52：3】
(16) むしろそういうことをいつまでも言っている人は、自分がヨーロッパの…
(17) 日本人ですら、このシャムの棄権を重大視してない人がたくさんおる。
(18) 我が国の代表者たちの中でも、日本が悪いと思ってる人はいたんだ。

3−41 高橋是清「金輸出再禁止に就て」 昭和7年〔10:44〕【同上＝3：1】
(19) …ドロ〈ル〉売りの金額は、二億六百万円の巨額に上っていたのであります。

5−72 小笠原長生「日本海海戦に於ける東郷大将の信仰」昭和6年〔6:35〕【4：3】
(20) 意外な名士が容易に誘惑されている例がたくさんあるようでございますが、…
(21) 一人として大信念に安住していない者はございません。
(22) そうして、凱旋にあたっては…神助を感謝し、戦勝を告げ奉っている。

6−89 渋沢栄一「御大礼ニ際シテ迎フル…」 昭和3年〔11:34〕【同上＝7：1】
(23) その悲惨は単に銭糧ばかりに限られていないことを、痛感するのであります。

7−104 高田早苗「新皇室中心主義」 昭和4年〔5:59〕【同上＝0：2】
(24) とにかく皇室と我々とは本末の関係に立っているに相違ないのである。
(25) そういう関係に、我々と皇室とは立っているのでありまして、…

8−124 菊池寛「文芸と人生」 昭和8年〔6:17〕【同上＝2：12】
(26) 文芸に親しんでいると、一番に物を見る目が鋭くなってきます。
(27) つまり、自然の秘密・自然の美しさを伝えてきているようなものであります。
(28) だからそういう文芸に親しんでいる人は、花を見ても月を見ても、…
(29) …一緒に「ああ、月は美しい」と言っているんです。
(30) 片一方は55点ぐらいしか分かっていない場合があるのじゃないか、と…
(31) 月の美しさをちっとも知らないように、文芸に親しんでいず、…
(32) 月の美しさが分かっていないんじゃあないかと思うんです。
(33) それに関しての色々な歌を知っている人、…
(34) いつだっても荒削りな世の中しか、自然しか、見ていられない不幸な人…

(35) 人生というものは再版の許されない本であるということを言っていましたが、
(36) 小説とか戯曲とかに現われている人生を見、生活を見て、…
(37) それには失恋という痛手を負っているんですが、…

9－137 杉村楚人冠「湯瀬の松風」 昭和１ケタ代〔2:37〕【同上＝４：５】
(38) ここは古くから開けていた所でありますが、…
(39) 清原氏一族の落人が隠れていた所と伝えられております。
(40) 姿優しい雌松が幾十株か立っている所があり、…
(41) この姫小松と笠松とが川を隔てて雌雄相対しているところに、
(42) 私は今年二月、山間を湯瀬に養っている間に、…

10－160 佐々木清麿「仏教講演俗仏」 昭和８年〔17:51〕【同上＝17：１】
(43) 親鸞上人の仰った通り、「たまたま信心を得れば、遠く切言を喜べ」と仰っている。

10－164 田中智学「教育勅語の神髄」 昭和１ケタ代〔19:23〕【同上＝０：３】
(44) 私が平素、よき人間を作るよりはよき国民を作れと主張しているのは、…
(45) この三つは一つ根から出ている。
(46) なお広く世界人類の上にも絶対平和の救いの手は伸びている。

◎**昭和10年代の「テいる」の例** （全46例、(47) ～ (92)）

4－54 田澤義鋪「国家の為に我々の為に」昭和10年〔3:28〕
【テおる：テいる＝０：５】
(47) 我々国民が国家を守り、国家を良くする責任を持っていることは、…
(48) 我々自身の真の意味における生活の向上…を目的としているのであります。
(49) 陛下は…、国民に選挙の権能を与えさせられているのであります。
(50) かくのごとく選挙は、…しかも神聖なる意義を有しているのであります。
(51) しかるに今日まで、世人も知っている通り、選挙に際して色々の悪弊が行われ…

4－55 田澤義鋪「選挙の真精神」 昭和11年〔6:06〕【同上＝１：４】
(52) 国民の中には、…ご馳走になったりして、投票をしている人が少なくない…
(53) 私どもは八・九年以前より…一風変わった投票をしているのであります。
(54) …正しい選挙費用がかかると、法律が認定しているのであります。
(55) 私は、今日の生活にも苦しんでいる人々に、…

4-56　麻生久「新体制準備委員会委員の言葉」　昭和15年〔2:33〕【同上＝0：3】
(56)　…、目に見えない革新的な空気は…、あらゆる生活を大変化せしめている。
(57)　さて、近衛公は新体制ということを目標にしているが、…
(58)　…深刻なる優劣は、今まさに…まざまざと現れているではないか。

4-57　有馬良橘「国民精神総動員の強調の記念録音レコード」　昭和12年〔5:26〕
　　　　　　　　　　　　　　　　　　　　　　　　【同上＝1：2】
(59)　国民精神総動員の運動は、…国家に生きる道を永遠に指導しているのであります。
(60)　今日我が日本は…この大波と戦っているのでありますが、…

4-59　近衛文麿「時局に処する国民の覚悟」　昭和12年〔17:01〕【同上＝10：1】
(61)　…実質的なる国際正義が、未だ十分に実現せられていないところにある…

4-62　中野正剛「総選挙と東方会」　昭和17年〔11:34〕【同上＝4：4】
(62)　しかし我らはかつて…、真っ向から反対した生々しき歴史を有している。
(63)　明治天皇は…統治の広播を詳述するに他ならず、と仰せられている。
(64)　東條内閣は…、憲法に則りて議員の公選を断行せんとしている。
(65)　今や日本国民は…、一切を君国のために捧げんとしている。

4-63　中野正剛「米英撃滅を重点とせよ」　昭和17年〔6:24〕【同上＝4：2】
(66)　さればこそ日本は…、これを初めから相手としていないのである。
(67)　既に彼〈＝ソ連〉は、…しばしば日本に対して他意なき意志を表明している。

4-64　中野正剛「国民的政治力を集結せよ」　昭和17年〔7:00〕【同上＝2：1】
(68)　…、赤裸々に万民の前に示されているではないか。

4-65　増田義一「立候補御挨拶並ニ政見発表」　昭和11年〔12:28〕【同上＝2：4】
(69)　しかるに岡田内閣成立の際、内外の事情は何ら変わっていないで、…
(70)　我が民政党は、国防と産業と財政との調和を図ることに最も苦心していますが…
(71)　…、昭和11年度の予算にその一端が表れています。
(72)　我々は政策を立つるに国家本位・国民本位として考えています。

4-67　岸本綾夫「昭和十八年武装の春」　昭和18年〔3:18〕【同上＝0：3】
(73)　東京で一切の戦争が統帥されているのであります。
(74)　軍人だけが戦っているのではなく、…
(75)　みんな戦争の陣営の中で致しているのであります。

5-71　古田中博「東郷元帥」　昭和11年〔6:38〕【同上＝2：3】

(76) その頃大正天皇は日光においでになっていたので、…
(77) …急に清水が湧き出して、水に困っている近所の人々が本当に助かりました。
(78) 不動さんも火に囲まれたので、お守りをしていた年寄りの尼さんに背負われて…

5－85 加藤寛治「日本の軍人は何故強いか」 昭和11年〔6:05〕【同上＝5：2】
(79) …、外国の軍隊のように国家が雇っているものや、…
(80) またその国の富んだ人が自分で養っているところの私兵、即ち私の兵士などと…

6－100 矢野恒太「人生のゴール」 昭和10年代〔5:53〕【同上＝10：4】
(81) これに対して東洋では孔子が、…と言っています。
(82) しかも四十までは本当の競争にかかっていないのだ。
(83) 試験の始まるまで遊んでいては卒業は出来ない。
(84) 現に私のごときは既に、…といういい年をしていながらまだ毎日…

6－102 林 桂「社長林桂挨拶」 昭和15～16年〔5:55〕【同上＝1：1】
(85) それとともに、国家が国民に対していかに期待しているかということ、…

10－162 橋本郷見「不動心」 昭和10年代〔6:30〕【同上＝5：7】
(86) 人もその自然の中に、神の表現として現われている以上、…
(87) このように自分の気持ちを考えてみると、常に動いているのであるが、…
(88) 平静な心を朝から晩まで持ち続けているのが、真の不動の精神と言える…
(89) 一切のことを神業と思わずに結果だけに囚われているから、…
(90) …嫌がってみても、既に現われている事情、即ち神業からは…
(91) 既に痛さがあれば仕方がない、これを嫌がっていれば解決しないので…
(92) 人は…、神の表現として働きをするように出来ている。

岡田コレクション「演説音源集」〔分類一覧〕
(全165作品)

A：演説＝67作品
B：講演・講話＝50作品
　　ⅰ）大正期（T1〈1912〉〜T15〈1926〉）　　計22作品
　　　　a．政治家（10作品）──1, 4, 5, 6, 7, 15, 17, 18, 20, 69
　　　　c．実業家（5作品）──88, 90, 91, 92, 93
　　　　d．文化人（7作品）──103, 132, 147, 156, 158, 159, 165

　　ⅱ）昭和1ケタ代（S1〈1926〉〜S9〈1934〉）　　計44作品
　　　　a．政治家（26作品）──2, 3, 8, 10, 12, 13, 14, 16, 21, 22, 23, 24, 25, 26, 27, 28,
　　　　　　　　　　　　　　　29, 31, 32, 33, 35, 38, 41, 51, 52, 70
　　　　b．軍人　（4作品）──72, 73, 74, 75
　　　　c．実業家（3作品）──89, 95, 101
　　　　d．文化人（11作品）──45, 104, 112, 113, 114, 124, 137, 138, 139, 160, 164

　　ⅲ）昭和10年代（S10〈1935〉〜S19〈1944〉）　　計48作品
　　　　a．政治家（31作品）──9, 11, 30, 36, 37, 39, 40, 42, 43, 44, 46, 47, 48, 49, 50, 53,
　　　　　　　　　　　　　　　54, 55, 56, 57, 58, 59, 60, 61, 62, 63, 64, 65, 66, 67, 151
　　　　b．軍人　（5作品）──71, 81, 82, 83, 85
　　　　c．実業家（7作品）──94, 96, 97, 98, 99, 100, 102
　　　　d．文化人（5作品）──140, 148, 161, 162, 163

　　ⅳ）昭和20年代（S20〈1945〉〜　　）　　計3作品
　　　　a．政治家（1作品）──68
　　　　d．文化人（2作品）──145, 146

C：朗読＝28作品
　　・軍人　　（6作品）──76, 77, 78, 79, 80, 84
　　・児童　　（14作品）──105, 106, 107, 108, 109, 110, 115, 116, 117, 118, 119,
　　　　　　　　　　　　　120, 121, 122

・文化人（8作品）――123, 125, 126, 127, 128, 129, 130, 131

D：放送・その他＝20作品
　　　・放送〔物語／実況〕（11作品）―― 86, 87, 133, 134, 136, 141, 142, 143, 144,
　　　　　　　　　　　　　　　　　　　149, 150
　　　・広報（4作品）――152, 153, 154, 155
　　　・祝詞・唄・英語など（5作品）――19, 34, 111, 135, 157　　※文字化なし

2
大正〜昭和前期における助動詞マスの終止・連体形について
—— マスルの使用状況を中心に

岡部嘉幸

要旨

　本稿は「岡田コレクション」を資料として、大正から昭和前期にかけての「演説」、「講演・講話」の日本語において助動詞マスの終止・連体形がどのような様相を呈していたのかを、マスルという形の使用状況に注目しつつ明らかにすることを目的とする。まず助動詞マスの終止・連体形としてマスとマスルのどちらが用いられていたのかという実態を明らかにした上で、両者の使い分けを、構文環境や発話者など様々な側面から考察する。さらに、終止法において用いられるマスルのこの時期における表現価値についても考察を試みる。

キーワード：助動詞マス、マスル、終止法と非終止法、終止・連体形

1. はじめに
1-1. 本稿の目的・概要

　周知のように、近代語においては、丁寧さを表す助動詞マスの終止・連体形としてマスという形のほかにマスルという形が用いられる[*1]。本稿は、「岡田コレクション『SP盤貴重音源資料』」(以下、「岡田コレクション」) を利用し、大正から昭和前期にかけての「演説」、「講演・講話」において、助動詞マスの終止・連体形としてどのような形が用いられていたのかを明らかにすること、および、現代標準語ではほとんど見られない終止・連体形マスルがどのような条件のもとに使用されていたのかを明らかにすることを目的とする[*2]。

まず、第2節では、「岡田コレクション」の「演説」および「講演・講話」における助動詞マスの終止・連体形として、マスとマスルがどのような割合、状況で用いられていたのかという使用実態を明らかにする。ついで、第3節ではマスとマスルがどのような条件によって使い分けられていたのか、別の言い方をすれば、現代標準語ではほとんど用いられないマスルが使用される条件はどのようなものだったのかということについて、構文環境や発話者などの側面から考察する。さらに、第4節では、終止法において用いられるマスルのこの時期における表現価値についても考察を試みる。

1-2. 調査対象と調査方法

　本稿では「岡田コレクション」に収録されている「演説」および「講演・講話」のうち1910年代から1930年代の資料52点（大正期の資料18点、昭和1桁代の資料34点）を対象として調査を行った。具体的な調査対象資料は以下のとおりである[*3]。なお、末尾に※の付されている資料は、マスルが出現しなかった資料である。

【大正期】
1．尾崎行雄「司法大臣尾崎行雄君演説」大正4（1915）年　政治家
2．大隈重信「憲政ニ於ケル輿論ノ勢力」大正5（1916）年　政治家
3．島田三郎「非立憲の解散・当路者の曲解」大正9（1920）年　政治家
4．加藤直士「皇太子殿下御外遊御成徳謹話」大正10（1921）年　文化人
5．賀川豊彦「恋愛と自由」大正11（1922）年　文化人
6．渋沢栄一「道徳経済合一説」大正12（1923）年　実業家
7．永井柳太郎「普通選挙論」大正12（1923）年　政治家
8．大谷光演「戦いなき世界への道」大正12（1923）年　文化人　※
9．田中義一「護国の礎」大正13（1924）年　政治家
10．長岡外史「飛行機の大進歩」大正13（1924）年　政治家
11．高原操「訪欧大飛行航空講演」大正14（1925）年　文化人
12．牧野元次郎「神守不動貯金銀行」大正14（1925）年　実業家
13．後藤新平「政治の倫理化」大正15（1926）年　政治家

14. 青木庄蔵「国家的禁酒注意」大正末　文化人
15. 阪谷芳郎「人間一生の信念」大正末　政治家
16. 穂積陳重「法律の進化」大正末　文化人　※
17. 武藤山治「政党ノ政策ヲ確ムル必要」大正末　政治家
18. 山室軍兵「世界を神に」大正末　文化人

【昭和1桁代】
19. 間部詮信「大行天皇の御幼時を偲び奉りて」昭和2（1927）年　政治家
20. 尾崎行雄「普通投票について」昭和3（1928）年　政治家
21. 渋沢栄一「御大礼ニ際シテ迎フル休戦記念日ニ就テ」昭和3（1928）年　実業家
22. 田中義一「国民ニ告グ」昭和3（1928）年　政治家
23. 高田早苗「新皇室中心主義」昭和4（1929）年　文化人
24. 浜口雄幸「経済難局の打開について」昭和4（1929）年　政治家
25. 安達謙蔵「地方政戦に直面して」昭和4-6（1929-1931）年頃　政治家
26. 木村清四郎「私の綽名「避雷針」の由来」昭和5（1930）年　政治家
27. 小笠原長生「日本海海戦に於ける東郷大将の信仰」昭和6（1931）年　軍人
28. 長岡外史「太平洋横断に際し全国民に愬ふ」昭和6（1931）年　政治家
29. 鳩山一郎「犬養内閣の使命」昭和6（1931）年　政治家
30. 森　恪「日本外交は何処へ行く」昭和6（1931）年　政治家
31. 山道襄一「地方政戦に直面して」昭和6（1931）年　政治家
32. 芳澤謙吉「対支政策」昭和6（1931）年　政治家
33. 犬養毅「新内閣の責務」昭和7（1932）年　政治家
34. 井上準之助「地方政戦に直面して」昭和7（1932）年　政治家
35. 高橋是清「金輸出再禁止に就て」昭和7（1932）年　政治家
36. 内田良平「日本の天職」昭和7（1932）年　政治家
37. 木下成太郎「御挨拶に代へて」昭和7（1932）年　政治家
38. 永井柳太郎「強く正しく明るき日本の建設」昭和7（1932）年　政治家
39. 若槻礼次郎「総選挙に臨み国民に愬ふ」昭和7（1932）年　政治家
40. 菊池寛「文芸と人生」昭和8（1933）年　文化人
41. 佐々木清麿「仏教講演俗仏」昭和8（1933年）　文化人

42. 多門二郎「凱旋後の所感」昭和8（1933）年　軍人
43. 秦真次「弥マコトの道に還れ」昭和8（1933）年　軍人
44. 松岡洋右「日本精神に目覚めよ」昭和8-9（1933-34）年頃　政治家
45. 宇垣一成「伸び行く朝鮮」昭和9（1934）年　政治家
46. 下田歌子「皇太子殿下ご誕生を祝し奉る」昭和9年（1934）　文化人
47. 杉村楚人冠「湯瀬の松風」昭和1桁代　文化人
48. 田中智学「教育勅語の神髄」昭和1桁代　文化人　※
49. 津下紋太郎「石油事業について」昭和1桁代　実業家
50. 野間清治「武道の徳」昭和1桁代　文化人
51. 広池千九郎「モラロジー及び最高道徳の特質」昭和1桁代　文化人
52. 弘世助太郎「我等の覚悟」昭和1桁代　実業家

2. 終止・連体形「マス」「マスル」の使用実態

「岡田コレクション」における終止・連体形マスおよびマスルの使用実態を大正期と昭和1桁代とに分けて、以下の**表1**　**表2**に示す。表では、それぞれの語形の総数を示すとともに、その語形が終止法で用いられる場合とそうでない場合とに分けてそれぞれの件数を示している。さらに、非終止法で用いられる場合については、後続する語形の内訳の数も示している。

表1　大正期における「マス」「マスル」の使用実態

語形別総数		終止/非終止別		後続語形内訳	
マス	260	終止	228		
^	^	非終止	32	ト	2
^	^	^	^	カラ	5
^	^	^	^	ガ	10
^	^	^	^	コト	1
^	^	^	^	モノ	1
^	^	^	^	ノデアル	11
^	^	^	^	モノデアル	1
^	^	^	^	ハ	1

マスル	35	終止	7		
		非終止	28	ナラバ	2
				ト	5
				カラ*4	4
				故ニ*5	5
				ガタメニ	1
				ガ	3
				ケレドモ	2
				ニ関ワラズ	1
				ニ	1
				コト	1
				ノ	2
				ハ	1

表2 昭和1桁代における「マス」「マスル」の使用実態

語形別総数		終止/非終止別		後続語形内訳	
		終止	517		
マス	622	非終止	105	ナラバ	1
				ノナラバ	2
				ト	16
				カラ	16
				ノデ	1
				ガ	42
				ケレド（モ）	10
				ヨウニ	1
				時	2
				場合	1
				マデ	1
				ノ	5
				コト	2
				モノ	1
				トコロ	2
				ヨウナ	1
				その他名詞	1

マスル	50	終止	5		
		非終止	45	ナラバ	1
				ト	7
				カラ	6
				ガタメニ	1
				ニヨッテ	1
				ガ	8
				ケレドモ	4
				ヤ	3
				ヤ否ヤ	1
				トトモニ	1
				ヨリモ	1
				上	1
				ノ	1
				コト	3
				次第	1
				トコロ	1
				その他名詞	4

　以上の表から、終止・連体形のマスとマスルを比較すると、両時期ともに、マスは終止法における使用が優勢であるのに対し、マスルは非終止法での使用が優勢であることがわかる[*6]。マスの終止法における使用率は、大正期で87.7%、昭和1桁代で83.1%あるのに対し、非終止法における使用率は、大正期で20%、昭和1桁代で10%である。一方、マスルの終止法での使用率は、大正期で12.3%、昭和1桁代で16.9%であるのに対し、非終止法における使用率は、大正期で80%、昭和1桁代で90%となっている。この点は夙に尾崎喜光（2012）で指摘されていることであり、本稿でも同様の結果が得られたことになる。

　なお、**表1**のマスおよびマスルの非終止法で、後続語形が「ハ」となっているものは、以下のような準体法的な使用法で、大正期にのみ確認されたものである。

（1）終わりに一言（いちごん）申しておきたいと思いますは、ご承知の通り、
　　 我が国におきましては先輩を給（たも）うことであります。
　　　　　　　　　　　　　　　　　　　　　（青木庄蔵「国家的禁酒注意」大正末）

（2）私の父・阪谷朗廬（さかたにろうろ）と申しまするは、もはや故人でござりまするが、
(阪谷芳郎「人間一生の信念」大正末)

3.「マス」と「マスル」の使い分け

2節で見たように、「岡田コレクション」の「演説」「講演・講話」においては、マスは終止法で、マスルは非終止法で用いられる傾向があるという構文環境上の差異が存在した。それでは、両者の間にそれ以外の違いは存在しないのだろうか。本節では、なるべく多くの側面からこの点について検討を加えてみたい。

3-1. 上接語

マスとマスルの上接語について、調査を行った。以下の**表3 表4**に調査結果を示す。なお、マスの上接語については、紙幅の都合上2件以上の用例があったものだけを示している（マスルは用例数が少ないので全例を示した）。

表3　マスの上接語

[大正期]

上接語形	件数	備考
[終止法]		
である	145	
て＋おる	18	
ある	17	
信じる	7	
でござる	5	ございます2、ござります3
遊ばされる	3	同一話者
致す	3	
存ず（存じる）	3	
思う	2	
ござる	2	ございます2
なる	2	

[非終止法]		
である	9	
ある	5	
信じる	5	同一話者
思う	3	
て＋おる	3	

[昭和1桁代]

上接語形	件数	備　　考
[終止法]		
である	384	
て＋おる	38	
でござる	19	ございます12、ござります7
ある	18	
思う	12	
致す	9	
存ず（存じる）	8	
信じる	4	
ござる	3	ございます2、ござります1
て＋おく	2	
減る	2	
申す	2	
[非終止法]		
である	37	「でもある」1例を含む
て＋おる	11	
申す	9	
ある	8	
思う	4	
致す	3	
でござる	3	でございます3
言う	2	
発（た）つ	2	
て＋参る	2	

果たす	2	
参る	2	

表4　マスルの上接語

[大正期]

上接語形	件数	備考
[終止法]		
である	3	同一話者
て＋おる	2	
致される	1	
致す	1	
[非終止]		
である	10	
ある	3	
申す	3	同一話者
でござる	2	
なる	2	同一話者
致す	1	
思う	1	
進む	1	
違う	1	
て＋いく	1	
て＋くれる	1	
見る	1	
申し上げる	1	

[昭和1桁代]

上接語形	件数	備考
[終止法]		
て＋おる	2	
である	2	
できる（可能）	1	

[非終止]		
である	14	
致す	6	
て+おる	4	
上がる	2	
ある	3	
出来る	2	
なる	2	
申す	2	
維持する	1	
行う	1	
思う	1	
仕向ける	1	
立てる	1	
て+みる	1	
でござる	1	でござりまする 1
て+参る	1	
見舞う	1	
見る	1	

以上の表を観察すると、マスもマスルも上接語としては「である」(であります／でありまする)「て+おる」(ております／ておりまする)の出現頻度が高い（特に「である」の頻度が圧倒的）という同様の傾向を示しており、上接語という観点からはマスとマスルの間に大きな差異は認められない。なお、マスの終止法では「でござる」(でござります／でございます)」の出現頻度がそれなりに上位にあるのに対し、マスルの終止法では「でござる」(でござりまする／でございまする)が出現しないという違いを見ることもできるが、そもそも終止法におけるマスルの用例が少ないこともあって、これが偶然によるものなのか、あるいはマスとマスルの何らかの違いを反映したものなのか、現時点では決めがたい。今後の課題としたい。

3-2. 非終止法における従属節の種類

次に、非終止法におけるマスとマスルで、共起する従属節の種類に違いがな

いかを確かめてみる。節を、副詞節、並列節、補足節、連体節の4つに分けた上で[7]、マス、マスルが共起する節の件数を調査した。調査結果を以下の**表5** **表6**に示す。

表5　マスと共起する従属節の種類

[大正期]

節の種類		下位分類		語　形	
副詞節	7	条件節	2	ト	2
		原因・理由節	5	カラ	5
並列節	10			ガ	10
補足節	15	格成分	3	コト	1
				モノ	1
				〜ハ	1
		述部成分	12	ノデアル	11
				モノデアル	1

[昭和1桁代]

節の種類		下位分類		語　形	
副詞節	40	条件節	19	ナラバ	1
				ノナラバ	2
				ト	8
				トイウト	8
		原因・理由節	17	カラ	16
				ノデ	1
		その他の節	4	時ニ	1
				ヨウニ	1
				場合	1
				マデ	1
並列節	52			ガ	42
				ケレド（モ）	10
補足節	7	格成分	7	ノ	5
				コト	2

連体節	7		トコロ	2
			モノ	1
			時	1
			ヨウナ	1
			その他名詞	2

表6　マスルと共起する従属節の種類

[大正期]

節の種類		下位分類		語　形	
副詞節	19	条件節	7	ナラバ	2
				ト	5
		原因・理由節	10	カラ	4
				故ニ	4
				ガ故ニ	1
				ガタメニ	1
		譲歩節	1	ニ関ワラズ	1
		その他の節	1	ニ	1
並列節	5			ガ	3
				ケレドモ	2
補足節	4	格成分	4	コト	1
				ノ	2
				〜ハ	1

[昭和1桁代]

節の種類		下位分類		語　形	
副詞節	22	条件節	8	ナラバ	1
				ト	4
				トイウト	3
		原因・理由節	7	カラ	6
				ニヨッテ	1
		その他の節	7	ガタメニハ	1
				ヤ	3
				ヤ否ヤ	1
				トトモニ	1
				ヨリモ	1

並列節	12		12	ガ	8
				ケレドモ	4
補足節	4	格成分	4	ノ	1
				コト	3
連体節	7			次第	1
				上	1
				トコロ	1
				その他名詞	4

なお、大正期のマス（**表5**参照）においてのみ、補足節で述語的なもの（〜マスノデアル／〜マスモノデアル）が12例存在するが、そのうちの11例は同一話者（大隈重信）による以下のような例であり、個別話者の口癖により件数が増加したものと見なされる。

（3）国民が善政を望まんとすればだ、これに対する自ずから輿論が起こらなくてはならんと思い<u>ますのである</u>。
（大隈重信「憲政ニ於ケル輿論ノ勢力」大正5）
（4）ついに憲法が発布さるるに至ったのも、これまた輿論の勢力に過ぎんわけであり<u>ますもんである</u>。　（大隈重信「憲政ニ於ケル輿論ノ勢力」大正5）

以上の表を観察すると、マスにしろマスルにしろ副詞節（特に条件節と原因・理由節）やそれに連続する逆接的な並列節（〜ガ、〜ケレドモ）との共起が多く、名詞修飾を行う連体節やそれと連続的な補足節（〜ノ、〜コト）との共起は多くないということがわかる。したがって、従属節の種類という観点においても、マスとマスルに大きな差は存在しないと考えられる。

3-3. 発話者（弁士）

本節では、発話者（弁士）に注目して、マスとマスルの違いについて検討してみたい。まず、次頁の**表7**をご参照いただきたい。**表7**は、発話者を、生年の早い順にならべた上で、その発話者のマスとマスルとの使用状況を記したものである。◎は、その発話者がマスないしマスルのどちらか一方だけしか使用

していないことを表す。◎と○は、ともに、その発話者がマスとマスルの両形を併用していることを表す。◎と○の違いは、両形使用の優先度（使用頻度）の違いであり、マスが◎でマスルが○である場合は、マスルに比べてマスの使用件数が多いことを表している。また、マスとマスルの使用件数が同じだった場合には、両方に◎を付している。なお、同じ弁士による演説が複数ある場合には、演説の年が早い方を①、遅い方を②として示している（演説のタイトルについては1-2.をご参照いただきたい）。

この表から読み取れるのは以下のような点である。

表7　発話者ごとの使用状況（生年順）

氏名（生年）	属性	終止法 ます	終止法 まする	非終止法 ます	非終止法 まする	備考
大隈重信（1838）	政治家	◎		○	△	
渋沢栄一（1840）①	実業家	◎		◎		
渋沢栄一（1840）②	実業家	◎		◎		
島田三郎（1852）	政治家	◎				
間部詮信（1853）	政治家	○	△	△	○	
尾崎行雄（1854）①	政治家	○	△		◎	
尾崎行雄（1854）②	政治家	◎			◎	
下田歌子（1854）	文化人	○	△	△	○	
高橋是清（1854）	政治家	○		◎		
犬養毅（1855）	政治家	◎				デアル体基調
穂積陳重（1855）	文化人					デアル体
後藤新平（1857）	政治家	◎		◎		
長岡外史（1858）①	政治家	○	△	○	○	
長岡外史（1858）②	政治家	◎				
高田早苗（1860）	文化人	○	△		◎	
木村清四郎（1861）	政治家	◎		◎		
田中智学（1861）	文化人					デアル体基調
阪谷芳郎（1863）	政治家	○	○	△	○	
青木庄蔵（1864）	文化人	◎		◎		
安達謙蔵（1864）	政治家	◎		○		

田中義一（1864）①	政治家	◎				◎	
田中義一（1864）②	政治家	◎				◎	
木下成太郎（1865）	政治家	◎			△	○	
佐々木清麿（1866）	文化人	◎			○	△	
広池千九郎（1866）	文化人	◎					
若槻礼次郎（1866）	政治家	◎			◎		
小笠原長生（1867）	軍人	◎			◎		
武藤山治（1867）	政治家	○	△		○	△	
宇垣一成（1868）	政治家	◎					
井上準之助（1869）	政治家	◎			◎		
津下紋太郎（1870）	実業家	◎					
浜口雄幸（1870）	政治家	◎			△	○	
弘世助太郎（1871）	実業家	◎				◎	
杉村楚人冠（1872）	文化人	◎			◎		
山室軍兵（1872）	文化人	◎					
加藤直士（1873）	文化人	◎					
内田良平（1874）	政治家	○	△		◎		
牧野元次郎（1874）	実業家	◎			○	△	
芳澤謙吉（1874）	政治家	◎			○		
大谷光演（1875）	文化人						デアル体
高原操（1875）	文化人	◎			○		
多門二郎（1878）	軍人	○	△		○	○	
野間清治（1878）	文化人	◎			◎		
秦真次（1879）	軍人	◎			◎		
松岡洋右（1880）	政治家	◎			○	△	
永井柳太郎（1881）①	政治家	◎			○	○	
永井柳太郎（1881）②	政治家	◎					
森恪（1882）	政治家	◎					
山道襄一（1882）	政治家	◎					
鳩山一郎（1883）	政治家	◎			○	△	
賀川豊彦（1888）	文化人	◎			◎		
菊池寛（1888）	文化人	◎			◎		

第一に、終止法の場合、ほぼすべての発話者がマスルよりもマスを優先的に使用している（例外は阪谷芳郎（1863年生）のみ）。その中でも特にマスを専一に使用する発話者に注目すると、発話者の生年が遅くなるに従ってマスを専一に使用する発話者の割合が増えていくことがわかる。1850年代以前生まれのマス専一使用者は10人中6名[8]（60％）、1860年代生まれの同使用者は14人中11人（78.5％）、1870年代生まれは13人中11人（84.6％）、1880年代生まれは7人中7人（100％）である。このことは、裏を返せば、生年の早い発話者の方が、終止法においてマスとマスルを併用する傾向があるということでもある。なお、終止法においてマスルを専一に使用する発話者は存在しなかった。

次に、非終止法の場合を見てみると、マスを優先的に使用する発話者も存在すれば、マスルを優先的に使用する発話者も存在する点で終止法と異なる。また、マスを専一に使用する発話者の割合が終止法の場合に比べてかなり低いことも特徴的である（1850年代以前生まれのマス専一使用者は10人中3名（30％）、1860年代生まれは14人中5名（35.7％）、1870年代生まれは13人中5名（38.4％）、1880年代生まれは7人中2名（28.5％））。さらに、終止法と異なり、マスルを専一に使用する発話者も存在する（ただし、その割合はかなり低い。1850年代以前生まれのマスル専一使用者は、10人中1名（10％）、1860年代生まれは14人中2名（14.2％）、1870年代生まれは13人中1名（7.6％）、1880年代生まれは7人中0名（0％）である）。全体として言えば、マスの専一使用者は増加傾向、マスルの専一使用者は減少傾向にあるが、その増減は終止法ほど直線的でない。

そこで、今度はある発話者がマスあるいはマスルのどちらを優先的に使用するかに着目してみる。非終止法においてマスを優先的に使用する発話者（**表7**においてマスが◎または○の人）とマスルを優先的に使用する発話者（**表7**においてマスルが◎または○の人）との人数比[9]を計算してみると、1850年代以前生まれの発話者における比率は5人：4人（マスル使用優先者は44.5％）、1860年代生まれの場合は8人：4人（同33.4％）、1870年代生まれの場合は9人：4人（同30.8％）、1880年代生まれの場合は4人：0人（同0％）となり、1850年代以前生まれの発話者には5割弱存在したマスルの優先的使用者が漸次的に減少していることが伺える。このことは言い換えれば、生年の遅い発話者に比べて、生年の早い発話者の方が、非終止法においてマスルを優先的に使用する傾向があったとい

うことである。

　以上見たように、マスルの使用には発話者の生年が大きく関わっている。終止法においては、生年の早い発話者ほどマスとマスルを併用する傾向があり、非終止法においては、生年の早い発話者ほどマスルを優先的に使用する傾向があるのである。このことからも、マスルという形は1910〜30年代にはすでに古い世代の人々が使用する言葉（すなわち、マスの古い形）として意識されていたのではないかという予測をたてることができる。

　次に表8をご参照いただきたい。表8は発話者の属性（職業）ごとに発話者をまとめたものである。

表8　発話者ごとの使用状況（属性別）

氏名（生年）	属性	終止 ます	終止 まする	非終止 ます	非終止 まする	備考
小笠原長生（1867）	軍人	◎		◎		
多門二郎（1878）	軍人	○	△	○	○	
秦真次（1879）	軍人	◎		◎		
渋沢栄一（1840）①	実業家	◎		◎		
渋沢栄一（1840）②	実業家	◎		◎		
津下紋太郎（1870）	実業家	◎				
弘世助太郎（1871）	実業家	◎			◎	
牧野元次郎（1874）	実業家	◎		○	△	
大隈重信（1838）	政治家	◎		○	△	
島田三郎（1852）	政治家	◎				
間部詮信（1853）	政治家	○	△	△	○	
尾崎行雄（1854）①	政治家	○	△		◎	
尾崎行雄（1854）②	政治家	◎			◎	
高橋是清（1854）	政治家			◎		
犬養毅（1855）	政治家	◎				デアル基調
後藤新平（1857）	政治家	◎		◎		
長岡外史（1858）①	政治家	○	△	○		
長岡外史（1858）②	政治家	◎				
木村清四郎（1861）	政治家	◎		◎		

阪谷芳郎（1863）	政治家	○	○	△	○	
田中義一（1864）①	政治家	◎			◎	
田中義一（1864）②	政治家	◎			◎	
安達謙蔵（1864）	政治家	◎		○		
木下成太郎（1865）	政治家	◎		△	○	
若槻礼次郎（1866）	政治家	◎		◎		
武藤山治（1867）	政治家	○	△	○	△	
宇垣一成（1868）	政治家	◎				
井上準之助（1869）	政治家	◎		◎		
浜口雄幸（1870）	政治家	◎		△	○	
芳澤謙吉（1874）	政治家	◎		○	○	
内田良平（1874）	政治家	○	△	◎		
松岡洋右（1880）	政治家	◎		○	△	
永井柳太郎（1881）①	政治家	◎		○	○	
永井柳太郎（1881）②	政治家	◎				
森　恪（1882）	政治家	◎				
山道襄一（1882）	政治家	◎				
鳩山一郎（1883）	政治家	◎		○	△	
下田歌子（1854）	文化人	○	△	△	○	
穂積陳重（1855）	文化人					デアル体
高田早苗（1860）	文化人	○	△		◎	
田中智学（1861）	文化人					デアル体基調
青木庄蔵（1864）	文化人	◎		◎		
広池千九郎（1866）	文化人	◎				
佐々木清麿（1866）	文化人	◎		○	△	
山室軍兵（1872）	文化人	◎				
杉村楚人冠（1872）	文化人	◎		◎		
加藤直士（1873）	文化人	◎		◎		
大谷光演（1875）	文化人					デアル体
高原操（1875）	文化人	◎		○		
野間清治（1878）	文化人	◎		◎		
賀川豊彦（1888）	文化人	◎		◎		
菊池寛（1888）	文化人	◎		◎		

この表から顕著な特徴を見いだすことは困難だが、あえて言えば、文化人と実業家において、終止法でマスを専一に使用する傾向があることを指摘できるかもしれない。

3-4. 演説の年代

　最後に、同一の発話者が異なる時期に2回演説をしている場合、その時期の違いによってマスとマスルの使用状況に違いが生じないかを見てみる。以下の**表9**をご覧いただきたい。

表9　発話者ごとの使用状況（演説時期別）

氏名（生年）：年齢	演説時期	終止法 ます	終止法 まする	非終止法 ます	非終止法 まする
渋沢栄一（1840）①：83	大12（1923）年	◎		◎	
渋沢栄一（1840）②：88	昭3（1928）年	◎		◎	
尾崎行雄（1854）①：61	大4（1915）年	○	△		◎
尾崎行雄（1854）②：74	昭3（1928）年	◎			◎
長岡外史（1858）①：66	大13（1924）年	○	△	○	
長岡外史（1858）②：73	昭6（1931）年	◎			◎
田中義一（1864）①：60	大13（1924）年	◎			◎
田中義一（1864）②：64	昭3（1928）年	◎			◎
永井柳太郎（1881）①：42	大12（1923）年	◎		○	○
永井柳太郎（1881）②：51	昭7（1932）年	◎			

　基本的にはそれぞれの発話者の使用傾向が踏襲されているが、1回目の演説（大正期）で終止法においてマスとマスルの両形を併用していた尾崎行雄と長岡外史が、2回目の演説（昭和1桁代）ではその併用を止め、マスを専一に使用している点が注目される。終止法においては、生年の違いだけでなく、演説の時期が下るにつれてマスが専一に使用されるようになるという傾向が指摘できるかもしれない。いずれにせよ、データが少なく、決定的なことは指摘できない。この点も今後と課題としたい。

4. マスルの表現価値——終止法の場合

　すでに見たように、「岡田コレクション」の「演説」「講演・講話」においては、マスは、主に終止法で、マスルは、主に非終止法で使用されていた。同時代の別資料の様相はどのようかということに関しては、今後の課題とせざるを得ないが、ここでは、終止法において用いられるマスルはいったいどのような表現価値を持つのかということを考えてみたい。というのも、終止法においてはマスの使用がデフォルトであるはずで、そのような環境であえてマスルを用いることには何らかの特別な意図があるのではないかと考えられるからである。終止法で用いられるマスルは大正期と昭和1桁代をあわせて12例ある。いま、その全例を挙げてみる。

（５）この点については、どうぞ充分に広く世間の人に□（オ）□（セキ）諭（さと）して、心得違いのないように尽力せられんことを希望致しまする。
　　　　　　　（尾崎行雄「司法大臣尾崎行雄君演説」大正４）【最終文末】
（６）白鹿洞書院と申しまするのは、支那の大学者・朱子の書院でありまして、その書院に書き掛けられた掲示でありまする。
　　　　　　　　　　　　　　　（阪谷芳郎「人間一生の信念」大正末）
（７）【明治天皇は】咸（みな）其徳を一にせんことを庶幾（こいねご）う』と宣（のたまわ）せられたのでありまする。（阪谷芳郎「人間一生の信念」大正末）
（８）以て人間一生の道を明らかにするためには、極めて当然、極めて簡潔［大切］なることでありまする。　　（阪谷芳郎「人間一生の信念」大正末）
（９）極めて曖昧抽象的の政綱を掲げ［唱え］、一旦政権を得たる時に、何ら拘束せらるることがないようにしておりまする。
　　　　　　　　　　　　　　（武藤山治「政党ノ政策ヲ確ムル必要」大正末）
（10）いくらあるかと言うに、戦陣816中隊。飛行将校の数が17516人。飛行場の数が3000個。なおどしどし増加しておりまする。
　　　　　　　　　　　　　　　　（長岡外史「飛行機の大進歩」大正13）
（11）【司会のことば】その間（あいだ）にありました尊き種々（しゅしゅ）のお物語【皇太子についての逸話】をこれより皆さまにお話しを致されまする。　　　（加藤直士「皇太子殿下御外遊御成徳謹話」大正10）

(12) 【大正天皇が】ご孝心に富ませ給う御事、御齢（おんよわい）いとご幼少の折から、すでに備わり給う御（おん）ご孝心の閃（ひらめ）きは、次の一事をもってもよく窺い知ることができまする。
　　　　　　　　　（間部詮信「大行天皇の御幼時を偲び奉りて」昭和2）

(13) 明治17（しち）年、先帝陛下の御齢お五つの頃と記憶を致しておりまする。　　　　（間部詮信「大行天皇の御幼時を偲び奉りて」昭和2）

(14) この誤れる思想を打破することが、日本（にっぽん）の天職を遂行する先決問題であると信ずるのでありまする。
　　　　　　　　　　　　（内田良平「日本の天職」昭和7）【最終文末】

(15) 同じ神でも神代において、そこら拭き掃除をするところのおさんどん神（がみ）もあれば、またそこら走り使いをするところの権助（ごんすけ）神（がみ）もあったに相違ないのでありまする。
　　　　　　　　　　　　（高田早苗「新皇室中心主義」昭和4）

(16) 日本武尊は景光天皇の十二年、聖徳太子は敏達天皇の三年、中大兄皇子は推古天皇の三十四年のご誕生と尊重致しておりまする。
　　　　　　　　（下田歌子「皇太子殿下ご誕生を祝し奉る」昭和9年）

　これらの例をみると、言及される内容が皇室あるいは天皇あるいは神様（(7)、(11)、(12)、(13)、(15)、(16)）であったり、その文が演説や講演をしめくくる最後の文（(5)、(14)）であったりしている。要するにこれらの文というのは、通常よりさらに丁重に、あるいは格調高く述べる必要がある文だと思われる。マスルはそのような格調高さや丁重さを文に加える「特別丁寧体」あるいは「荘重体」とでも呼べるような働きをしていたのではないだろうか[10]。これらの上接語に「致す」という謙譲語（ないし丁重語）が現れていることも、そのことと関係があるように思われる[11]。この点については、今後さらに検討を加えたい。

5. おわりに

　本稿で述べたことを改めてまとめておく。

（ア）全体的な傾向として、マスは終止法において、マスルは非終止法において用いられる傾向がある。
（イ）発話者の生年から見ると、発話者の生年が早いほど、終止法においては、マスを優先的に使用しながらもマスとマスルを併用する傾向があり、非終止法においてはマスルを優先的に使用する傾向がある。逆にいえば、生年が遅くなるにつれて、終止法においては、マスを専一に使用するようになり、非終止法においてはマスを優先的に使用するようになるという傾向がある。
（ウ）終止法において使用されるマスルは、その文をより丁重に、あるいは格調高く述べるという機能をもつと考えられる。その点で、マスルというのは「特別丁寧体」あるいは「荘重体」という文体を構成するための形式として意識されていた可能性がある。

　本稿では、「岡田コレクション」の活用事例の一つとして、近代語における文法の問題を少しく考察してみた。本稿における考察は非常に不充分なものとなってしまったが、「岡田コレクション」自体は様々な研究の可能性を秘めた貴重な資料だと思われる。今後、多くの研究者が本コレクションを活用し多くの研究成果を発表してくださることを願いつつ稿をひとまず閉じる。

注
1）マスルをマスとは別の助動詞だと見なすことも可能だが、近現代語においてマスルは終止・連体形マスルと仮定形マスレで用いられることを専らとすることから、ここでは、助動詞マスの終止・連体形の異形態として考えておく。
2）本稿で問題とする「岡田コレクション」におけるマスルの使用実態については、既に、尾崎喜光氏による詳細な報告がある（尾崎喜光（2012）「約一世紀前の日本語敬語表現の使用状況」、第11回「多角的アプローチによる現代日本語の動態の解明」研究会（国立国語研究所、2012年10月13日）。本稿の内容は尾崎氏の発表内容に多くを負っているが、調査対象の時間幅（本稿では大正期と昭和１桁代のみだが、尾崎氏発表は大正期〜昭和20年代）と調査対象範囲（本発表は「演説」および「講演・講話」のみだが尾崎氏発表は全カテゴリ）は異なる。

3）演者、演説タイトル、収録年、演者属性の順番に示している。収録年と演者属性については、金澤裕之・相澤正夫編『大正・昭和戦前期 政治・実業・文化演説・講演集—SPレコード文字化資料』（紀伊國屋書店、2015年）によった。
4）「カラシテ」という形4件を含む。
5）「ガ故ニ」という形1件を含む。
6）岡部（2006）で示したように、明治・大正期の総合雑誌『太陽』の口語体記事における「時の助動詞」の使用に関しても、終止法に比べて非終止法（特に連体法）の場合に文語系の助動詞（特にタリの連体形タル）が使用される傾向があった。非終止法の場合に、古い形が保存されるという傾向が当時の日本語にはあったのかもしれない。この点は今後の課題としたい。
7）節の区分については、益岡隆志・田窪行則『基礎日本語文法 改訂版』（くろしお出版、1992年）によった。
8）複数回の演説を行っている発話者で、それぞれの回でのマスとマスルの使用傾向が異なる場合は、各形式の使用の幅が広い方の演説をその発話者の演説として採用した。また、マスおよびマスルをまったく使用しない発話者については、人数から除外した。
9）マスとマスルの使用件数が同数の場合（マスとマスルがともに○の場合）はこの計算から除外した。
10）マスルがマスの古形であるということも、このことと大きな関連があると考えられるが、ここでは詳しく述べる余裕がない。
11）さらに、3.1で述べた終止法のマスルにおいて、「でござる」が上接語として現れない、つまり「でござりまする」という特別丁寧体が存在しないということもマスルそのものが特別丁寧体として機能していたということと何らかの関係があるのではないかと考える。つまり、特別丁寧体としては「ござり（い）ます」または「（致し）まする」という形が使用され、その折衷形のような「ござりまする」は形として使用されにくかったということである。しかし、非終止法という環境下では「でござりまする」という形は存在しており、その点をどう考えるかなど、問題点は多い。ここではあくまでも可能性の一つとして示すに留めておく。

参考文献

岡部嘉幸（2008）「雑誌『太陽』における時の助動詞覚書—文体と時の助動詞使用のダイナミズム—」森雄一ほか編『ことばのダイナミズム』（くろしお出版）

尾崎喜光（2012）「約一世紀前の日本語敬語表現の使用状況」第11回「多角的アプローチによる現代日本語の動態の解明」研究会（国立国語研究所、2012年10月13日）発表レジュメ

金澤裕之・相澤正夫編（2015）『大正・昭和戦前期 政治・実業・文化 演説・講演集―SPレコード文字化資料』（日外アソシエーツ発行・紀伊國屋書店発売）
益岡隆志・田窪行則（1992）『基礎日本語文法 改訂版』（くろしお出版）

3

従属節の主語表示「が」と「の」の変異

南部智史

要旨

　本稿では、文法変異の一つである従属節主語表示「が」と「の」について、岡田コレクションに収録されている発話から大正・昭和前期の使用状況を調査するとともにその通時的変遷について考察する。特に、現代日本語との生起環境の違いに着目し、変化がどのように進行しているかについて言語的側面から論じる。また、類似した特徴を持つ発話を収録している国会会議録のデータを参照することで、観察された変化を「日本語スタンダード」における変化として捉える。

キーワード：格助詞　統語的変異　言語変化　主語表示　日本語スタンダード

1. はじめに

　本研究では従属節内の主語表示の「が」と「の」について、「岡田コレクション」の文字化資料から大正・昭和前期の使用状況を調査する。ここでは、名詞修飾節等の従属節において主語表示として使用され一般的に交替が可能な「が」と「の」の使用を変異として捉え（「が／の」交替 Harada 1971）、「が」と「の」の使用頻度に見られる傾向から議論を行う。以下に本研究で扱う「が」と「の」の用例を挙げた。

（1）その学生が／の留学した国は日本と友好関係にある。
　　　雪が／の多い地域では電車が遅れやすい。
　　　祭りが／の盛んな町に住んでみたい。

この変異の特徴として、従属節主語表示としての「の」の使用が減少しているという進行中の言語変化が指摘されている（Harada 1971、Shibatani 1975、Whitman 2006、南部 2007）。また、この変化については述部の連体・終止形の一致と準体句の消失という歴史的変化との関連が指摘されている（Whitman 2006）。これらの点を踏まえて、本稿では主語表示「が」「の」における変化の定量的観察を行なうとともに、変化の進行具合を言語的要因から考察する。その際、岡田コレクションより時代が少し後の発話を対象とした国会会議録データを用いた「が」と「の」の研究（南部 2007）と比較することで、岡田コレクションに収録されている発話の特徴を明らかにする。

2. 調査対象
2-1. 発話データ
　調査対象となる発話データは、南部（2007）による国会会議録を用いた「が」と「の」の調査との比較を考慮して、岡田コレクションに収録されている「朗読」「放送」を除外した「演説」「講演・講話」（計117音源）とした。これらの発話に含まれた当該の「が」と「の」の使用全てについて、次節に挙げた基準に従って抽出を行った。「が」と「の」が抽出されたデータの範囲は、発話年では1915年から1953年（大正4年～昭和28年、1年単位で判明している発話年では1943年まで）、話者の生年では1838年から1910年（天保9年～明治43年）となった。データに含まれた話者は78名（女性1名）であった。

2-2. 抽出対象
　南部（2007）に従い、従属節主語表示としての「が」と「の」の抽出環境は以下の通りとした。

（2）名詞修飾節・準体助詞「の」を伴う節（Harada 1971）
　　a. ［登山家が／の見た］夜景はとても美しかった。
　　b. ［部長が／の帰省した］のは誰も知らなかった。
（3）「まで／より」を伴う節（菊田 2002）
　　a. ［バスが／の来る］まで座っていようか。

b. ［客が／の来る］より早く荷物が着いた。
（4）「という」を伴う節（井上1976、Ura 1993）
僕が［ローマにジョンが／のいた］という噂を否定した。
（5）て形で接続された節
［学生が／の考えて出した］答え

3.「が」と「の」の分布

　岡田コレクションに収録された発話から2.2節に挙げた環境における「が」と「の」の使用例を抽出した結果、724件が得られた。まず、全体の傾向を把握するため、「が」と「の」の使用頻度を表1に示した。表1から、本研究で抽出されたデータにおいて「の」は「が」より使用率が低いことが分かる。また、以下に観察された例をその発話者と発話年とともに示した。

表1　従属節主語表示「が」「の」の使用頻度

	頻度
が	70.0%（507/724）
の	30.0%（217/724）

＜例＞
　或いは牛乳が溜まった時に　　　　　　　　　　　（尾崎行雄、1915）
　真に夫婦仲が悪い人である。　　　　　　　　　　（佐々木清麿、1933）
　人の望む幸福は　　　　　　　　　　　　　　　　（牧野元次郎、1925）
　昔の感情や感覚の優れた詩人が　　　　　　　　　（菊池寛、1933）

　以下では、先行研究で取り上げられている主語表示「が」と「の」の特徴について、岡田コレクションデータにおける観察例と頻度をそれぞれ挙げ、大正・昭和前期の「が」と「の」の特徴について考察する。

3-1.　ヲ格目的語の有無（他動性制約）

　現代日本語における主語表示「の」は、同じ述部によって選択されたヲ格目

的語と共起しないという他動性制約の存在が指摘されている (Harada 1971、Watanabe 1996)。(6) に挙げた例では、「が」の場合と異なりヲ格目的語と共起した主語表示「の」が非文(「*」で示した)となることを示した。

(6) a. 部長が/*の会社を辞めた理由は誰にも分からない。
　　 b. 会社を部長が/*の辞めた理由は誰にも分からない。

本研究で用いた岡田コレクションのデータにおいても、表2に示したようにヲ格目的語がある節内には主語表示「の」が現れなかった。また、本研究のデータで観察された主語表示「が」とヲ格目的語の共起例を以下に示した。

表2　ヲ格目的語と主語表示「が」「の」

	ヲ格目的語あり	ヲ格目的語なし（述部が動詞の場合）
が	100% (92/92)	63.7% (317/498)
の	0% (0/92)	36.3% (181/498)

<例>
　　我々が普選を強く主張するのは　　　　　　　　　(島田三郎、1920)
　　代議士を我々が選挙するのも　　　　　　　　　　(高田早苗、1929)

この結果から、大正・昭和前期の発話には現代日本語と同様の制約が存在したと考えられるが、一方で、岡田コレクションと同時期である大正・昭和初期の書き言葉に関してShibatani (1975) とWhitman (2006) は、ヲ格目的語と共起した主語表示「の」の使用が見られると指摘している。以下にShibatani (1975) で引用されている例を示した (括弧内は著者名、生没年、作品名、初出年)。

(7) a. 聖人の嘘をつかれる筈はない　　(芥川龍之介、1892-1927、「歯車」、1927)
　　 b. Ｓの返事をしないのを見ると (芥川龍之介、1892-1927、「三つの窓」、1927)
　　 c. 父の野良犬を追うとき　　　　(室生犀星、1889-1962、「幼年時代」、1919)

d. あの人の盗みをしたこと（室生犀星、1889-1962、「性に目覚める頃」、1919）

　これらの使用例からShibatani（1976）とWhitman（2006）は、「の」の使用に対する他動性制約は近年になって出現したと論じている。このように、他動性制約に関して同時代の岡田コレクションと相違が生じた理由として考えられるのは、発話の収録である岡田コレクションに対して（7）は小説という書き言葉である点である。ここでの仮説は、発話を介した言葉と比べて書き言葉では言語変化における既存形式が現れやすいために他動性制約が出現する以前の「の」の使用がみられたということである。もしこれが正しければ、岡田コレクションは書き言葉資料とは異なる特徴を持つと解釈されるが、書き言葉資料との違いを明確に示すには岡田コレクションと同年代の書き言葉資料である「太陽コーパス」（収録年1895～1925年）などを用いて定量的観点から比較調査を行う必要があるため、本稿ではその可能性を述べるにとどまり今後の研究に委ねることとする[*1]。

3-2. 隣接性

　現代日本語では、主語と述部との間に副詞や名詞句などの介在要素が存在する場合に主語表示「の」の使用が抑制されるという、主語と述部の隣接性の影響が指摘されている（Harada 1971、Nambu and Nakatani 2014）。(8a) に隣接環境、(8b) に非隣接環境の例を挙げた。ここでは文の容認度が下がることを「??」で表した。

（8）a. 昨年モスクワで部長が/の出くわした人物は取引先の社長だった。
　　 b. 部長が/??の昨年モスクワで出くわした人物は取引先の社長だった。

　表3に示したように、主語表示「の」に対する隣接性の影響は本研究のデータでも観察され、非隣接環境における「の」の使用は隣接環境より大きく減少することが分かった（χ^2=112.811, df=1, p<.001）。また、以下に隣接環境と非隣接環境として観察された例をそれぞれ示した[*2]。

表3 隣接性と主語表示「が」「の」

	隣接	非隣接
が	55.2%（240/435）	92.4%（267/289）
の	44.8%（195/435）	7.6%（22/289）

＜例＞
主語と述部が隣接の場合
　　別に起死回生の妙薬があるものでは　　　　　　　　　　（安達謙蔵、1929-31）
　　却って国家観念の旺盛なることは　　　　　　　　　　　（田中義一、1924）

主語と述部が非隣接の場合
　　また我々が初めて唱えるものでもない。　　　　　　　　（島田三郎、1920）
　　火災の最も多いのは米国で　　　　　　　　　　　　　　（松井茂、1934-35）

　ここでは現代日本語と同様に隣接性による影響が確認されたわけだが、隣接性が主語表示「の」の使用を抑制する理由に関しては諸説あるものの現在も調査中である。ただし、本研究のデータで非隣接環境を生成する介在要素としては、他動性制約のヲ格目的語だけでなくニ格目的語も現れていないことが分かっており（0/22件）、南部（2007）や金（2009）による現代日本語の調査結果と同じ傾向を示している。ニ格目的語の影響は統語理論の観点からWatanabe（1996）で指摘があり、また、Nambu and Nakatani（2014）の心理言語学的実験では介在要素が副詞や場所格であっても「の」の容認度に影響を与えることが示されており、介在要素の種類については今後より詳細な分析を行なう必要がある。

3-3. 述部の状態性

　主語表示「の」の使用は、述部の状態性が高いほど頻度が高くなるという指摘がある（南部 2007、金 2009）。本研究のデータにおいても表4に示したように、「の」の使用に形容詞＞動詞という状態性の影響を支持する傾向が見られた。繋辞は状態性が高いにもかかわらず「の」の使用が観察されなかったが、それ

は「教授が／の学生だった頃」のように「の」を使用すると「教授の学生」という別の解釈が介入するためだと考えられている(Shibatani 1975)。なお、表4に挙げた数字は次節で扱う、現代日本語には見られない形式で述部が明示的に連体形であることが示されている場合は含まれない。

表4 述部の種類と主語表示「が」と「の」

	形容詞	形容動詞	動詞	繋辞	て形による接続
が	61.1% (33/54)	50.0% (1/2)	73.9% (377/510)	100% (34/34)	100% (28/28)
の	38.9% (21/54)	50.0% (1/2)	26.1% (133/510)	0% (0/34)	0% (0/28)

<例>
形容詞
　イギリスのごとき富の高い国　　　　　　　　　　　　(尾崎行雄、1915)
　力のない私に　　　　　　　　　　　　　　　　　　(佐々木清麿、1933)
形容動詞
　家屋のまばらな田舎町とは被害の程度が　　　　　　(渋沢栄一、1928)
動詞
　しかし功利(法理)の追求するところは　　　　　　(後藤新平、1926)
　長者の血の滴る苦闘によって　　　　　　　　　　　(大谷光演、1923)

3-4. 述部が明示的な連体形の場合

現代日本語では通常、述部が終止形と異なる形式で明示的に連体形として現れるのは形容動詞のみである(例「祭りが／の盛んな町」)。これは、院政鎌倉期以降に起きた連体・終止形の一致という歴史的変化によるものであるが(Frellesvig 2010)、岡田コレクションでは明示的に連体形として現れた事例(「論ずる」や「満たざる」など)が多数見られた。ここでは、現代日本語の終止形と形式が異なる連体形に限って取り上げ、現代日本語の終止形と見分けがつくということから便宜的に「明示的連体形」として扱った。なお、この明示的連体形の使用は、

時代が少し新しい発話を収録している国会会議録のデータ（南部 2007）には見られなかった。表5に示したように、述部が明示的連体形の場合には主語表示「の」の使用率が非常に高くなっている。表5の形容動詞については現代日本語とは異なるナリ活用連体形の頻度を挙げた[*3]。このように、述部が明示的連体形の場合には「の」の使用率が「が」を上回る環境として確認された。この点については、5節で詳しく取り上げる。

表5　明示的連体形と主語表示「が」と「の」

	形容動詞 （ナリ活用）	動詞 （連体形）	「名詞+たる」	その他
が	0% (0/14)	40.0% (32/80)	100% (2/2)	75.2% (473/629)
の	100% (14/14)	60.0% (48/80)	0% (0/2)	24.8% (156/629)

<例>
形容動詞
　　憲法に対する責任の大なることは、　　　　　　　　（大隈重信、1916)
　　却って国家観念の旺盛なることは、　　　　　　　　（田中義一、1924)

動詞
　　あちらには目の廻らぬ人がおると　　　　　　　　　（長岡外史,1924)
　　私のよく申しまする桜の花の散り際と　　　　　　　（松岡洋右、1933-34)

3-5. 発話年と生年

先行研究では主語表示「の」の使用は減少傾向にあることが指摘されてきた（Harada 1971、Shibatani 1975、Whitman 2006、南部 2007）。本稿で用いた岡田コレクションにおいても同様の傾向が見られるか調査するため、ここではまず発話年に基づく「の」の生起率を図1に示した[*4]。図1から、大正・昭和前期の発話においても「の」の減少傾向が存在したことが分かる。次に、話者の生年に基づくグラフを図2に示した[*2]。図2でも同様に、生年が新しくなるにつれて「の」

の使用が減少する傾向が現れた。なお、図2の1841-50年の部分はデータ抽出時から欠損している部分である。

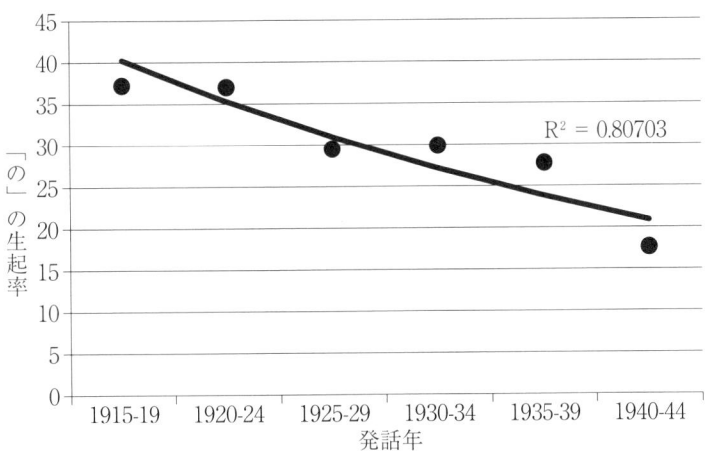

図1　発話年と主語表示「が」「の」の関係

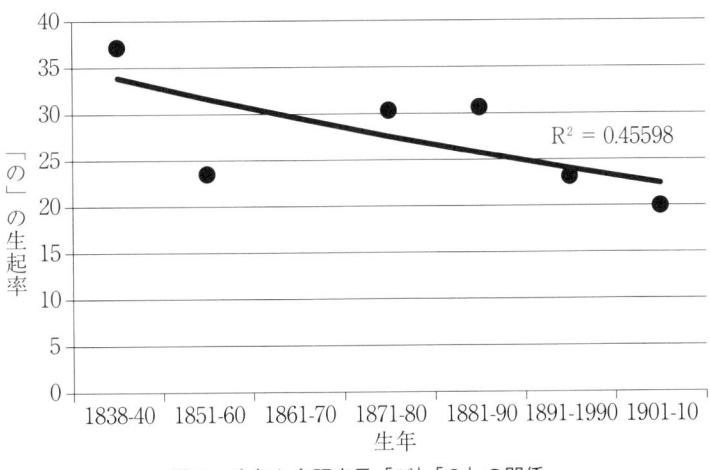

図2　生年と主語表示「が」「の」の関係

4. 変化について
4-1. 国会会議録データとの変化の連続性

前節では、岡田コレクションから抽出されたデータにおける「の」の生起率の減少傾向を示した。ここでは発話年に着目し、図1のグラフとともにそれより発話年の新しい南部（2007）の国会会議録データに基づく「の」の生起率の推移を図3に並べて示した[*6]。

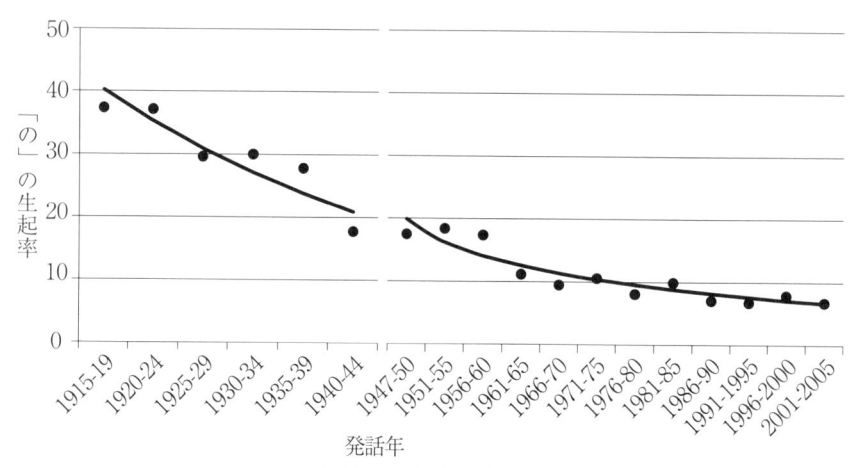

図3　発話年と「の」の生起率の関係
岡田コレクション（左）と国会会議録データ（右）

図3の岡田コレクションのデータと国会会議録データの発話年は、偶然ではあるが時系列においてほぼ連続的な関係にある。図3に並べた2つのグラフは、2種類の異なるコーパスから作成されたにも関わらず、「の」の生起率が両データにまたがってスムーズな推移を示している。2節で述べたように、両データは「が」と「の」の抽出環境を統一して得られたデータではあるが、それ以上にこの結果をもたらした要因として以下のことが考えられる。本研究で扱った岡田コレクションのデータは、政治家等による公の場での一般大衆を聴衆として想定した発話であり、その点で国会会議録に収録されている発話と類似した特徴を持っている。言い換えると、両データは比較的均質な社会的属性を持つ

話者による発話であり、また、発話スタイルという社会的要因がコントロールされたデータとして捉えることができるのである。そしてその結果、図3のような「の」の使用率のスムーズな推移が観察されたとここでは推測する。以上の点は、岡田コレクションデータとして本研究で用いた発話の全体像を捉える上でも重要である。そのことを踏まえて次節では、図3で観察された言語変化が示唆することについて「日本語スタンダード」という立場から考察する。

4-2.「日本語スタンダード」における変化

　野村（2013）は、「標準語」のように対・方言を強く含意することなく、また、「共通語」よりも規範性があるという含みを持たせて「日本語スタンダード」という用語を用い、日本語話し言葉におけるスタンダードの形成と変遷について議論を行なっている（野村 2013：ix, 63）。野村（2013）はその冒頭で日本語スタンダードの形成について「（前略）中世末期の上方語がスタンダードとして近世に江戸の教養層言語を形作り、この近世スタンダードがさらに明治期に東京の教養層言語を形作った（もちろんスタンダードと言うからには、それはおおむね全国の教養層にも通ずる）。それ故、このスタンダードは明治維新期を乗りこえて東京（山の手）語となったわけだが、人々は、今度はそれが東京語であるからスタンダードにふさわしいと考えた（野村 2013：xii）」としている。本節ではこの日本語スタンダードの観点から、前節の図3で観察された言語変化について考察する。

　主語表示「が」「の」のような言語変異に見られる進行中の言語変化について社会言語学では通常、フィールド調査の中で発話を行なった話者の生年や発話時の年齢を用いることで、データに現れた変化をその話者が言語獲得期に獲得した「日常の言葉・母方言」（vernacular）における変化として捉える（「見かけ上の時間」、Cukor-Avila and Bailey 2013）。この場合の調査対象は「日常の言葉」であり、調査の際は話者の日常の言葉をなるべく自然な状態で引き出すために、調査時に話者が自身の発話を意識しないよう工夫を行なった上で発話の収録が行なわれる（Feagin 2013）。

　一方、岡田コレクションと国会会議録に収録された発話は、この定義における日常の言葉には当てはまらないと思われる。特に本研究で扱う文法のレベル

に関しては、政治家による演説などが言語獲得期に獲得された日常の言葉で行なわれているとするよりも、広範囲の大衆・市民を聴衆とする公共性の高い場面において、個々の話者が特定の方言に依拠することなく聴衆によく伝わり、かつ威信が高いと考える言葉を使用していると考えたほうがよさそうである。

これに関連することとして野村（2013）は、日本にも西洋のような演説（スピーチュ）が必要だと説いた福沢諭吉の例を出して、福沢が演説で採用した言葉は彼の母方言ではなく当時の「スタンダード」に基づいていたと論じている（野村 2013：119-129、136）。本研究で扱う岡田コレクションと国会会議録のデータについても（少なくとも文法レベルである主語表示「が」と「の」に関しては）日本語スタンダードを反映していると考えると、本研究のデータで観察された変化は個々の話者のそれぞれの日常の言葉（母方言）で起きている変化ではなく日本語スタンダードに起きた変化を反映しているということになる[*7]。また、図3に見られた「の」使用率のスムーズな推移が話者の生年ではなく発話年の観点から確認されたことも、個々の話者が共有するスタンダードにおいて変化が見られたと考えると説明がつく。ただし、前述のように社会言語学では通常、日常の言葉における言語変化を扱うため、日本語スタンダードという、多くの人々が日常の言葉である母方言とは別に習得する言葉において変化がどのように起きているかという点については、今後さらに追究しなければならない。

5. 変化の推進要因としての「の」生起環境の縮小・消失

ここでは、主語表示「の」の生起率減少という言語変化が言語的側面においてどのように進行しているかについて、「の」の生起環境の縮小・消失という観点から考察する。

3-4節で述べたように、岡田コレクションでは従属節内の述部が「明示的連体形」である場合が多く観察され、さらに、明示的連体形の場合には主語表示「の」の使用率が非常に高いことが分かった。この点について以下では、その統語構造に関して歴史的視点から議論を展開しているWhitman（2006）に従って考察を行なう。

Whitman（2006）は、主語表示「の」の使用の衰退を議論する中で、述部の連体・終止形の一致と準体句の消失について言及している。まず述部に関して

は、上代以来、従属節主語表示の「が」と「の」は主に述部が連体形である場合、つまり補文節に名詞素性があることが顕在的に示された環境で使用されていた。しかし、主節の主語表示として台頭した「が」と異なり、従属節内に留まった「の」の用法は、連体・終止形の一致という変化に伴ってその使用を認可する手がかりであった補文節の名詞素性の顕在的表示を失うこととなった。

　Whitman（2006）によるこの分析を踏まえると、岡田コレクションデータに見られた、述部が明示的連体形の場合に「の」の使用が増加したことは、かつて「の」の使用を認可する手がかりであった補文節の名詞素性が連体形という形で顕在だったためと解釈することができる。このことから、明示的連体形という「の」選好環境の消失が「の」生起率の減少という変化を後押ししたと推測される。

　次に準体句についてだが、主語表示「の」の使用は名詞修飾節と同様にかつては準体句においても見られた。しかし、準体句は中世末期以降になると次第に準体助詞「の」を伴うようになった（青木2010）。

（9）a. かの白く咲けるφをなむ夕顔と申しはべる。　　　　　　　（源氏物語・夕顔）
　　　b. あの白く咲いているのを夕顔と申します。　　　　　　　　　（現代語訳）
　　　　　　　　　　　　　　　　　　　　　　　　　　　　　　　　（青木2011）
（10）a. 私どものうたふφは本の真似方ばかり
　　　b. 夜の明るのを待兼なはるけれど
　　　　　　　　　　　　　　　　　　　（浮世床・初上、2下1813-23、此島1961より）

このように歴史的変遷の中で準体句は準体助詞「の」を伴う節となり、かつて主語表示「の」の使用を認可していた準体句としての特徴が失われてしまった。今回の調査では準体句をデータ抽出の範囲に定めていなかったが、調査を進める中で岡田コレクションには現代日本語には見られない準体句の使用があることが判明した。そのため、準体句内で主語表示「の」が使用されているかどうか調べたところ、以下に挙げた10例が観察された。

（11）準体句内の主語表示「の」の使用

この属する階級の何れたるを問わず、	（永井柳太郎、1923）
私は先年講和会議の開かれたるに際し、	（永井柳太郎、不詳）
その責任のいよいよ重大なるを自覚して、	（田中義一、1924）
即ち議会の召集せらるるも、	（高田早苗、1929）
逓信従業員はその使命の重大なるに鑑み、	（永井柳太郎、1929-30）
しかも我々は時局の極めて重大なるに鑑み、	（桜内幸雄、1937）
会期の尽くるに及んでも、	（林銑十郎、1937）
政友会は時局のかく重大なるを忘れ、	（松田源治、1936）
顧みて責任の極めて重大なるを痛感し、	（近衛文麿、1941）
固より日本は敵の来らざるを頼みて、	（中野正剛、1942）

（11）に挙げた例は準体句内の述部が連体形であり、Whitman (2006) の言う補文節の名詞素性が明示的に現れた環境と解釈される。現代日本語では（11）のような準体句は認められないため、準体句の消失も主語表示「の」の使用範囲を狭めた可能性が考えられる。ただし、準体句に関連する「の」生起環境の消失が変化をどの程度を押し進めたかについて議論するには、該当する箇所での主語表示「が」の使用との比較から「の」の使用頻度を割り出す必要があるため、今後さらに調査を進めていく必要がある。

また、準体句の後を継ぐ準体助詞「の」を伴う節における主語表示「が」と「の」の割合を調べてみたが、表6に示したようにデータ全体の傾向から大きく逸脱することはなかった。

表6 「の」を伴う節における「が」と「の」

	の	それ以外
が	70.6% (24/34)	70.0% (483/690)
の	29.4% (10/34)	30.0% (207/690)

<例>

畏くも御会に対してご信任の厚いのと、	（田中義一、1924）
そこの商売の繁盛するのは	（牧野元次郎、1925）

現内閣の成立したのは、　　　　　　　　　　　　（田中義一、1928）
その深い意味を玩味しない傾向のあるのは、　　　（田中智学、1926-34）

6. まとめ

　本研究では岡田コレクションに収録された大正・昭和前期の発話を分析することで、主語表示「の」の減少という変化が当時存在していたことを定量的に示し、連体・終止形の一致と準体句の消失という言語的側面からその変化の進行具合について観察されたデータを示しながら議論を行なった。

　最後に、助詞「が」と「の」の使用の歴史的変遷についてFrellesvig（2010）によって簡潔にまとめられている表を表7に挙げた。

表7　「が」と「の」の変遷（Frellesvig 2010：368、日本語にして記載）

		上代	中古	院政	鎌倉	室町	江戸
連体詞	の	+	+	+	+	+	+
	が	+	+	+	(+)	―	―
従属節内の主語表示	の	+	+	+	+	+	(+)
	が	+	+	+	+	+	+
主節主語表示	の	―	―	―	―	―	―
	が	―	―	―	―	+	+
補文表示	の	(+)	(+)	(+)	(+)	+	+
	が	+	+	+	+	―	―
準体詞	の	―	―	―	―	―	+
	が						
接続詞	の	―	―	―	―	―	―
	が	―	―	+	+	+	+

　表7では「が」または「の」が使用される領域を+、使用されない領域を－、その移行期間を(+)で表している。表7では、従属節内の主語表示「が」と「の」の使用は上代から見られ、主節主語表示としての「が」の使用は室町に入って確立したことが示されている。一方、それと平行する形で連体詞としての「が」

の用法は鎌倉・室町期に生産的ではなくなったようである。また、本稿で取り上げた準体詞としての「の」の用法は江戸期に入って確立したことが示されており、それと同時期に従属節内の主語表示「の」の使用が下火になったことが（＋）として表されている。ここで本研究と関わる重要な点は、江戸期の「が」と「の」の用法は従属節主語表示を除いて「が」と「の」で機能分担が行われていることである。これを踏まえると、岡田コレクションと国会会議録データで見られた従属節主語表示「の」の使用の減少は、上代から続く「が」と「の」の使用分布の分化という機能面に基づく変化の過程の中で捉えることができ、さらにその変化が終了することで「が」と「の」は表7において相補分布が完了することになるという予測が立てられる。ただし、表7は「が」と「の」の用法を細部まで網羅しているわけではないため、ここで相補分布が完了したようにみえても、例えば（12）のような「が」と「の」の用法が重なる箇所が他にも存在する（Iida 1987、Hasegawa 1991、影山 1993）。

（12）父親が/の出張中に、子供が家出した。

この用法における変化はこれまでに報告されていないが、このように「が」と「の」の分布を全体的に見渡してその分化が今後どのように進行していくのか継続的に調査することで、本研究で観察された従属節主語表示における変化をより包括的に捉えることが可能になるだろう。

注
1）ただし、Harada（1971）では当時40代の調査対象者（推定1922-31年生まれ）には他動性制約が見られなかったことが指摘されている。
2）岡田コレクションには発話年（収録年）が正確に特定されていないものが存在するため、本稿での記載が発話年の推定期間や不詳となる場合がある。
3）本研究のデータでは、主語表示「が」「の」と共起した形容動詞タリ活用は0件であった。
4）図1は発話年が不明のもの、または発話年の記載が「大正16年〜昭和9年」など正確な発話年が分からないものである223件を除いた501件のデータに基づいて作成した。

5）図2は生年が不明である発話者による22件を除く702件のデータに基づいて作成した。
6）本研究では発話年に基づく「の」の生起率の推移だけでなく、生年の観点からも岡田コレクションデータと国会会議録データの推移を観察したが、両データに含まれる生年の範囲が広く重なってしまったため、図3の発話年のグラフのようなきれいな推移は生年の観点からは確認できなかった。
7）例えば、九州の一部方言では（i）のような主節主語表示としての「の」の使用が見られるが、岡田コレクションにはこのような主節主語表示「の」の使用例が確認されなかったため、このことも岡田コレクションデータの発話は日本語スタンダードを反映しているとする本研究の考えを支持する結果と解釈できる。

(i) あれ、あがんとけ、じいちゃん {??ガ／ノ} おる。
(あれ、あんなところにじいちゃんがいる) (坂井 2013)

参考文献

青木博史（2010）「準体句」『ガイドブック日本語文法史』高山善行・青木博史（編）ひつじ書房
青木博史（2011）「述部における名詞節の構造と変化」『日本語文法の歴史と変化』青木博史（編）くろしお出版
井上和子（1976）『変形文法と日本語』大修館書店
影山太郎（1993）『文法と語形成』ひつじ書房
菊田千春（2002）「が・の交替現象の非派生的分析:述語連体形の名詞性」『同志社大学英語英文学研究』74
金銀珠（2009）「現代語の連体修飾節における助詞「の」」『日本語科学』25
此島正年（1961）「中古語における用言連体形の用法」『国語学』48
坂井美日（2013）「現代熊本市方言の主語表示」『阪大社会言語学研究ノート』
南部智史（2007）「定量的分析に基づく「が／の」交替再考」『言語研究』131
野村剛史（2013）「日本語スタンダードの歴史—ミヤコ言葉から言文一致まで—」岩波書店
Cukor-Avila, Patricia, and Guy Bailey (2013) Real time and apparent time. In The Handbook of Language Variation and Change, ed. J.K. Chambers and Natalie Schilling. Oxford: Wiley-Blackwell.
Feagin, Crawford (2013) Entering the community: Fieldwork. In The Handbook of Language Variation and Change, ed. J.K. Chambers and Natalie Schilling. Oxford: Wiley-Blackwell.
Frellesvig, Bjarke (2010) A History of Japanese Language. Cambridge: Cambridge

University Press.

Harada, Shin-Ichi (1971) Ga-No conversion and idiolectal variations in Japanese. Gengo Kenkyu 60:25-38.

Hasegawa, Nobuko (1991) On head movement and Japanese: The case of verbal nouns. Proceedings of Sophia Linguistics Society 6:8-32.

Iida, Masayo (1987) Case assignment by nominals in Japanese. In Working Papers in Grammatical Theory and Discourse Structure: Interactions of Morphology, Syntax, and Discourse, ed. Masayo Iida, Stephen Wechsler, and Draga Zec, 93-138. Stanford: CSLI Publications.

Nambu, Satoshi, and Kentaro Nakatani (2014) An experimental study on adjacency and nominative/genitive alternation in Japanese. In Formal Approaches to Japanese Linguistics 7 (MIT Working Papers in Linguistics 73), ed. Shigeto Kawahara and Mika Igarashi, 131-142, MITWPL.

Ura, Hiroyuki (1993) L-relatedness and its parametric variation. In Papers on Case and Agreement II (MIT Working Papers in Linguistics 19), ed. Collin Phillips, 377-399, MITWPL.

Watanabe, Akira (1996) Nominative-genitive conversion and agreement in Japanese: A cross-linguistic perspective. Journal of East Asian Linguistics 5:373-410.

Whitman, John (2006) The attrition of genitive subjects in Korean and Japanese. Handout from Syracuse/Cornell Workshop on the Internal Syntax of Nominalized Clauses.

付記
本研究の一部はJSPS科研費 26770155および15J00283の助成を受けている。

4

大正～昭和前期の丁寧語諸表現の動態

尾崎喜光

要旨

　「岡田コレクション」の文字化資料を分析し、現代日本語に直接つながる大正期から昭和期前期の丁寧語がどのようであったかを考察する。具体的には、①丁寧語「まする」と「ます」の関係、②「ます」と「です」の関係、③丁寧語を含む推量表現「ましょう」と「でしょう」の関係を中心に分析する。収録年により資料全体を「大正時代」「昭和00年代（昭和一ケタ）」「昭和10年代」「昭和20年代」の4期に分け（ただし「昭和20年代」は資料数が少ないことから参考にとどめる）、対立する複数の表現の出現状況の推移から、これらの表現の動態についてもあわせて考察する。

キーワード：丁寧語、まする、ます、です、ましょう、でしょう

1. はじめに

　「岡田コレクション」の文字化資料が金澤裕之・相澤正夫編（2015）として刊行された。「岡田コレクション」に収録され、同書に文字化されている資料は、大正時代から昭和20年代までの演説等を中心とする話し言葉である。
　この時代の話し言葉を研究対象としている者であれば、他の資料中に出現が確認されている特定の表現に注目し、当該資料においてどのように表れるかという観点からこの資料を見るかもしれない。また、それ以前の話し言葉を研究対象としている者であれば、その時期に出現と動態が確認されている特定の表現に注目し、この時代に向けてどのように変化してきているかという観点からこの資料を見るかもしれない。

これに対し筆者は、現代日本語の話し言葉を研究対象としていることから、現代の話し言葉と比較したときどのような違いが認められるかという観点から本資料を概観した。現在までの間、およそ一世紀の隔たりがあり、日本社会自体がさまざまな面で変化してきていることから、それぞれの時代のみに存在する事物や概念、社会のありようがあり、それらを表わす語に違いが認められるということは当然考えられる。そうした〈何について言語化するか〉という観点からの時代間比較の研究も興味深いが、本稿では〈どのような表現で言語化するか〉という観点から文字化資料を観察した。

　現代日本語と比較したときどこに表現上の違いが認められるかという意識を持ちつつ文字化資料を通読すると、いくつか気づく点がある。そのうちの一つが丁寧語「まする」である。たとえば「一朝一夕の出来事ではないのでありまする。」のような表現が本資料に出てくる。

　こうした丁寧語の「まする」は、宮地幸一（1971a）によれば、謙譲の補助動詞「まゐらする」が「まらする」となり、さらに「まっする」「まする」と形を変えて丁寧語の性格を持つに至ったものである。その後さらに「まする」の「る」が脱落し、現代日本語でも使われている「ます」の形となった。

　本資料を見ると、「まする」は、たとえば「今それを申し上げまするど」「なおどしどし増加しておりまする。」「窺い知ることができまする。」のようにたびたび現れる。言うまでもなく、これらは現代日本語では「今それを申し上げますと」「増加しております」「窺い知ることができます。」である。現代語の「ます」が「まする」として本資料に現われるのである。概念語ではなく機能語であるため、出現頻度も少なくない。

　そこで本稿では、この「まする」という丁寧語の使用傾向について、「ます」と対比する形で分析を行う。あわせて、「ます」や「まする」よりも歴史が新しい丁寧語「です」の当時の使用状況についても分析する。さらに、これらの丁寧語との関連として、動詞や補助動詞に下接する推量形として現代語では主流の「でしょう」に対する「ましょう」の使用状況についても分析する。

2. 分析
2-1. 丁寧語の「まする」と「ます」

　丁寧語「まする」について、国立国語研究所が開発した全文検索システム「ひまわり」により、丁寧語「ます」と対比する形で検索・分析を行った。その際、次の方針を立てた。

　丁寧語「ます」には「ました」「まして」等の活用形もあるが、丁寧語「まする」にはこれらに対応する表現が資料中に認められないことから、これらの活用形は分析対象から除外した。すなわち、「ます」という文字列を含む表現のみを検索・分析の対象とした。なお、丁寧語の「ます」や「まする」の「ます」は、基本的に「ます」というひらがな文字列による表記でのみ本資料に現れるが、「動きまーす」のような「まーす」という文字列による表記も2件ある。丁寧語は語形が短いことから表記のバリエーションもそれほど多くないと考えられるが、思いもよらぬ文字列で表記されていることも考えられ、あらゆる表記の可能性を完全に網羅するのは困難であることから、本稿では文字列「ます」に限定して検索することとした。

　「ひまわり」により文字列「ます」を含む用例を検索すると2398件検索される。目視により全用例を確認したところ、丁寧語以外の「ます」が11件あった。たとえば次のようなケースである。

　　　例1：国を富ますは科学を進めて商工業の活動に
　　　例2：益荒男（ますらお）を戒める母。
　　　例3：全軍将兵はますます聖旨を奉戴【直後の「ます」も別件として検索される】

　また、丁寧語であることは文脈からおそらく確かであるものの、後接する表現が不確定であることから、今回は念のため分析対象から除外した「ます」が2件ある。たとえば次のようなケースである。

　　　例4：母の心は祈ります………厳しい父のことばでなく、

これら13件を除く2385件を実際の分析対象とした。

分析結果は**表1**のとおりである。なお、以下本文中では、語形は主としてカタカナ表記とする。

表1　丁寧語「マスル」「マス」の出現状況

			合計	大正時代	昭和00年代	昭和10年代	昭和20年代
			2385件 (133タイトル) [Av. 17.9回]	366件 (21タイトル) [Av. 17.4回]	938件 (51タイトル) [Av. 18.4回]	1059件 (60タイトル) [Av. 17.7回]	22件 (1タイトル) [Av. 22.0回]
マスル			203件 (58タイトル)	42件 (12タイトル)	84件 (24タイトル)	77件 (22タイトル)	0件 (0タイトル)
	後接なし (終止形)		27件 (9タイトル)	6件 (4タイトル)	5件 (4タイトル)	16件 (1タイトル)	0件 (0タイトル)
	後接あり		176件 (57タイトル)	36件 (12タイトル)	79件 (23タイトル)	61件 (22タイトル)	0件 (0タイトル)
		マスレバ	38件 (21タイトル)	1件 (1タイトル)	28件 (12タイトル)	9件 (8タイトル)	0件 (0タイトル)
		それ以外	138件 (47タイトル)	35件 (12タイトル)	51件 (16タイトル)	52件 (19タイトル)	0件 (0タイトル)
マス			2182件 (133タイトル)	324件 (21タイトル)	854件 (51タイトル)	982件 (60タイトル)	22件 (1タイトル)
	後接なし (終止形)		1889件 (129タイトル)	276件 (20タイトル)	700件 (50タイトル)	891件 (58タイトル)	22件 (1タイトル)
	後接あり		293件 (82タイトル)	48件 (17タイトル)	154件 (34タイトル)	91件 (31タイトル)	0件 (0タイトル)

	合計	大正時代	昭和00年代	昭和10年代	昭和20年代
マスル系	203件 (8.5%)	42件 (11.5%)	84件 (9.0%)	77件 (7.3%)	0件 (0.0%)
マス系	2182件 (91.5%)	324件 (88.5%)	854件 (91.0%)	982件 (92.7%)	22件 (100.0%)
計	2385件	366件	938件	1059件	22件

表の左側の「合計」の欄は、データ全体の集計結果である。「マスル」と「マス」に大別し、さらにそれぞれを後接する表現の有無により分析した。すなわち、終止形として言い切る用法か否かという観点から分析した。
　表の下方には、マスル系とマス系を対比する形で改めて件数を示すとともに、その構成比を括弧内に示した。
　さらに、時代による推移を見るため、全体を「大正時代」「昭和00年代」「昭和10年代」「昭和20年代」の4つに時代区分して分析した。なお、「昭和20年代」は、データ数が少ないことから参考情報としての位置づけにとどめざるをえない。
　「マスル」ないしは「マス」の使用件数が多い場合であっても、特定の録音に集中して現れることも考えられる。そこで、それらがどの程度広く用いられているかを把握するため、何種類の録音（タイトル）に現れているかも合せて確認し、これを参考情報として表の各セルの下段に記した。タイトル数が多いほど、さまざまな録音において（すなわちいろいろな人によって）使われていることになる。
　分析対象としたデータは全体で2385件であるが、133タイトルで使われている。「マスル」ないしは「マス」の1タイトルあたりの平均使用回数は17.9回である。時代別に見た場合も平均使用回数はほぼ一定しており、データ数が少ない「昭和20年代」を除けば18回前後である。
　前提の説明が少々長くなったが、以下に分析結果を述べる。

（1）全体的傾向
　「マスル」および「マス」の全体として使用件数は、「マスル」が203件（8.5%）、「マス」が2182件（91.5%）であった。「マスル」の使用は全体の1割程度にとどまる。現在では「マスル」の使用はほぼ皆無であることを考えると、この頃は演説等においてまだ一定程度は使われていた時代であり、「マスル」のタイトル数も58タイトルあることからするといろいろな人が使っていた時代でもあるということになる（ただし同一人物が複数のタイトルに登場する場合もあるので「人数」はこれよりも少なくなる）。しかし、当時の「マス」との張り合い関係という観点から見るならば、すでに非常に劣勢であったとも言える。

表の下方に示した集計により、「マスル」の構成比（「マスル系」の中の括弧内の数値）を時代別に見ると、大正時代11.5%、昭和00年代9.0%、昭和10年代7.3%であり、一貫して緩やかな減少傾向となっている。逆に「マス」は、高い数値の中でさらに緩やかな増加傾向となっている。「マスル」から「マス」への変化（置き換え）の最終段階が、ここに現れている可能性が考えられる。なお、昭和20年代は全体でデータが22件しかなく、しかもタイトル数も「1」であることから慎重な判断を要するが、「マスル」が全く現われていない点は注目される。「マスル」は戦後になるとほぼ使われなくなったことが、ここに反映されている可能性が考えられる。

　「マスル」の衰退はすでに近世から始まっていたようである。近世の文学作品における「マスル」と「マス」の分析については、具体的な用例と集計結果を示しつつ展開した宮地幸一氏による膨大かつ詳細な一連の研究がある（宮地幸一1971b、1972a、1972b、1973、1976、1977a、1977b）。このうち宮地幸一（1977b）は、近世に成立した笑話・小咄・黄表紙詞章を分析したものである。論の前半では、近世の笑話・小咄詞章計32編について、1624年～1716年に成立した前編（16編）と、その後の1772年～1823年に成立した後編（16編）に二分した上で、「マスル」と「マス」の用例数を比較している。分析の結果、前編の作品では「マスル」と「マス」が30対70であるのに対し、後編の作品では6対94となり、この間「マスル」が退化していることを指摘している。

　こうした近世における衰退傾向がその後も続き、本資料において現われる「マスル」が最終段階に近いものであった可能性が考えられる。

（2）後接要素の有無からの分析

　「マスル」について後接要素の有無という観点からこの表を見ると、全体では「後接なし（終止形）」が27件、「後接あり」は176件である。これに対し「マス」は、「後接なし（終止形）」が1889件、「後接あり」は293件である。すなわち、「マス」は言い切りの終止形として用いられやすいのに対し、「マスル」はそうした傾向が小さく、むしろ文の次の要素に接続する形で用いられる傾向が強いと言える。後部要素への接続という点から見ると、「マスル」と「マス」にはこのような大きな違いが認められる。

この点について、件数を構成比に置き換え、時代ごとの推移を含めて示すと図1と図2のようである。グラフ中の「T」とは「タイトル」の意味である。「マスル」は昭和20年代で0件であるため、図1の「昭和20年代」は省略した。
　「マスル」は全体で「後接なし（終止形）」が13.3%にとどまるのに対し「後接あり」は86.7%の多きを占める。これに対し「マス」は、全体で「後接なし（終止形）」が86.5%の多きを占めるのに対し「後接あり」は13.4%にとどまる。「マスル」と「マス」はこのように傾向が大きく異なることが改めて確認される。全体としては用例数・構成比ともに非常に劣勢な「マスル」であるが、後接のない終止形としてよりも主として後接のある形として、当時もその命脈を保っ

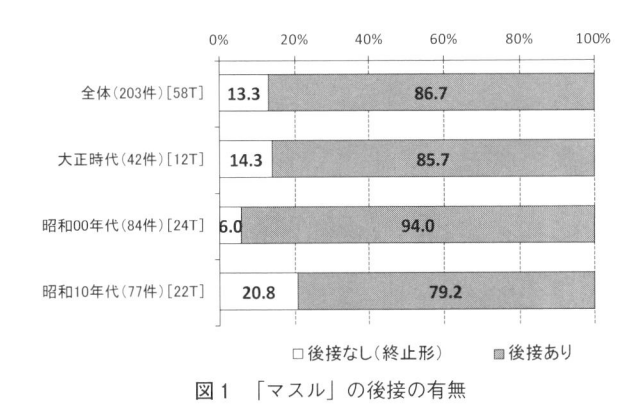

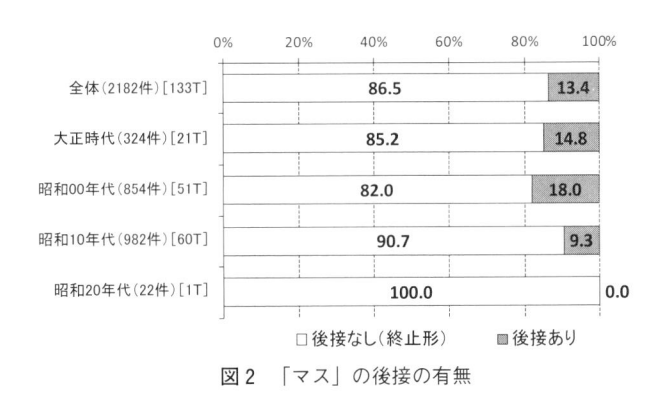

図1　「マスル」の後接の有無

図2　「マス」の後接の有無

ていたことがうかがえる。

「マスル」に後接要素がある場合、仮定形（未然形）の「マスレバ」として現われるケースが多い。「マスレバ」は全体で38件用いられるが、後接のある「マスル」全体の21.6%を占めている。「マス」にも仮定形（未然形）「マセバ」の形はあり、たとえば「甚だしくなりますれば」を「甚だしくなりませば」と言えそうに思われるが、「ませば」はデータ中に全く見られない。実質的に「マセバ」という形がないことが、丁寧語を含む「～バ」の形での仮定形の表現として「マスレバ」が当時使われやすい要因となっていた可能性が考えられる。この点については、「マスナラバ」「マスト」等のほぼ同じ意味を持つ別の表現とも関連付けさらに分析する必要がある。

なお、「マスル」も「マス」もいずれか一方への数値的片寄りが大きいこと、また数値の増減が一貫していないことから、後接要素の有無という点についての時代的推移はこのグラフから読み取りにくい。

「マスル」は後接要素のない終止形では用いられにくいという点ついては、近世後期も同様であったらしい。小林賢次（1994）は、近世後期における複数の流派の狂言台本を資料とし、「ゴザリマスル」（ないしは「ゴザリマス」）の使用頻度等を、丁寧語の付かない「ゴザル」との対比で論じている。尊敬語「ゴザル」に丁寧語「マスル」が下接する表現の定着が議論の中心であることから、丁寧語の「マスル」と「マス」のバレエーションについては取り立てて論じていないが、本分析との関連で興味深い知見が得られている。大蔵流台本の代表の一つである虎寛本を分析したところ、「ゴザル」は終止形が全体の約55%を占め、そのほとんどが純粋の終止用法であるのに対し、「ゴザル」に丁寧語が付いた形は、「御座りますか」「御座りますが」などの連体形の例が34%と多く、純粋な終止用法の例は9％弱にとどまること、同流派の山本東本では純粋な終止用法としての「ゴザリマスル」は用いられていないことを指摘している。

これに関連し、近世の笑話・小咄・黄表紙詞章を分析した宮地幸一（1977b）は、数値を求めて論じることまでは特にしていないが、示された集計表により笑話・小咄詞章の「マスル」の用例数の比率を計算すると、前編（1624年～1716年に成立した作品）では終止形（ただし「マスガ」「マスルト」のような下接する場合もここでは

含む）28％、連体形40％となる。これに対し後編（1772年～1823年に成立した作品）では、終止形5％、連体形12％となる。「マスル」は終止形・連体形ともにこの間衰退しつつあるが、終止形よりも連体形で用いられやすいという傾向は、いずれの時期においても保たれていることがわかる。

「マスル」に見られるこうした傾向がその後も続き、それが本資料にも現われている可能性が考えられる。

上記の分析を、いわば90度回転させて分析したのが図3と図4である。

図3は後接要素のない終止形として、「マスル」と「マス」がどのような比率で用いられているかを分析したものである。これによると、後接要素のない

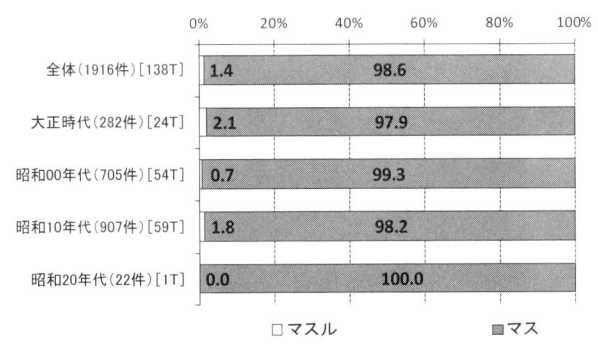

区分	マスル	マス
全体(1916件)[138T]	1.4	98.6
大正時代(282件)[24T]	2.1	97.9
昭和00年代(705件)[54T]	0.7	99.3
昭和10年代(907件)[59T]	1.8	98.2
昭和20年代(22件)[1T]	0.0	100.0

図3　後接なし（終止形）の場合の丁寧語の語形

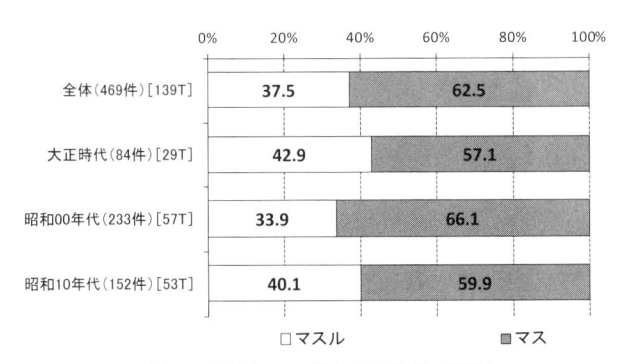

区分	マスル	マス
全体(469件)[139T]	37.5	62.5
大正時代(84件)[29T]	42.9	57.1
昭和00年代(233件)[57T]	33.9	66.1
昭和10年代(152件)[53T]	40.1	59.9

図4　後接ありの場合の丁寧語の語形

終止形として用いられる場合は、ほぼ全てのケースにおいて「マス」が用いられていることがわかる。言い切りの「〜マス。」はありえても、「〜マスル。」は非常にレアケースであるということになる。「マス」への片寄りが著しいこともあり、この時期における時代的推移は、このグラフからは確認できない。

これに対し図4は、後接のある形として、「マスル」と「マス」がどのような比率で用いられているかを分析したものである。凡例は代表としての形であり、たとえば「マスル」には「マスレバ」等の未然形も含まれる。

全体的に「マス」の方が数値が多少高いものの、「マスル」も4割近くのケースで用いられている。こうした後接のある用法であれば、演説等において当時も「マスル」は普通に用いられていたことがわかる。後接のある形であっても「マス」しか用いられない現代日本語とおおいに異なる点である。

2-2. 丁寧語の「です」

以上に見た「まする」や「ます」よりも歴史が新しい丁寧語「です」の使用について、資料全体における出現傾向や、時代による変化傾向を分析した。

該当するデータを検索するにあたっては、丁寧語を含みうる「です」ないしは「でし」（「でした」「でしょう」などの丁寧語「です」の活用形が検索されうる）という文字列を含む表現のみを対象とした。その際、丁寧語「です」「でし」はひらがな文字列「です」「でし」でのみ資料に現れるものと考えた。

「ひまわり」により文字列「です」または「でし」を含むケースを検索すると201件検索される。

このうち丁寧語以外の「です」「でし」が3件あった。たとえば次のようなケースである。

　　　例5：日本人ですら、このシャムの棄権を重大視してない人が

これらの3件を除く198件が実際の分析対象となる。「マス」が2182件あったことと比べると「デス」の件数はかなり少なく、比率に換算すると「マス」の約1割にとどまる。

（1） 全体的傾向

198件の分布は**表2**のとおりである。昭和20年代は0件であった。

1タイトルあたりの件数をまず確認すると、全体の平均は5.1回であった。「マスル」と「マス」の対立を明らかにすることを目的としたことから、「ました」等は除外し文字列「ます」に限定して検索した場合であっても、丁寧語「マス」の1タイトルの平均が17.9回であったことと比較すると、丁寧語「デス」の平均使用回数はかなり低いことがわかる。

この点について、1タイトルあたりの使用回数ではなく、「マス」「マスル」の使用件数との対比という観点から分析したのが、表の3行目・4行目である。それぞれの下段の括弧内の数値は、タイトル数での比率である。

表の3行目は「マス」と「マスル」を足した件数に対する比率、4行目は形の上で「デス」に対応する（つまり「ル」の付かない）現代語の「マス」の件数に対する比率である。先に見たとおり「マスル」の件数はそれほど多くないことから、4行目の数値は3行目のそれと大きく異なることがない。ここでは3行目の数値に注目して見てみよう。

全体では8.3％であり、「デス」の使用頻度の低さはここでも確認されるが、昭和00年代の5.4％から昭和10年代の12.0％へと、この間数値が大きく増加する点が注目される。

タイトル数で見ると全体で29.3％である。「マス」「マスル」が使われているタイトル数と比較するとやはり少数ではあるが、一定の割合はある点は注目される。これを時代別に見ると、大正時代19.0％、昭和00年代23.5％、昭和10年代38.3％であり、一貫して増加する傾向が見られる。特に昭和00年代から昭和10年代にかけての増加の幅は大きく、件数の傾向と一致する。

こうした「デス」に関する全体としての件数・タイトル数の相対的な低さ、時代による増加傾向については、そもそも述部が動詞や補助動詞であるかそれとも名詞や形容動詞であるかなども関係するため単純には言えないが、「デス」の歴史の新しさとそれが徐々に定着しつつある動態が（特に昭和00年代から昭和10年代にかけて）、ここに現われている可能性が考えられる。

表2 丁寧語「です」の出現状況

合計			大正時代	昭和00年代	昭和10年代	昭和20年代
198件 (39タイトル) [Av. 5.1回]			20件 (4タイトル) [Av. 5.0回]	51件 (12タイトル) [Av. 4.3回]	127件 (23タイトル) [Av. 5.5回]	0件 (0タイトル) [Av. 0.0回]
「ます」「まする」に対する比率 [ ]内はタイトル数での比率		8.3% [29.3%]	5.5% [19.0%]	5.4% [23.5%]	12.0% [38.3%]	0.0% [0.0%]
「ます」に対する比率 [ ]内はタイトル数での比率		9.1% [29.3%]	6.2% [19.0%]	6.0% [23.5%]	12.9% [38.3%]	0.0% [0.0%]
主節 166件	～です。		119件 (31タイトル)	11件 (4タイトル)	35件 (10タイトル)	73件 (17タイトル)	0件 (0タイトル)
	～でした。		18件 (11タイトル)	1件 (1タイトル)	0件 (0タイトル)	17件 (10タイトル)	0件 (0タイトル)
	～ですか。		6件 (4タイトル)	1件 (1タイトル)	0件 (0タイトル)	5件 (3タイトル)	0件 (0タイトル)
	～ですね。		5件 (5タイトル)	0件 (0タイトル)	1件 (1タイトル)	4件 (4タイトル)	0件 (0タイトル)
	～でしょう。		9件 (7タイトル)	0件 (0タイトル)	0件 (0タイトル)	9件 (7タイトル)	0件 (0タイトル)
	～でしょうか。		4件 (4タイトル)	0件 (0タイトル)	1件 (1タイトル)	3件 (3タイトル)	0件 (0タイトル)
	(その他)*		5件 (5タイトル)	1件 (1タイトル)	0件 (0タイトル)	4件 (4タイトル)	0件 (0タイトル)
従属節 25件	～ですから…		10件 (9タイトル)	3件 (2タイトル)	3件 (3タイトル)	4件 (4タイトル)	0件 (0タイトル)
	～ですが…		8件 (5タイトル)	1件 (1タイトル)	5件 (2タイトル)	2件 (2タイトル)	0件 (0タイトル)
	(その他)**		7件 (5タイトル)	1件 (1タイトル)	1件 (1タイトル)	5件 (3タイトル)	0件 (0タイトル)
接続詞 7件	ですから…		6件 (3タイトル)	1件 (1タイトル)	5件 (2タイトル)	0件 (0タイトル)	0件 (0タイトル)
	ですからして…		1件 (1タイトル)	0件 (0タイトル)	0件 (0タイトル)	1件 (1タイトル)	0件 (0タイトル)

* 「～ですかな。」「～ですって。」「～ですよ。」「～でしたね。」「～でしょうね。」。
** 「～ですと…」「～でしたが…」「～でしたけれども…」「～です,」。なお「～です,」は、「というのである以上はです、我が国として」という用法である。

（2）「デス」の語形からの分析

「デス」が文中のどの位置で、どのような形で現れるかを表2で見てみよう。

まず、文中での「位置」について分析すると、「主節」が166件、「従属節」が25件、「ですから」のような形で文頭に現れる「接続詞」が7件であった。主節での使用が全体の83.8％を占め、「デス」は文を締めくくる用法として用いられる傾向が強いことがわかる。

主節での用法の割合を計算すると、表2には数値を示していないが、大正時代70.0％、昭和00年代72.5％、昭和10年代90.6％である。昭和00年代から昭和10年代への大幅な増加が注目されるが、これは主節における形の種類の増加に起因している可能性が考えられる。大正時代と昭和00年代は「～です。」という言い切りの形に著しく集中しているのに対し、昭和10年代はこれに加えて「～でした。」(17件)や「～でしょう。」(9件)という形での用法も一定数見られるようになる。この他、「～ですか。」「～ですね。」「～でしょうか。」などもそれぞれ複数回用いられ、「です」の活用が充実し始めるのが昭和10年代のようである。なお、「～でしょう」の中には、現在では普通に用いられる「降るでしょう」(推量)のような動詞に直接接続する用法は見られない。

一方、従属節は、「～ですから」「～ですが」という形での用法が比較的多い。主節と同様、従属節においても、当時は「です」を活用させない用法が多いことがわかる。ただし、これも主節と同様、昭和10年代になると「（その他）」の件数が増え、「です」の活用が充実し始めるようである。

昭和10年代に出現件数が多くなる、主節における「です」の活用形の「でした」「でしょうか」には、次のように丁寧語「ます」と重複する用法も11件見られる点も注目される。

　　　例6：あまり多くございませんでした
　　　例7：見られませんでした
　　　例8：変わりはございませんでしたけれども
　　　例9：いかに将兵を刺激しましたでしょうか

丁寧体において過去の打ち消しの形を作る場合、従来の「ませなんだ」に代

わり、まずは「ます」を打ち消しにし、それに「です」を接続して過去の形にする語法が、上記のうちの「ませんでした」である。こうした点にも、「です」の新しい用法がこの頃に見られる。

　主節の「です」の推量形「〜でしょう。」「〜でしょうか。」「〜でしょうね。」（計15件）について、直前の品詞を分析した。結果は次のとおりであった。

　　名詞……5件
　　形容詞……3件
　　動詞＋準体詞「の」……3件
　　動詞＋「ました」……1件
　　動詞＋「た」……1件
　　動詞＋「ている」……1件
　　動詞＋「ません」……1件

　注目されるのは、現在では一般化している「降るでしょう」のような、動詞に直接接続するケースがない点である。演説等において「です」の用法が推量表現にまで拡大し始めたのは、これよりも後のことと推測される。

2-3. 丁寧語「ます」の推量形「ましょう」

　「降るでしょう」のような動詞に直接接続する推量表現が本資料には見られないという結果を受け、「降りましょう」のような動詞に「ます」の推量形「〜ましょう」を接続する表現の使用がどのようであったかを分析した。
　検索では、丁寧語「ます」の推量形は文字列「ましょう」でのみ現われると考えた。
　「ひまわり」により文字列「ましょう」を含むケースを検索すると、98件検索された。目視により確認したところ、全て分析対象となる表現であった。内訳は、「ましょう」75件、「ましょうか」21件、「ましょうかい」1件、「ましょうかなれども」1件であった。最後の2つはいわば例外的な形であり、語形は「ましょう」ないしは「ましょうか」にほぼ限定される。

（1）全体的傾向

　98件の分布は**表3**のとおりである。昭和20年代は0件であった。
　表の上半分は「機能」により分析したものである。「推量」「意志」「勧誘」の3分類とした。一方表の下半分は「マショウ」の直前の表現の分類である。
　まず「機能」に注目し、3つの機能の分布を見ると、全体としても、またいずれの時代においても、「推量」が多いことが確認される。比率に換算すると、

表3　丁寧語推量形「ましょう」の出現状況

		合計	大正時代	昭和00年代	昭和10年代	昭和20年代
		98件 （44タイトル） [Av. 2.2回]	19件 （8タイトル） [Av. 2.4回]	30件 （17タイトル） [Av. 1.8回]	49件 （19タイトル） [Av. 2.6回]	0件 （0タイトル） [Av. 0.0回]
機能	推量	81件 （36タイトル）	17件 （7タイトル）	25件 （14タイトル）	39件 （15タイトル）	0件 （0タイトル）
	意志	11件 （8タイトル）	2件 （1タイトル）	4件 （3タイトル）	5件 （4タイトル）	0件 （0タイトル）
	勧誘	6件 （5タイトル）	0件 （0タイトル）	1件 （1タイトル）	5件 （4タイトル）	0件 （0タイトル）
直前の表現	であり [補助動詞]	39件 （22タイトル）	5件 （4タイトル）	13件 （9タイトル）	21件 （9タイトル）	0件 （0タイトル）
	あり [本動詞]	13件 （9タイトル）	8件 （4タイトル）	2件 （2タイトル）	3件 （3タイトル）	0件 （0タイトル）
	でござい	6件 （5タイトル）	0件 （0タイトル）	5件 （4タイトル）	1件 （1タイトル）	0件 （0タイトル）
	なり	3件 （3タイトル）	1件 （1タイトル）	0件 （0タイトル）	2件 （2タイトル）	0件 （0タイトル）
	と（でも） 申し	4件 （2タイトル）	0件 （0タイトル）	2件 （1タイトル）	2件 （1タイトル）	0件 （0タイトル）
	（その他の 補助動詞）	17件 （13タイトル）	1件 （1タイトル）	5件 （4タイトル）	11件 （8タイトル）	0件 （0タイトル）
	（その他の 動詞）	16件 （10タイトル）	4件 （3タイトル）	3件 （3タイトル）	9件 （4タイトル）	0件 （0タイトル）

全体としては82.7%が「推量」である。すなわち、少なくとも本資料においては、演説等において当時は主として「推量」を表わす表現として「マショウ」が用いられていたと言える。「降るでしょう」のような推量の表現が皆無であったことと関連付けて考えると、動詞の丁寧体を推量にする形としては、もっぱら「降りましょう」のような形が用いられていたということになる。

　ただし、田中章夫（1983）によると、東京語では明治になって「〜デショウ」が次第に一般化するに従い、明治末から大正の初めごろを境として「〜マショウ」の推量の言い方は衰え、「〜マショウ」はもっぱら意思・勧誘のみを表すようになってきたとする。また、本資料の年代の次の昭和30年代についての言及であるが、田中章夫（2008）も、東京あたりではこの頃「〜マショウ」はもっぱら意志・勧誘の表現で用いられ、推量の「〜マショウ」は女性の手紙や詩歌などに姿をとどめる古風な気取った表現であったと言う。

　こうしたことと合わせて考えると、話し言葉資料とは言いながら、本資料は政治演説を多く含むものであったという「ジャンル」の特徴も考慮して考える必要がある。つまり、非常にフォーマルな状況において不特定多数に向けて行なわれた発話が多数含まれていたことの影響を考える必要がある。本稿では、ジャンルによる違いの分析にまでは及ばなかったが、これについては今後の課題の一つとしたい。

　表の「直前の表現」の部分に注目し、「マショウ」の直前とのつながりの点から分析すると、「であり［補助動詞］」の形、すなわち「でありましょう」としての用法が多く、全体では39.8%を占める。推量としての「マショウ」は、主としてデアル体による「デアリマショウ」として用いられていることがわかる。現代でも、講義や講演などにおいて、改まりの強い「デアル」体で話をするときは、「デアルデショウ」の他に「デアリマショウ」も使われることがあるように思う。改まりの強い「デアル」体と古風な「マショウ」の"相性"がよく、当時も主として「デアリマショウ」の形で「マショウ」が用いられ続けていたものと考えられる。

　この「デアリマショウ」以外の表現としては、「マショウ」を後接させた表現で記すと、「アリ［本動詞］マショウ」「デゴザイマショウ」「ナリ［本動詞］マショウ」「ト（デモ）申シマショウ」などがある。特定の表現との結びつきが強い。

3. 今後の課題

　以上、丁寧語の「マスル」「デス」「デショウ」「マショウ」を中心に、本資料における出現状況と、そこから推測される動態を見てきた。

　その際、今回は演説・講演等によるジャンル分けはせず、すべてをまとめて分析した。データ数が少なくなることを覚悟の上で対象を限定して分析するよりも、分析の最初の段階では、対象となるデータをできるだけ減らさずに大きな傾向を把握することを優先したためである。その分少々荒い分析となったことは否めない。次の段階では、資料をジャンル別に分析したり、話し手の生年や年齢層等の属性別に分析することで、本分析では見えてこなかった点を探求することを課題としたい。

　「マス」と「マスル」がジャンルにより出現傾向が異なるという点については、時代は近世であるが、坂口至（1982）による浄瑠璃詞章の分析がある。宮地幸一氏の一連の調査に自身の調査を加え、近世文学の資料における「マスル」と「マス」の出現状況を分析したところ、浮世草子・歌舞伎脚本・浄瑠璃等いずれのジャンルにおいても「マスル」よりも「マス」の用例が多いこと、特に浮世草子と歌舞伎脚本では「マス」の用例が「マスル」の用例を圧倒しているのに対し浄瑠璃ではむしろ「マスル」の用例の比率の方が相対的に高いことを指摘する。それとともに、「マスル」と「マス」のジャンル間の使い分けの原理や、同一作者による異なるジャンル間での使い分けの原理の存在を想定して分析したところ、浄瑠璃において「マスル」と「マス」は、詞章の七五の韻律性を満足する形で相補うように用いられていることを指摘する。本稿で分析対象とした資料にはさまざまなジャンルが含まれているが、こうした韻律性についても留意すべきジャンルも一部含まれているかもしれない。今後の分析において意識したい観点である。

　また、「マスル」と「マス」については、発話の改まりの度合によっても出現傾向が異なることが予想される。江口泰生（2012）は、ロマノフ王朝時代のロシア人外交官レザノフが、石巻の水主を主たる情報提供者として執筆した日本語入門書『日本語学習の手引き』（1803年成立）のうち、「第9章　会話」の例文（366例）を日本語に翻刻・翻訳された資料を対象に、例文に現れる「マスル」と「マス」の待遇的相違や文体的相違を分析している。それによると、全体的

に「マスル」よりも「マス」の用例の方が圧倒的に多いこと、人称や想定場面と関連付けて分析したところ「マスル」は「マス」に比べ改まった物言いであると考えられること、「（動詞＋）マス？」に対し「（動詞＋）マスル？」は聞き手に対する場面での用例が多いことから聞き手への改まりが顕著に見られる表現であることなどを指摘し、「マスル」は「マス」よりも丁重な改まった表現であったと考えられると結論づけている。およそ200年前の日本語の状況であるが、本資料でも同様の傾向が見られるかもしれない。これも今後の課題としたい。

参考文献

江口泰生（2012）「レザノフ「会話」からみた18世紀末石巻方言のマスとマスル」『国語国文』81-12

金澤裕之・相澤正夫編（2015）『大正・昭和戦前期政治・実業・文化演説・講演集　SP盤レコード文字化資料』（日外アソシエーツ）

小林賢次（1994）「固定期狂言台本におけるゴザリマスル」『国語論究5　中世語の研究』（明治書院）

坂口至（1982）「浄瑠璃詞章の一考察」『文献探究』10

田中章夫（1983）『東京語―その成立と展開―』（明治書院）

―――（2008）「「マス」から「デス」へ―丁寧体の変容―」『近代語研究』14（武蔵野書院）

宮地幸一（1971a）「「まゐらする」から「まらする→まする」への漸移相」『関東学院女子短期大学論叢』42

―――（1971b）「「～まする」から「～ます」への漸移相―浄瑠璃詞章の考察（1）―」『学芸国語国文学』6

―――（1972a）「「～まする」から「～ます」への漸移相―脚本詞章の考察―元禄歌舞伎傑作集―」『関東学院女子短期大学論叢』45

―――（1972b）「「～まする」から「～ます」への漸移相―浄瑠璃詞章の考察（2）―」『学芸国語国文学』7

―――（1973）「「～まする」から「～ます」への漸移相―浮世草子詞章の考察―」『東京学芸大学紀要（人文科学）』24-2

―――（1976）「「～まする」から「～ます」への漸移相―脚本詞章の考察（二）―」『国語国文学論究』8

―――（1977a）「「～まする」から「～ます」への漸移相―洒落本詞章の考察―」『帝

京大文学部紀要(国語国文)』9
――――(1977b)「「～まする」から「～ます」への漸移相―笑話・小咄・黄表紙詞章の考察―」『国学院雑誌』78-11

III
文字化資料がひらく文体・表現の研究

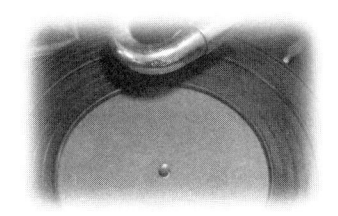

1
条件表現の用法から見た近代演説の文体

矢島正浩

要旨

　演説の言語、文体にはどのような特徴があり、その言語的特性を育む背景や理由は何なのか、またそこからどのような言語研究の展開があり得るのか。条件表現の方法を指標として、近世・近代話し言葉資料のそれと比較してみると、演説においては、仮定条件では主張に際して話者が前面に出て判断の正当性を主張する方法、確定条件では話者が背景に退いて事実の並列に因果関係を語らせる方法に特徴のある語形を多用、または固有に発達させるなどの特徴が見える。そこには演説の文体を特徴付ける要素が見て取れるとともに、いわゆる「スタンダード」が近代の条件表現史に対して及ぼした影響がうかがえる。同時に、特に近代以降の日本語史においては、規範性のある言語が変化を牽引する場合があることを考えていく必要があることが理解される。

キーワード：演説・文体・条件表現・規範性

1. 本稿の目的

　岡田コレクション「SP盤貴重音源資料」収載の演説は、どのような日本語研究上の価値を持っているのであろうか。これまで行われてきた近代演説についての研究は主に速記本を対象とするもので、その文体的な特徴に関心が払われてきた。特に、いわゆる標準語の成立にどう関わるものであったかに関心が向けられ、現代標準語との使用形式の重なり合いの様子などが、具体的に明らかにされてきている（神田1962、塩澤1979・1980、平澤1997-1999など）。綿密なそれらの実証的記述研究を土台としながら、明治期演説の言語は、「話しことばと

して見れば全国共通語、文字ことばとしてみれば言文一致体である」(森岡1988：79)、あるいは演説の言語をこそ「「通語」、本稿の云う明治スタンダード、と見なして差し支えないと考える。」*1(野村2006)などと、いわゆる日本語における標準語の基盤を作る言語であるとの見解が得られるに至っている。

　このたび演説・講演を中心とした音源の文字化資料が公となり、さらにそのコーパス検索が可能になることによって、近代演説の言語についての計量的な把握が際立って容易なものとなった。本資料の利用にあたって、「スタンダード」性が指摘されるその文体的特質はいかなるものなのか、そのあらましを予め理解しておく必要がある。演説に用いられる言語とはどのような特徴を持ち、どういう事情からそうなっているのか。比較資料として話し言葉資料を取り上げ、両者の相違を整理することによって、演説の文体形成に関与する要素を特定・整理してみたい。その作業から、演説という特定の目的を持って行われる言語活動ゆえに好んで用いられる表現、あるいは避けられやすい表現が明らかになろう。それらの分析を通して、演説の言語の特徴を見定め、近代日本語の形成史においてそれはどのような役割を果たすものであったのか、議論のきっかけを提供してみたいと考える。

2. 方法
2-1. 条件表現を指標とすること
　言語使用の観察指標としては、順接の条件表現のうち、活用語を従属節に取る形式*2を用いる。そもそも演説は、こうあるべしという主張について聴衆に同意を迫る言語活動である。ある種の論理を構成していく条件表現の用法には、演説という資料の特性を解明する上で格好の材料が得られる可能性がある。さらに、条件表現は従属節を構成するものである。言文一致体の創成期においては、文体の基調を作り出す主節末が問題とされやすく、自覚的な使用が求められたのに比べて、従属節についてはいかがであったのか。言語研究の対象としても、主節に比べて、従属節は文体の印象形成において背景的・間接的なものであることもあって、あまり取り上げられてきていない*3。この表現群を指標とすることで、主節末の分析とは異なった観点からの新たな文体研究のあり方を提案することができよう。同時に、条件表現史研究に対しても、話し言葉資

料の観察による歴史記述とは異なった、新たな一面の解明を導けるものと考える。

2-2. 用法整理

　順接の条件表現を、おおよそ図1のような用法区分で捉えていく。本稿が対象とする近代は、ほぼ現代の条件表現に準じた方法を用いるので、仮定的用法・事実的用法・原因理由用法の3区分で捉えるのが適している。ただし、仮定条件・確定条件という二分法も、適宜用いる。

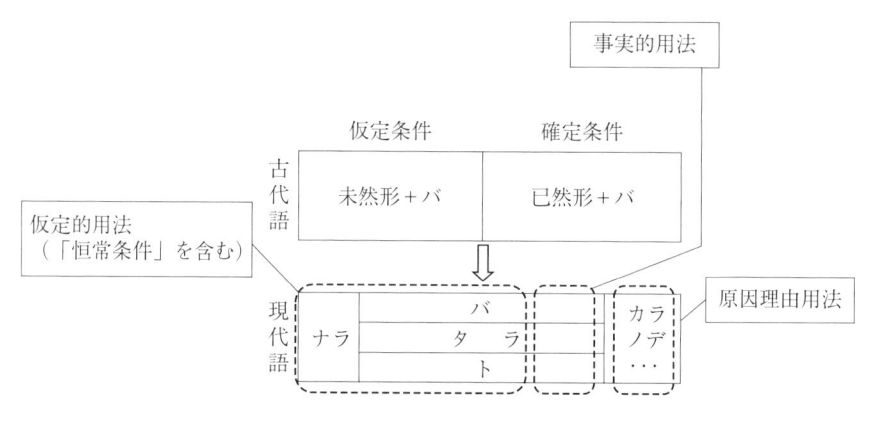

図1　古代語と現代語の条件表現の対応関係

a）仮定的用法
（1）これが既往の通りに行なわれていくならば、今後五・六年において、日本の正貨は全く尽きてしまうはずである。

　　　　　　　　　　　　　　（002尾崎行雄「普選投票に就て」昭和3年）

b）事実的用法
（2）或る酒好きの勇士に対して戦友が、大戦果を上げて帰ってくれ、その時は大いにやろうぜと励ませば、にこにこしながらいつものことばの、ウン飲もうとは一回も口に出さなかったそうであります。

　　　　　　　　　　　　（086平出英夫「護国の神『特別攻撃隊』」昭和17年）

c）原因理由用法
（3）首相は虚心坦懐、直ちに賛意を表せられ、8月1日、即ち本日の午後3時より首相官邸における三党首会合となりて、私も出席したのでありますが、この懇談の結果、いよいよ熱心誠意をもって、共同して粛正に努むることになりましたれば、その効果は必ずや顕著なるものありと信じます。　　　　（050安達謙蔵「選挙粛正と政党の責任」昭和10年）

2-3. 検討対象ならびに各接続辞の扱い

「SP盤貴重音源資料」には演説以外にも法話・朗読等さまざまな資料が収載される。それぞれの成立目的に応じて、演説とは明らかに文体が異なるものも多く、それらについては区別した扱いが必要である。本稿は、まずは演説・講演のみに限定した検討とする。

また、以下の形式については、資料性の議論を効果的に行うために、区別、あるいは独立した扱いをする。

1）仮定形／已然形＋バ：仮定的用法は仮定形＋バ、事実的用法・原因理由用法は已然形＋バと、本来、区別すべきものであるが、一括してバと表記する。なお、未然形に続くバに限り、未然形＋バと表記し分ける。
2）タラバ・ナラバ：未然形＋バに含めず、独立項目とする。
3）タレバ・タラ・ナレバ：仮定形／已然形＋バに含めず、独立項目とする。なおタレバを出自とする事実的用法の「たりゃ」「たら」に限りタラと記し、2）のタラバ（未然形出自。仮定的用法）とは区別して示す。
4）「(他)」：上記の接続辞以外で、話し言葉資料では使用が見出せず重複しないもの。

上記を大きく2つに分け、1）～3）の話し言葉資料と重複して用いられる接続辞については3節で取り上げ、4）の話し言葉資料では用いられない形式（すなわち「(他)」でカウントするもの）については4節で扱う。

2-4. 調査に用いる資料

　演説の表現の特徴を、話し言葉資料の用法との比較によって明らかにしていく。話し言葉資料としては、近世江戸語は戯作資料、近代東京語は落語資料や談話資料を用いる。小説の類いも一部を参考までに用いるが、これらは書かれた言葉を読むことが前提となる言語である。それに対して戯作、その流れを汲む演説は聴覚型の資料であり、取り分け演説と同時代に成る落語では言葉は「登場人物のものとしてかたられる」のであり、その人物らしさが「かなりの程度で再現されているとみてよい」ものである（野村1994）。つまり、そこに展開する言語は話し手対聞き手による双方向性において成り立つものである。対する演説は、演者から聴衆への一方向性をもった言語である。その対照的な要素を持つ資料群と比較することで、演説の文体形成に関与する要素が的確かつ効果的に明らかになると考える。

　具体的に取り上げた資料及び使用テキスト等は次のとおりである。

（１）近代演説資料
・『ＳＰ盤貴重音源岡田コレクション』（2010年日外アソシエーツ）収載のうちの演説・講演123音源分（実況、法話、解説、朗読等を除く）の文字化データ。
（２）話し言葉性の強い資料
　■近世後期：○噺本＊『江戸笑話集』日本古典文学大系（岩波書店）4作品（明和9～寛政10）　○洒落本＊『黄表紙洒落本集』日本古典文学大系（岩波書店）5作品（明和7～寛政10）　○滑稽本＊『浮世風呂　戯場粋言幕の外　大千世界楽屋探』新日本古典文学大系（岩波書店）1作品（文化6～10）＊『花暦八笑人』岩波文庫（岩波書店）（文政3～嘉永2）　○人情本＊『春色梅児誉美』日本古典文学大系（岩波書店）（天保3～4）
　■近代：○明治小説…安愚楽鍋（明治4～5）＊『明治開化期文学集（一）』明治文学全集（筑摩書房）／浮雲（明治20～22）＊『坪内逍遥二葉亭四迷集』新日本古典文学大系明治編（岩波書店）　○明治大正落語・速記本…5話（以上「百花園」明治28）・3話（以上『文芸倶楽部』大正10・12）・2話（以上、「柳家小さん十八番」大正13）＊以上『口演速記明治大正落語集成』第三・七巻（1980・81年講談社）に基づく。　○明治大正落語・音声（明治36～大正14）…18話　○昭和

期落語・音声（昭和3〜10）…24話・＊以上の落語の音源は次に基づく。Ⅰ「古今東西噺家紳士録」（株式会社ＡＰＰカンパニー）Ⅱ「ご存じ古今東西噺家紳士録」（株式会社ＡＰＰカンパニー）Ⅲ「昭和戦前面白落語全集―東京篇―」日本音声保存企画・制作（株式会社エニー）　○**昭和談話**[*4]…日本放送協会編（1967）『全国方言資料第２巻関東・甲信越編』（日本放送出版協会）「東京都」（昭和27録音）国立国語研究所編（2002）『日本のふるさとことば集成』（国書刊行会）第６巻東京都（昭和55録音）

3. 話し言葉資料でも使用が見られる接続辞について

　演説は、１（話者）対複数（聞き手）のスタイルによる、規範性が意識された内容・表現が指向される文体であり（《１対複数》《規範性》）、話し言葉と書き言葉の「中間態」（野村2006）を示す。表現内容として、具体的個別的なできごとよりは抽象的一般的話題が求められ（《一般性》）、表現方法においても１対１に顕著な個別のやり取りは求められないなどの特徴を持っている（【１対１】）。演説が、まずはそれらの点で話し言葉と異なった表現文体であることを押さえておきたい。

※以下、演説の文体を特徴付けることに関与する要素を《　》で、話し言葉を特徴付けることに関与する要素を【　】で表す。

3-1. 仮定的用法

　まず、仮定的用法に限定し、資料別に接続辞の使用数を示してみる（表１）。以下の表中において、話し言葉資料に比べて演説において高頻度の箇所には網掛、低頻度の箇所に黒枠を施している。

　以下、相違を網羅的に観察するのではなく、中でも目立つ使用傾向を示す用法にのみ着目していく。まず表１の範囲で注意されるのが、仮定的用法としては、タラバやトが話し言葉資料と比べて少ない一方で、ナラバ、バは多用していることである。

　条件表現をなす各接続辞は、必ずしもそれぞれ排他的な用法域を分担し合うわけではなく、文法的には相互に互換可能と見るべき領域を広く有する。そうであるからこそ、それぞれの表現性に基づいて、演説という文体に符合する固

表1　仮定的用法における接続辞

			バ	未然形+バ	タラバ	ナラバ	ナレバ	ト	テハ	（他）	総計
	近代演説		431	32	20	81	2	67	54	47	734
話し言葉資料	近世後期	噺本	16	13	9	4		16	9		67
		洒落本	42	13	22	13		43	26		159
		滑稽本	221	71	97	29		198	186	4	806
		人情本	48	20	24	12		50	34	2	190
	近代	明治小説	114	5	45	21		49	77		311
		明治大正落語速記	126		49	15		66	75	1	332
		明治大正落語音声	23		16	3		27	26		95
		昭和落語音声	35	1	37			48	43	2	166
		昭和談話	11		9			12	10		42
	近代演説		59%	4%	3%	11%	0%	9%	7%	6%	100%
話し言葉資料	近世後期	噺本	24%	19%	13%	6%	0%	24%	13%	0%	100%
		洒落本	26%	8%	14%	8%	0%	27%	16%	0%	100%
		滑稽本	27%	9%	12%	4%	0%	25%	23%	0%	100%
		人情本	25%	11%	13%	6%	0%	26%	18%	1%	100%
	近代	明治小説	37%	2%	14%	7%	0%	16%	25%	0%	100%
		明治大正落語速記	38%	0%	15%	5%	0%	20%	23%	0%	100%
		明治大正落語音声	24%	0%	17%	3%	0%	28%	27%	0%	100%
		昭和落語音声	21%	1%	22%	0%	0%	29%	26%	1%	100%
		昭和談話	26%	0%	21%	0%	0%	29%	24%	0%	100%

有の特徴を発揮しつつ、話し言葉資料のそれとは異なった多寡のバランスが生じる。以下、各接続辞の特徴と演説の中における用いられ方を簡単に確認していく。

3-1-1. 演説で使用頻度が低い形式──タラバ
（４）出発直前のことでありますが、勇士たちは揃って戦友たちと談笑し、或る若い勇士は、襲撃が終わったら上陸してこいつに物を言わせてやりたいな、と無邪気にピストルを取り出して撫で回し、
（086平出英夫「護国の神『特別攻撃隊』」昭和17年）
（５）問題の指示解散をされて選挙に臨まなければならんという時には、選挙人はどうしたらよかろう。これが今日現在の問題である。
（002尾崎行雄「普選投票に就て」昭和3年）

　基本的には（４）のように、前件の生起がきっかけとなった上で継起的に後件が続く場合にタラバは用いられる。（４）は、話者の個人的体験・動作を述べる会話の引用箇所であり、個別出来事を示す前件に対して継起的かつ順当に起こると考えることを後件に示す。（５）はそのタラバの個別性・具体性に対応する表現性によって、聴衆の個々の問題として問いかける効果を生んでいる（本資料の仮定的用法20例中7例が同種の表現例）。同じ文をバに換えた「どうすればいい」が、ことの当為判断として自問に向かう表現性を帯びやすくなることと比べ、対照をなす。
　タラバは、上に見るように話し言葉としての「口語臭」をまといやすい。このようなタラバによる【継起的】な仮定条件は、表現内容としては特定の現場で具体的に起こる個別的事象についての把握（【個別性】【現場性】）、表現方法としては個人的働きかけ（以下に見る演説の《公的》な表現指向に比べて、話し言葉性すなわち【私的】性格）が顕著といえる。この性質を持った表現例が、演説ではあまり用いられていない。演説においてはタラバによる【個別性】【現場性】を表すことは優先順位が低い、忌避される要素であったと言える。

3-1-2. 演説で使用頻度が高い形式──バ・ナラバ
○バ
（６）何らこの種の手段を講ぜずして、内外貨幣の売買を長く自由の立場に置き、ただ日本銀行の金利を引き上げ、以てその解合を期待したるがごときは、大いなる見当違いであったと言わねばなりません。殊に、全般的に金利を引き上げ、金融を拘束する結果は、国民全体が大いなる犠牲を払わねばならぬこととなるのであります。

（041高橋是清「金輸出再禁止に就て」昭和７年）

（７）この議案が議会を通過すれば、解散の理由がここに生ずるけれども、議案が否決せらるれば、解散の必要がない。

（005島田三郎「非立憲の解散、当路者の曲解」大正９年）

　（６）の「〜ねばならん」類による当為表現は、バの431例中224例と過半数を占める。（７）は議案が通過すること、否決されることをそれぞれ条件として設定し、その仮定が成立する場合に導かれる見解としての後件が描かれる。いずれもバには「前件が起こる場合に当然起こるべき／はずとみなされることを後件で表す」（矢島2013：44）という一般的な認識を下敷きとした表現性（《一般性》）が顕著である。その一般論としての説得力を帯びる表現方法であることが、演説における同接続辞の多用となって現われていると理解される。

　トは、演説での使用頻度は低いものであった（表１）が、バと同じく一般論を表すものとしてよく似た用法を担うことができる。ただし、バが条件に対する結果の法則的な結び付きを示す方法であるのに比べ、トは契機的な並列関係において《一般性》を表現していくことに特徴が見える。

（８）もし一旦戦争となると、その親密な国際関係が根本から破壊されるからであります。

（089渋沢栄一「御大礼ニ際シテ迎フル休戦記念日ニ就テ」昭和３年）

トの契機的な性質は、（８）のように、前件が起きると自動的に、直ちに後件が起こるという二つの事態の関係を描くことに最も典型的に現れる。後件との

関係付けにおいて、トは原因ではなく「《動機》にすぎない」「うまれてくるのをたすける」(奥田1986)きっかけを示すことに固有性が現れる。
　バとトの類似性と相違性は、事実的用法との境界に位置する例についても同様に観察される。

（9）胸に手を当てて考えてみれ<u>ば</u>、国民が何故に議会政治に不信用であるかということが、思い当たるに相違ありません。
（061永田秀次郎「総選挙に就て」昭和10年代）

（10）次に、女子の務めを考えてみます<u>と</u>、男子は外に働き、女子は内を守るということは、その天分から見ても古今東西の真理であります。
（114豊島高等女学校校長「鈴木珪寿先生講話」昭和1ケタ代）

　これらは、前件は後件を導くきっかけや前提を提示する《注釈的》方法と言える。バの方は、前件の「考える」ことが条件となって、それに対してある種の必然性があるものとして後件が導き出されているのに対して、トは、前件の「考える」動作が契機となって起こる認識を並列させている意味合いが見えやすい。
　両者の相違は典型例を用いれば、上述のごとく重心の相違として指摘することができるものの、実際の使用例においては相互に互換可能な場合も多い。演説では、話し言葉資料に比べてトの使用比率が低かったが、これは、上に見るニュアンスの違いを下敷きとしつつ、演説の文体としてバのもつ法則的な結び付けの方が、トによる契機的な結び付けよりも優先的に選択されることが多かったことを物語っていると考えられよう。

○**ナラバ**
　ナラバには、タラバやバなど他の接続辞に置き換えが不可能な領域がある。

（11）維新とか、国難とか、いうようなことは、そう何十年も叫び続けるものではない。真に維新を断行しない<u>のならば</u>、そんな叫びはもうたいがいにして止めてはどうか。
（032松岡洋右「青年よ起て」昭和9年）

本例は、仮に「維新を断行しない」ということが成り立つとしたら、その条件下においては「そんな叫び」はやめるべきであると述べる。準体助詞「の」を介することによって、その成り立ちが既定的であること、すなわち真であると見込まれることが明示される。ナラバはこのような《既定性》を前提とした認識的条件文を表現する点で特徴的である（以上、有田2007に基づく）。

「の」が表現されていない例でも、次例のごとく「の」を挿入しても大きく意味が変わらないものは認識的条件文として用いられていると言える。

(12) かくのごとき歴史的大事業が、何らの困難なしに出来ると思うならば、それは思う方が無理であろうと存じます。
(059近衛文麿「時局に処する国民の覚悟」昭和12年)

これらのナラバの諸例では、話者が前件においてこの仮定の成立が真であることを見込んで、その制約下で成り立つと考える後件を述べる。これらはナラバ固有の用法であって、タラバやト・バへの置き換えができない。話し手が前件の成り立つことを見込むという点においても、その前件の条件下で成立する／するべきと考えることを後件に述べる点においても、話者のこの仮定的条件文による《主張への主体的関与》性は顕著である。

一方で、「の」を介入させるノナラバへの変換に違和感を生じる例もある。それらはむしろタラバへの置き換えの方がスムーズである。

(13) その良心の命ずる通りに行動するというのが、即ち天に従うということであります。そうするならば、必ず永久に残ることが出来るのであります。
(094牧野元次郎「良心運動の第一声」昭和10年代)

仮に「良心の命ずる通りに行動する＝天に従う」行動をした場合は、「永久に残る」とする例である。例えば、誰かが「天に従う」行動をすることになっているなど、実情への対応が想定できるような何らかの《既定性》は、この例の場合は想定できない。その場合は、「そうするのならば」への置き換えより、前件の生起に対して、継起的に後件が生起することを表す「そうしたらば」へ

の置き換えの方が、より妥当であるように感じられる。

　ところで、そういう例でありながら、タラバではなくナラバを用いているのはなぜなのであろうか。ナラバは、前件の仮定に際して話者が主体的に関与する特性があった。ナラバの当事者性をもった仮定態度は、文体的特徴——主張態度を基調としたある種の格調——を生み出しやすいのに対して（14a）、タラバはそれらとは無縁であるという違いにも結びついている（14b）。

（14）a　そうする<u>なら</u>、必ず永久に残ることが出来るのであります。
　　　b　そうし<u>たら</u>、必ず永久に残ることが出来るのであります。

　ナラバは、表1に示すとおり、話し言葉資料では時代を追って減少傾向にあって低頻度が続くのに対して、演説資料ではその傾向が異なる。ナラバの当事者性から来る表現性が、演説に求められる主張態度に合致するために、話し言葉資料とは異なった高い頻度の使用傾向を生じていると考えられる。
　なお、現状や実情と一致すると仮定するのか（つまり「〜ならば」の語感が相応するのか）、あるいは実情とは関わりなく状況を設定するのか（つまり「〜たら」の語感が相応するのか）、実際の使用例を見る限り、コンテクストから判じ得ないものが多い。演説では、タラバやトの使用例が、話し言葉資料類に比べて少ないこととあわせると、可能な限りにおいて、前件の成立の蓋然性に対して話者が能動的に関与して「〜なら」による仮定を行おうとするのが演説の文体だということになる[*5]。一方、調査資料中の昭和期の音声落語や談話では、ナラバの使用は見出せなかった（表1参照）。話し言葉資料では、演説とは逆に、バやタラバで代替可能な領域は、極力ナラバは用いない傾向にあるということである。

3-2.　事実的用法

　同様に事実的用法についても資料別に使用状況を示してみる（表2）。
　表2が示す結果のうち、ここで注目するのは、演説にはタラが皆無であることである。話し言葉資料には多用されていることを合せると、その特殊性が際立つ。

表2　事実的用法における接続辞

			バ	タラ	タレバ	ナレバ	ト	テハ	（他）	総計
	近代演説		46			1	38	7	37	129
話し言葉資料	近世後期	噺本	11	11	1		7	1		31
		洒落本	20	5	3	2	8	4		42
		滑稽本	91	59			80	11	2	243
		人情本	30	11	3		14	2		60
	近代	明治小説	54	38			52		1	145
		明治大正落語速記	17	10			105			132
		明治大正落語音声	9	4			37			50
		昭和落語音声	14	14			50			78
		昭和談話	5	8			25			38
	近代演説		36%	0%	0%	1%	29%	5%	29%	100%
話し言葉資料	近世後期	噺本	35%	35%	3%	0%	23%	3%	0%	100%
		洒落本	48%	12%	7%	5%	19%	10%	0%	100%
		滑稽本	37%	24%	0%	0%	33%	5%	1%	100%
		人情本	50%	18%	5%	0%	23%	3%	0%	100%
	近代	明治小説	37%	26%	0%	0%	36%	0%	1%	100%
		明治大正落語速記	13%	8%	0%	0%	80%	0%	0%	100%
		明治大正落語音声	18%	8%	0%	0%	74%	0%	0%	100%
		昭和落語音声	18%	18%	0%	0%	64%	0%	0%	100%
		昭和談話	13%	21%	0%	0%	66%	0%	0%	100%

タラは、基本的に次例のように、話者個人の具体的経験を描くことに特徴が現れる。

（15）ア、モウ〰〰嬉しいと思つたら気がとほくなつた。　（春色梅暦3-9・174）
（16）其晩一所に寝かしてよく〰〰聞たら「（略）」と言ひましたから…

(春色梅暦初-1・49)

　（15）は「同一の主体による動作の二つの連続」であり、（16）は「異主体による動作の連続」である（前田2009は前者を「連続」、後者を「きっかけ」と捉える）。動作主も明らかで、具体的な動作の対応もイメージされやすい用法であり、タラの典型と言える。つまり、「話し手が自分の体験を直接伝える話しことばや会話の場合」（蓮沼他2001：34）にタラは好んで用いられている。その特徴を持つ事実的用法が、演説には全く用いられていないのである。この点は先に見た仮定的用法のタラバの使用傾向と全く同様なのであり、タラバ・タラに顕著な話し言葉性と一体の【個別性】【現場性】などの性質は、演説では避けられる傾向にあることになる。

3-3. 原因理由用法

　原因理由用法を担う接続辞の使用数を、資料別に示す（表3）。
　まず、原因理由用法で押さえるべきことは、演説には「（他）」に該当する例が多いこと、すなわち話し言葉資料では用いられない接続辞が多数用いられているということである。それによって、話し言葉資料では圧倒的な占有率を占めるカラの使用頻度が、相対的に低い結果になっている。
　その一方で、ノデはやや使用率が高い。特にカラとの関係で考えると、カラの半数ほどもノデを用いる資料は他にないのであり、演説におけるノデの使用頻度の高さは、注意すべきものがあると言える。

（17）またペルリーは、（略）、来年はまたたくさんの大艦隊を率いて来るから、少し覚悟をしておれなどというような、脅し文句めいたこともあります。　　　　　（148徳富猪一郎「ペルリ来航の意図」昭和18年）

表3　原因理由用法における接続辞

		已然形+バ	カラ	ノデ	タレバ	ナレバ	ユエ(ニ)	ニヨッテ	ホドニ	(他)	総計
近代演説		2	86	41	1		3			60	193
話し言葉資料	近世後期 噺本	8	30		1		8	2	4	3	56
	洒落本	6	84				4	13		1	108
	滑稽本	6	559	6	1		61	3	1	8	645
	人情本	1	123	1	1		14	2			142
	近代 明治小説	4	232	16			5			4	261
	明治大正落語速記	2	169	32			1			6	210
	明治大正落語音声	1	51	14			1			4	71
	昭和落語音声		106	21			1			1	129
	昭和談話		26	2							28
近代演説		1%	45%	21%	1%	0%	2%	0%	0%	31%	100%
話し言葉資料	近世後期 噺本	14%	54%	0%	2%	0%	14%	4%	7%	5%	100%
	洒落本	6%	78%	0%	0%	0%	4%	12%	0%	1%	100%
	滑稽本	1%	87%	1%	0%	0%	9%	0%	0%	1%	100%
	人情本	1%	87%	1%	1%	0%	10%	1%	0%	0%	100%
	近代 明治小説	2%	89%	6%	0%	0%	2%	0%	0%	2%	100%
	明治大正落語速記	1%	80%	15%	0%	0%	0%	0%	0%	3%	100%
	明治大正落語音声	1%	72%	20%	0%	0%	1%	0%	0%	6%	100%
	昭和落語音声	0%	82%	16%	0%	0%	1%	0%	0%	1%	100%
	昭和談話	0%	93%	7%	0%	0%	0%	0%	0%	0%	100%

(18) 今月本日は丁度その五十周年に相当致しますので、陸海軍にとりましては、この上もない記念の日であります。

(077東郷平八郎「軍人勅諭奉戴五十周年記念」昭和9年)

カラとノデの相違については従来さまざまな指摘があるが、意味的な違いについては大筋においては似通った把握が示されている。例えば奥田（1986）はカラを「《私》の論理にしたがいながら、ふたつの出来事のあいだの関係をとりむすんでいるもの」、ノデを「対象の論理にしたがいながら、ふたつの出来事のあいだの客観的な関係の描写にむけられているもの」と捉える。つまり、カラによる条件付けには話者の主体的な関与が見え、ノデは対象に見出せる因果関係の客観的な描写を用いることに特徴が見えるというのである。その一つの象徴的な現れとして、前田（2009）が指摘するように、ノデの中に「「から」に置き換えと、前件が後件の理由であるというニュアンスが強く出過ぎる」例があり、それらにおいては「「ので」節は、「と」節に近く、継起的に起こるいくつかの動作を描写する際の一つに用いられている」ものがあるのである。次のノデの例なども、前田の指摘に該当する例と考えられる。

(19) 104キロという長い道路が本社の土地を横断することになりましたので、土地代が三十倍にも五十倍にもなったので、開拓せずにおかれては困るというペルー政府の不平もありますので、それらの解決のために行ったのでありましたが、

(099星一「ホシチェーン会議に於ける星先生の講話」昭和10年代)

以上のように、演説では、話者の主体的な因果関係の取り結びに特徴が出るカラの頻度は他の資料ほど高くなく、ノデという《事実の並列》におのずと因果関係を語らせることに特徴が出る形式の方を活発に用いているということである。

4. 話し言葉資料では多用されない接続辞について
4-1. 概要

ここまでは話し言葉資料と重複の見られる接続辞を取り上げ、演説における使用状況との比較を行ってきた。本節では、話し言葉資料では使用を見出せず演説にしか用いられない語形を取り上げる。表中では「(他)」としてきたものである。「(他)」に該当する接続辞を使用数とともに示す(表4)。

表4　演説での使用に特徴が見える形式

	仮定条件系			確定条件系			その他		総計
	以上	限リ	場合	結果	タメニ	コトニヨッテ	ニ	(左以外)	
仮定的用法	14	5	16				12		47
事実的用法				7			28	トコロ2	37
原因理由用法	2				39	13		コトカラ2・トコロカラ1・トコロデ1・ニ付テ2	60

これらのうちの多くは、本来、本義が別にある実質名詞・動詞等を資源とする文法形式であり、用法の拡大に伴って、コンテクスト次第では条件的用法に近い表現も成し得るというものである。これらは、本稿で調査対象とする話し言葉資料には見出し難いものであることから、演説固有の文体に合致する性質を有するがゆえに活発に用いられている語形であることが予想される。

本来、それぞれ別義を有する形式であるため、結果として条件的用法が認められるとは言ってもそもそも仮定的用法・事実的用法・原因理由用法の区分には馴染まないものも多い。

(20) 丁度、盗賊の軍に入って盗人(ぬすびと)の手伝いをする以上は、いかなる善人といえども、これを善人として扱うことはできないと同しはずの…
　　　　　　　　(尾崎行雄「正しき選挙の道」1930)…「仮定」とした例
(21) しかしながら、常にかかる弊害の存する以上、政府・政党・国民、相(あい)協力して、奮ってこれが粛正に当たることが今日の急務であります。
　　　　　　　　(町田忠治「政界の浄化」1938-9)…「原因理由」とした例

「以上」が持つ「～する上は」という名詞的な意味からの派生によって、前件の成立が既定的であることが特徴的に示される。そのことが成立した上で後件が成り立つという表現であるところに因果関係が見出されるものではあるが、どういう因果関係にあるかということについては明示的ではない。ただ、その前件の内容が発話時点で事実として存在しているわけではないことがらであれば仮定的に理解されやすく（例20）、既定的事実としてあることなら原因理由に解釈されやすい（例21）というに過ぎない。「以上」に限らず、本来、別の用法を持つこれらの語形は、仮定・事実・原因理由の単純な3区分とは関わりなく用いられ、表4で行っている区別も便宜的なものである。むしろ、旧来の接続辞が表さない、前件・後件の配置関係のありようを表すことにそれぞれの役割があると見るべきものである。そこには、日本語史上に広く認められる《分析的》傾向を見出すことが可能であろう。

一旦、そのことを確認した上で、旧来の接続辞と主にどのような点に違いがあるのか、以下それぞれの接続辞ごとに見ていく[*6]。

4-2. 仮定条件系

まず、仮定条件系の表現との関係が深い形式について見ていく。

4-2-1.「以上」

「以上」は、前節で見たとおり、前件に述べる事実が既定的であることをより明確に示すことに特徴がある（《既定性》）。日本語記述文法研究会(2008)は、「以上」の用法の重心を原因理由に置いて捉え、「のだから」「からには」「うえは」とともに「従属節の事態を確かな事実として示し」、そして主節には「そこから必然的に導き出される判断が表される」と記述する。さらに「従属節で示された状況をふまえれば、当然、主節で示される行為を実行しなければならないということが表される」という指摘も続く。

(20) 丁度、盗賊の軍に入って盗人の手伝いをする以上は、いかなる善人といえども、これを善人として扱うことはできないと同しはずの…

(尾崎行雄「正しき選挙の道」1930）再掲載

「盗人の手伝いをする」という条件に該当する者が、自動的に背負うべき認識を主張する。前件の確定性を根拠とする表現ゆえに原因理由用法としての解釈と行き来しやすいことは先にも見たとおりである。前件部分の、後件で示す判断の正当性を主張する前提としての根拠の示し方は、タラバ・バによる順当な継起性の示し方とは異なり、話者の《主張への主体的関与》が認められる。その点では、演説におけるナラバの使用法に通じるものである。

なお、前田（2009）は、「以上」と類似する用法を持つ「からには」との比較を通して、「以上」に「論説的な書き言葉（天声人語）」で好まれる傾向がある調査結果を示している。そこには《公的表現指向》を見出すことができよう。

4-2-2.「限リ」

「限リ」は、「以上」とよく似た用法を持っている。

(22) 彼らが米英の謀略に踊りて、我に仇なす限り、その迷妄を敵とするは止むを得ない次第である。（063中野正剛「米英撃滅を重点とせよ」昭和17年）

森田・松木（1989）は「限リ」を「からには・からは・以上（は）・うえは」と並べて、「理由を取り立てて提示」し、「前件の事柄や立場が成立したという前提に立った場合、当然、次に述べるような事態がそれを超えて展開していくべきだという判断を表す」と捉える。つまり「我に仇なす」という事態が成立したという前提に立つ、すなわち《既定性》のある事態を想定する仮定である。なお、日本語記述文法研究会（2008）には「従属節には状態性述語が現れ、主節にはその状態である範囲において必ず成立する事態が現れる」という指摘もある。ナラバや「以上」と相重なりつつ、「限リ」の語彙的意味から、話者が、前件をある極限に達した段階として示すことにより、後件の主張にやむを得ない必然性が生じると捉えていることが表される。その意味で、《主張への主体的関与》が明瞭な表現方法である。

4-2-3.「場合」

(23) 小説で失恋についての小説を読む場合には、何らの代価も払わないで

失恋の経験を得たような訳になるのでありますから、…
（124菊池寛「文芸と人生」昭和8年）

（24）もし、満蒙の治安を乱し、満蒙の秩序を破壊せんとする者があります<u>場合には</u>、日本と致しましては、到底これを忍ぶことは出来ません。
（023芳澤謙吉「対支政策」昭和6年）

　「場合」によって示される限定は、「ある時、状況、場面」という名詞的意味に基づいたニュートラルな示し方を行うものである。したがって、その仮定的意味合いの対応する範囲は広く、前後のコンテクスト次第でさまざまな用法を示す。(23)では話者個別の認識から離れて事実としてある事態間の生起関係、すなわち《事実の並列》が描かれる。ことがらの《継起的》に起こる関係を描くタラバの方法に通じるところがある。一方の(24)には、前件の事態が仮に成り立つ条件下においては、「日本はかくあるべき」という話者が個別に考える当為的判断について述べられ、「以上」「限リ」と同様に《既定性》《主張への主体的関与》を見出すことができる。後件はモダリティ表現であろうと否とに関わらず続けることができ、特段の制約はない点でも、タラバやナラバと同様である。ただ、それらに比べて硬い文体に好まれる点が異なり、日本語記述文法研究会（2008）は「場合」について「報道や掲示などの客観的に述べられる文書において」の使用に特徴、すなわち《公的表現指向》が見出せるとしている。

4-3. 確定条件系

　続いて確定条件に関与する語形を見る。事実的用法・原因理由用法と主に関わるものである。

4-3-1. 「結果」

（25）欧州大戦後、世界の列国が工業上に激烈なる競争をなしたる<u>結果</u>、ここに生産の過剰に陥り、〜
（051安達謙蔵「地方政戦に直面して」昭和4〜6年）

　「激烈なる競争をなしたる」ことがきっかけとなって、新たな事態「生産の

過剰に陥り」が出来する。田中（2010）の「「結果」は事実の出自を客観的に指し示している」という指摘のとおり、事実の客観的な説明に特徴が現れる（《事実の並列》）。日本語記述文法研究会（2008）も「従属節・主節ともに過去の事実であり、主節は従属節の事態によって発生した非意図的な事態である」とした上で、それに続けて「書きことばや公的なかたい話しことばで用いられる」という文体的特徴も観察されている（《公的表現指向》）。

4-3-2. タメニ

　タメニは、「事態の相互描写によって、事柄主体、あるいは事柄内部の理由しかあらわすことができない」、「あくまで事態そのものの状況の連続した行方、成行きしか念頭に置かれない」（田中2004、圏点ママ）とされるものである。「結果」と同じく《事実の並列》に特徴がある。

　　(26) 為替相場が下落致しましたために、輸入品はそれだけ価格が騰貴したのであります。　　　　　　　（024井上準之助「危ない哉！国民経済」昭和7年）

話者の個人的な理由説明ではなく、事態としての事実についての記録というニュアンスを帯びる。タメニのこの性質は、使用文体の特徴とも連動し、カラ・ノデなどに比べて「ややかたい文体で使用される。客観的な事実を伝える新聞などで好まれ、日常会話では現れにくい」（日本語記述文法研究会2008）ことや、ニュースの読み上げでは最も多用される（今尾1991）ことなども報告されている（《公的表現指向》）。

4-3-3. コトニヨッテ

　　(27) 選挙は実に臣民翼賛の道であります。私どもは自己の一票を投ずることによって、国家に対する奉公の誠を尽くすことが出来るのでありまして、…　　　　　　（037岡田啓介「愛国の熱誠に愬ふ」昭和13～14年）
　　(28) 色々な生活を経験することによって、生活に対する予備知識、人生に対する目、そういうものがいくらかでも養われてくるのではないかと思うんです。　　　　　　　　　　（124菊池寛「文芸と人生」昭和8年）

コトニヨッテは、コトデとほぼ用法、意味を一にするもので、「「ことが前提と
・・・・
なって」「ことが引き金となって」という意味」を表し、「前件を基軸にして、
後件に実現が必然的に可能になるという提示」を行う。なおかつ「形式名詞「コ
ト」の使用によって、事態を主観から開放し、事実認識という視点が明らかに
される」方法であることから、客観性を装うことができるものである（以上、
田中2004に基づく。圏点ママ。《事実の並列》）。それは、「従属節・主節ともにすでに
起こっている事実であり、主節には行為要求や意志・希望の表現は現れない」
という特徴に連なり、「書きことばや公的なかたい話しことばで用いられる」
という《公的表現指向》も帯びることとなる（日本語記述文法研究会2008）。

5. 演説の文体を形作るもの
5-1. 演説と接続辞類の使用の関係

　以上、話し言葉資料との比較のもと、演説における順接の条件表現の用法上
の特徴を見てきた。演説という表現文体との関係で特に多用傾向を生じていた
と考えられる接続辞類は、それぞれ次のような特徴とともに用いられていた。

表5　演説で多用される接続辞類とその用いられ方

		事実の並列		主張への主体的関与		その他	
		語形	特徴	語形	特徴	語形	特徴
従来型		ノデ		ナラバ	《既定性》	バ	《一般性》《注釈的》
話し言葉資料と重複ナシ	仮定	場合	《継起的》《公的表現指向》	場合	《既定性》《公的表現指向》		
				以上			
				限り	《既定性》		
	確定	結果	《公的表現指向》				
		タメニ					
		コトニヨッテ					

それぞれの名詞・動詞的意味に基づき前・後件の新たな配置関係を表す

　表5に示し得ていないこと、あるいは上記した接続辞類が実際にどういった
頻度で用いられていたかという事情なども突き合せると、演説における条件表

現の方法として特徴的なところは次のようにまとめられる。

・仮定条件においては【個別性】を基軸とする話し言葉で多用されるタラバが、演説では使用されにくい。逆に《一般性》を背景とする認識を担うバや、《主張への主体的関与》を担うナラバが頻用される。仮定条件で新たに発達する「場合」「以上」「限り」等は、ナラバと同様に《既定性》を表すことが可能であって《主張への主体的関与》を特徴とする。
・確定条件については、《事実の並列》に特徴のあるノデが多用され、また「結果」、タメニ、コトニヨッテが発達している。仮定条件で新たに発達した「場合」も《事実の並列》の性質を認め得る表現を担うことができる。
・新たに演説で用いられる「場合」「以上」「結果」タメニ、コトニヨッテ類には、《公的表現指向》を見出せる。

　大雑把にいえば、話し言葉に比べて「公」性の求められる硬質な演説の文体においては、仮定条件の方では、通常の話し言葉資料の言語に比べて、話者が主体的に参与した仮定を根拠にした主張、一般的認識を背景とした説得を目指す表現が好んで用いられている（ただし、「場合」は異なる）。一方の確定条件の方では、逆に話者の主体的な因果関係の把握の色合いを消した、客観的な事態間の関係として提示・説明する方法を発達させているということである。
　もともと、仮定条件は未然形＋バに淵源を持ち、古代より、その承接し得る助動詞の範囲は、その階層のレベルにおいて確定条件の已然形＋バよりも限られるものであった（近藤2000など）。已然形＋バの領域にあった原因理由用法は、中世には終止連体形＋ホドニ・ニヨッテなどの形式によって早くから推量形式なども述語に取る自立性の高い従属節を構成する方法を発達させてきた。そのまま近世ではカラという同じく自立性の高い形式を多用するに至っている。一方の仮定条件の方は、近世には、わずかにナラバを除き、連用形＋タラバや仮定形＋バなど、時制の対立さえ取り得ない、従属度の高い従属節を構成するものが中心であった（以上、矢島2013）。
　その状況と合せて考えると、演説で発達させている領域は、いわば両者のそれぞれの機能の手薄な領域を埋める方向で、すなわち仮定条件では自立性の高

い、話者の関与を前件で反映し得るような形式を重用する方向で、確定条件では話者の関与の色合いが稀薄な表現を求める方向で、それぞれ特徴が見られるということである。それらの発達とともに、旧来の方法を並行して用いることによって、主張に際して話者が前面に出て判断の正当性を主張する方法も、また、話者は背景に退きながら事実の並列に因果性を語らせることで状況認識を促す方法も多彩に可能となる。さまざまなレベルで根拠の提示の強弱を調整し、主張に硬軟を織り交ぜながら自在に組み立てていくのが演説の表現の特徴だったということである。

5-2. 演説の文体を特徴付けるもの

このような条件表現の使用傾向を生み出す演説の表現構造について、いま一度整理しておく。演説は、基本的に《1対複数》の一方向性を持った表現方法によって、聴衆に広く受け入れられるべく、伝える価値のある内容を、説得力をもって伝えなければならない言語活動である。対する話し言葉資料は、話者が「今、ここ、私」の立ち位置から捉える個別的・具体的ことがらを【1対1】のやり取りにおいて表現することに最大の特徴がある。両者において求められる要素の異なりを、本論中で述べてきた表現やキーワードをそのまま用いて列挙すると次のとおりとなる。

表6 演説・話し言葉資料のそれぞれの文体を特徴付けることに関与する要素

	①コミュニケーションスタイル	②表現内容	③表現意識	④表現方法
演説	・一方向性《1対複数》	・「こうあるべし」《一般性》・「客観的である」こと《事実の並列》	・「こうあるべし」を主張《規範性》《既定性》《主張への主体的関与》	・「正確」に伝える《分析的》・「公的」に伝える《公的表現指向》
話し言葉資料	・双方向性【1対1】	・「今、ここ、私」【個別性】【現場性】	（制約ナシ）	・「私的」に伝える【私的】

こういった要素に裏付けられた演説の文体であることが、表5に見た各接続辞の使用の多寡を生むことにつながり、また、話し言葉資料に見出し難い諸形式の発達も促すことになったのである。そして、そのことが、取りも直さず、演説の文体に指摘される「スタンダード」としての特質を育むしくみだったということである。

5-3. 演説を用いた検討が拓く近代日本語文法史研究

　以上の演説を用いた言語観察から、近代日本語文法史を研究する上で留意しなければならないことが浮上してこよう。

　まず、日常会話の通常のやり取りに典型的に見出される話し言葉が必ずしも文法変化のすべての推進力を担っているわけではないこと、つまり同じ話し言葉でも《規範性》が意識された演説の文体などの位相においてこそ、率先して発達し得た表現があることに注目しなければならないことである。

　その認識に立つ中で、日本語文法史の重層的把握の必要性が明確になる。ここで見てきた「タメニ・以上・結果…」は、本論でもその研究成果をしばしば引用してきたとおり、現代日本語の文法研究において、盛んに検討対象として取り上げられてきた語形である。ただし、これらは、近代では話し言葉資料よりも演説においてはるかに高頻度で用いられものであった。演説という話し言葉と書き言葉の「中間態」の、規範性を基軸とする文体において、その語の語彙的意味に基づく細分化した関係性表示方法として発達したものが現代日本語に定着しているということである。それは、言語変化を牽引する層が話し言葉だけに止まらないことを雄弁に物語ると同時に、近代日本語の、取り分け、規範性のある言語が条件表現史に対して求めた変化の方向が現れているとも言えるのである。

　近代は、そもそも標準語教育が浸透し、言文一致が広がる中で、規範的な言語表現というものの、言語生活への影響が、それまでと比べて格段に大きくなった時代である。教育が一部教養層のものだけではなくなり、標準性を帯びた言語が読み書く生活において身近なものとなる。そういった、いわば書き言葉と親和性のある言語の役割が格段に大きくなっていたことに注意しなければならない。近代語以降の言語では、演説などを話し言葉資料の一つとして単純に一

括りにした枠の中で捉えたり、あるいは書き言葉の歴史を完全に考慮外において記述したりするのでは不十分とせざるを得ない。話し言葉のみならず「中間態」たる言語も、また書き言葉も含めて対象としなければならない[*7]こと、なおかつそれぞれがどういった層に位置づく言語であるのかを弁別した上で、日本語総体の形成にどのように関与するものとしてあるのか、より自覚的に捉えていくことが求められると言える。

6．おわりに

　以上、条件表現の用法を指標に、言語資料としての演説の特性を整理しながら、同資料が近代日本語形成史を理解する上で重要な意義をもつものであることを見てきた。日本語文法史において、規範性を有した言語がどう影響するのかという視点からの研究を推進していく上でも、大いに利用されるべき資料であると考える。今後のさまざまな観点からの研究が期待されるところである。

注
1）野村（2006）の立場においては、「「共通語」「標準語」という言葉で我々が言い習わしている言語を、基本的には「スタンダード（ランゲージ）」という言葉で表わしたい」「「スタンダード」は、一種の規範言語としての性格を持つのである。では「標準語」なら同じことではないかと言われればその通りなのであるが、日本語の近代における「標準語」は、今度は云わば付加価値が付きすぎている。価値から進んで、強制の記憶すら付きまとっているところがある。やむを得ず、「スタンダード」という言葉を用いたい」としている。
2）順接の条件表現のうちでも、次例のような体言性の述語を取る条件節はすべて除く。
　　・日本の軍人が強い謂れは（略）、陛下の御ためならいつでも悦んで命を捨てるからであります。　　　　（085加藤寛治「日本の軍人は何故強いか」昭和11年）
　　・もしスポーツにおけるアンパヤーが不公平であれば、ゲームは目茶目茶になります。
　　　　　　　　　　　　　　（053阿部磯雄「選挙粛正と政府の取締り」昭和10年）
　これらは、断定辞を介した構成法を取るなど、活用語類を述語とする条件節とは異なった特徴を有する。資料性を検証する目的に対しては論点が広がりすぎるため、これらは対象外とする。
3）塩澤（1979）は助詞・助動詞の類を広く取り上げ、その中で接続助詞も観察の対象

としている。ただ、演説の中で、当該の形式が用いられているか否かだけを問うものであり、用法の内実、使用頻度の意味解釈にまで踏み込むものではない。

4）本稿で調査する昭和談話は現代のものであり、近代の括りからは外れるのであるが、近代落語資料で観察する言語が現代の話し言葉と連続性を持った歴史の中で捉えられることを確認する意味を含めて、ここでは参考までに同資料の調査結果も示すことにする。

5）ナラバの中にタナラバの形式を取るものがあり、タを取らないルナラバに対して時制を明示する点で特徴を示す。タナラバはタラバの用法と直接に重複する領域を持っていて、ナラバ・タラバに由来する表現性の相違を問わなければ、大きくは未来の仮定を行うもの（いわゆる完了性仮定）と、反事実的用法を含む過去の仮定を行うものとそれぞれにおいて、タラバへの置き換えが可能である（以上に関連して、矢島（近刊）で歴史的変化を踏まえて整理を行っている）。その点に注目し、タナラバとタラバを用いる頻度を用法別に示してみると、次のごとくとなる。

			完了性仮定		過去の仮定	
			タラバ	タナラバ	タラ	タナラバ
	近代演説		20	26		6
話し言葉資料	近世後期	噺本	8	1	1	
		洒落本	22	1		
		滑稽本	94	2	3	
		人情本	24	1		
	近代	明治小説	43	3	2	
		明治大正落語速記	49	1		
		明治大正落語音声	16			
		昭和落語音声	37			
		昭和談話	9			

本文中の表1では、演説のタラバの使用頻度が低かったことを確認したが、上の表からは、対照的にタナラバは話し言葉資料に比べて演説で著しく多く用いられる傾向があることがわかる。こうしたことには、演説では、タラバ・タラと交換可能な領域の表現であれば極力ナラバ・タナラバを選択するという傾向があったことが現れているものと考える。

6）表4のうち「その他」に配した語形については本稿では詳述しないが、機会を改めて取り上げる必要があると考えている。用例数の多いニについて簡単に見ておくと、ニは仮定的・事実的用法にまたがって用いられる《注釈的》用法例がほとんどを占める。

・これを要する<u>に</u>、(略)言うより他はないのでありまする。

(042山本悌二郎「対英国民大会」昭和12年)

格助詞を出自とする接続助詞ニは、古代より順接・逆接を問わず用いられてきたが、近世後期以降は書き言葉を中心に使用の継続が見られるものである。本来ニは確定条件で用いられてきたものであるが、上記例はニの受ける「要する」の語彙的意味との関係から、仮定的用法と捉えることができる。条件表現の体系的な推移とともにニの用法にも移り変わりを示す一面があることがうかがえる。

7）演説で多用される「タメニ・以上・結果…」類の接続辞としての用法は、話し言葉よりも書き言葉の方で先んじて一般化し定着していくものである。タメニについては、于（2010）において、上代では「ため」が「目的・便益」を表しており、室町時代には新たに原因を担う用法が現れること、漢文訓読文で育まれる語であり、「文章語」としての性質が認められることなどを指摘している。また「以上」については、斎藤（2009）が漢文訓読系資料で用いられてきたこと、接続辞としての用法を近代以降に生じ、雑誌・新聞・翻訳物などで用いられることなどを明らかにしている。また「結果」については、東條（2014）が明治後期以降に文法化の様相が顕在化して接続辞化すること、雑誌・小説類で次第に使用が広がる様子があることなどを論じている。書き言葉の歴史と演説の関係などについては、本稿では検討する余裕がなかったが、機会を改めてさらに考えてみたいところである。

参考文献

有田節子（2007）『日本語条件文と時制節性』くろしお出版

今尾ゆき子（1991）「カラ、ノデ、タメ―その選択条件をめぐって―」『日本語学』10-2

于日平（2010）「日本語史における漢文訓読の役割―漢語の「為」と日本語の「ため」について―」『言語と文化』22

奥田靖雄（1986）「条件づけを表現するつきそい・あわせ文―その体系性をめぐって―」『教育国語』87むぎ書房

神田寿美子（1962）「言文一致史上における速記演説文の研究」『東京女子大学日本文学』19

近藤泰弘（2000）『日本語記述文法の理論』ひつじ書房

斎藤倫明（2009）「語彙史としての語構成史」安部清哉他編『シリーズ日本語史２語彙史』岩波書店

塩澤和子（1979・1980）「言文一致体の成立―演説速記の果たした役割（一）（二）―」『国文学論集』12・13

田中寛（2004）『日本語複文表現の研究―接続辞と叙述の構造―』白帝社

田中寛（2010）『複合辞からみた日本語文法の研究』ひつじ書房
東條和子（2014）「『結果』の文法化─接続助詞的用法を中心に─」『桜美林言語教育論叢』10
日本語記述文法研究会（2008）『現代日本語文法6 第11部複文』くろしお出版
野村剛史（2006）「明治スタンダードと言文一致─スタンダードを中心に─」『言語・情報・テクスト.東京大学大学院総合文化研究科言語情報科学専攻紀要』13-1
野村雅昭（1994）『落語の言語学』平凡社
蓮沼昭子・有田節子・前田直子（2001）『日本語文法セルフマスターシリーズ7 条件表現』くろしお出版
平澤啓（1997）「伊藤博文の演説の言語─『伊藤公演説全集』を資料として─」『きのくに国文─教育と研究─』3
平澤啓（1998）「伊藤博文の演説の副用言─近・現代語と比較して─」『きのくに国文─教育と研究─』4
平澤啓（1999）「公私の別と演説の言語─『伊藤公演説全集』を資料として─」『きのくに国文─教育と研究─』5
前田直子（2009）『日本語の複文─条件文と原因・理由文の記述的研究─』くろしお出版
森岡健二（1988）『現代語研究シリーズ第5巻文体と表現』明治書院
森田良行・松木正恵（1989）『日本語表現文型─用例中心・複合辞の意味と用法─』アルク
矢島正浩（2013）『上方・大阪語における条件表現の史的展開』笠間書院
矢島正浩（近刊）「中央語史におけるナラバ節の用法変化」有田節子編『日本語条件文の諸相─地理的変異と歴史的変化─』くろしお出版

2

大正〜昭和前期における演説の文体

小椋秀樹

要旨

　岡田コレクションに収録されている音源から、演説、講演・講話を取り上げ、その電子テキストに対して形態素解析を施した。この形態論情報付きデータを用い、演説、講演・講話の文体的特徴を計量的な手法によって明らかにした。語種については、演説、講演・講話全体では異なりで漢語比率が6割を占めており、多様な漢語が使われていると考えられる。その一方で外来語の使用はかなり限定的である。名詞比率とMVRとの組合せから見た文体的特徴については、名詞比率が大きく、MVRが小さいものが多いことから、演説、講演・講話は要約的な文章という文体的特徴を持つと考えられる。

キーワード：演説　形態素解析　語種比率　名詞比率　MVR

1. はじめに

　日本語史の中でも近代は多種多様の資料が残されている時代であり、資料的に恵まれた状況にある。そうした多種多様の資料の中でも、SP盤レコードを音源とする録音資料は、金澤（2015：135）が指摘するように、「資料的な面での偏りや量的な面での（ある程度の）制限があ」るものの、「「音声」を有して」おり、近代語研究資料として極めて高い価値を持つと考えられる。しかし、「資料そのものやその文字化などが殆ど公開されるものとなっていない」ため、録音資料を活用した近代語研究は活発を欠く状況にある。

　このような中、『SP盤貴重音源　岡田コレクション』（以下、『岡田コレクション』とする。）については、その文字化資料が公開されており（金澤・相澤2015）、音声

研究だけではなく、語彙、語法、文体などの研究を進めていく環境が既に整っている。また、国立国語研究所の共同研究プロジェクトでは、その電子テキストを利用する機会を得た。電子テキストに形態素解析を施し、単語境界、品詞、語種等の形態論情報を付与することで、SP盤レコードの文字化資料を活用した研究の幅が飛躍的に広がることが期待される。

　そこで筆者は、『岡田コレクション』に収録された音源のうち演説、講演・講話に分類されている音源を取り上げ、その電子テキストに対して形態素解析を施し、形態論情報付きデータを作成した。本稿では、その形態論情報付きデータを活用して、計量的な手法によって大正期、昭和前期の演説、講演・講話の文体的特徴を明らかにしていく。

　以下、2節で演説に関する先行研究を概観した後、3節で本稿の目的、方法などについて述べ、4節で今回作成した『岡田コレクション』の形態論情報付きデータについて紹介する。続いて5節で調査結果を報告し、最後に6節で本稿をまとめる。

2. 先行研究

　1873年に福沢諭吉らが明六社を結成して演説会を始めてから、全国各地で演説会が盛んに行われるようになった。それに伴って、演説法や演説集の出版が相次いだ。演説集は、元々文語体で書かれていたが、1882年に田鎖綱紀が速記術を発明し、それが演説の記録に用いられるようになると、演説が話し言葉のとおりに文字化されるようになった。演説集も口語体のものが出版され、更には新聞、雑誌にも演説速記が掲載された。

　近代語研究において演説を取り上げる際には、この演説速記が資料として用いられている。これらの研究で扱われている演説は、本稿で対象とする演説、講演・講話とは時期が異なる。しかし、大正期、昭和前期より前の時代において演説がどのような言語的特徴を持っていたのか確認するために、以下、それらの研究を概観する。

　演説速記を言文一致体の源流と捉え、語彙、語法、文体の面から言文一致体との関わりを明らかにしようとした研究がある。そうした研究のうち、早い時期のものとして神田（1962）、塩澤（1979、1980、1982）が挙げられる。

神田（1962）は、明治19年〜20年刊行の演説速記集から18の演説を取り上げ、その語彙、語法、文体について調査を行ったものである。18の演説速記から無作為に1ページを抽出し、単語に分割し、品詞別に語とその文法的用法を調査している。データ規模は、異なり語数1,130、延べ語数6,135である。

　神田（1962）では、名詞については和語と漢語との比率が3対5で、漢語が多く用いられていること、動詞、形容詞、助動詞の活用語については大部分が口語活用であり、文語活用はほとんど使われていないこと、わずかに使われている文語活用は連体形に偏ることなどを指摘する。文体については、文末形式を調査し、「ます」「あります」等の敬体が多く用いられていると述べる。以上の結果から、演説速記の文章は、文語の残存などが見られるものの、「現在の口語文に非常に近いもので、その成立に重要な役割を果たしたもの」（p.57）であると結論付けている。

　塩澤の一連の研究も神田（1962）が対象とした演説速記と同時期のものを対象としている。明治18年〜20年刊行の演説速記から、塩澤（1979、1980）では五つの演説を、塩澤（1982）では四つの演説を取り上げている。

　塩澤（1979）は助詞、助動詞を、塩澤（1980）は動詞、形容詞、副用言を対象として、演説が「どの程度口語文法としての体裁を整えているか」（塩澤1980:51）を明らかにしようとした調査である。その結果、文語も使われるが絶対量が少ないこと、活用については連体形に文語の活用が残存するものの、口語活用が基本となっていること、副用言についても接続詞に漢文訓読的な硬い語が見られるものの、口語的な語が基調となっていることを明らかにしている。

　塩澤（1982）は、現代語と対照させながら演説の語彙の特徴について分析を加えたものである。ここでは、名詞について漢語の比率が異なり語数で6割〜7割、延べ語数で6割台と高いことを指摘した。ただし現代に定着している漢語が多いと述べる。また外来語は、地名や薬品名など特殊な範囲の語に限られるとしている。

　以上、明治期の演説速記に関する研究を概観した。明治期の演説を言語の面から見た場合、語彙については漢語を多用すること、語法については口語を基本としつつ、わずかではあるが文語が用いられることが特徴として挙げられる。このような言葉遣いが、明治期における演説の特徴となっていたものと考えら

れる。

　このような研究を受けて、大正期、昭和期の演説を対象に語彙、文体の特徴を分析した上で、明治期のものと比較してその特徴に変化が見られるのか、あるいは見られないのかということを明らかにしていく必要がある。しかし、そのような観点から演説を取り上げた研究は見られない。そもそも、演説で用いられている語彙、語法、文体に関心が持たれたのは、演説が言文一致体の源流と考えられたことによる。そのため、言文一致体が既に成立し、一般化した大正期、昭和期の演説には関心がほとんど払われなかったのではなかろうか。

　しかし言文一致体との関わりを除いても、演説はそれ自体、近代語研究において取り上げる価値を持つ。演説は、明治期になって新たに生まれた、音声による表現形態の一つであり、その後、現代に至るまで続いている。また、自分の意見、主張を多くの人々に伝える表現形態として、現代では、政治の場で特に重要な位置にある。演説は、音声表現の中でも社会的に重要な位置を占めるものになっているのである。それゆえ、演説の言語的特徴やその変化の様相を明らかにしていくことは、近代語研究における重要な課題と考えられる。今後は、これまで取り上げられることのなかった大正期、昭和期の演説にまで研究対象を広げ、その語彙、語法、文体などについて調査していくことが必要である。

3. 目的・調査対象・方法

　前節で述べた問題意識を踏まえて、本稿では、『岡田コレクション』に収録された大正期、昭和前期の演説、講演・講話を取り上げ、その文体的特徴を明らかにしていく。

　今回の調査で対象としたのは、『岡田コレクション』の文字化資料の電子テキストが利用できる音源のうち、演説、講演・講話に分類されている106音源である[*1]。

　神田、塩澤の一連の研究成果を踏まえた場合、調査対象を演説に限定するのが望ましい。しかし『岡田コレクション』の文字化資料では、演説、講演・講話という分類の下に106音源がまとめられており、どの音源が演説に分類されるのか、また講演・講話に分類されるのか判断することが難しい。そこで本稿

では、ひとまずこれらを一括して扱うこととした。なお、以下、本稿では演説、講演・講話をまとめて演説と呼ぶこととする。また音源という語を用いずに、演説を用いる。

調査のために、まず演説の電子テキストに形態素解析を施し、形態論情報付きデータを作成する。106演説の形態論情報付きデータを用いて、計量的な方法により演説の文体的特徴を明らかにする。調査に当たって、次の三つを指標として用いることとした[*2]。

（1）語種比率：異なり語数、延べ語数における和語比率、漢語比率、外来語比率を求める。語種比率の算出に当たっては、記号、補助記号、空白、固有名詞、助詞、助動詞を除いた。
（2）名詞比率：延べ語数における名詞比率を求める。樺島・寿岳（1965）では、助詞、助動詞を除いて品詞比率を算出しているため、本稿でも同様の方法をとった。
（3）MVR：品詞比率に基づく文体の指標。「100×相の類の比率÷用の類の比率」で求める。樺島・寿岳（1965）と同様、助詞、助動詞を除いた。

演説ごとに語種比率、名詞比率、MVRを求めた上で、話者の属性（政治家、軍人等）も参照しながら、各指標を用いて文体的特徴を明らかにしていく。

4. 分析データ

『岡田コレクション』の演説の電子テキストを形態素解析するに当たって、形態素解析器にはMeCab（mecab 0.966）を、形態素解析用辞書にはUniDic（unidic-macab 2.1.2）を用いた[*3]。実際の解析では、UniDicに付属する形態素解析の補助ソフトウェア『茶まめ』ver.2.0を用いている。

形態素解析用辞書にUniDicを用いたのは、

（4）・短単位というゆれの少ない斉一な単位を採用している[*4]。
　　　・語種をはじめとする言語研究に有用な情報を付与することができる。

というUniDicの持つ特徴が、言語の計量的研究に適しているからである。

UniDicで採用している短単位は、現代語で意味を持つ最小の単位二つが1回結合したものまでを1単位として扱う言語単位で、漢語なら2字漢語が、和語なら二つの要素から成る複合語が1単位となる。外来語は、原語で1語に相当するものを1単位とする。

短単位では、「衆議院議員」のような3字以上の漢語は「衆議／院／議員」のように構成要素に分割される。そのため、漢語の複合語が多い文章を短単位で解析すると、名詞比率、漢語比率が高くなる傾向がある。また、一般に混種語とされるもののうち「運動する」「健康だ」「アドバイスする」「オレンジ色」のような語は、「運動／する」「健康／だ」「アドバイス／する」「オレンジ／色」と、2単位以上に分割される。その結果、例えば「運動する」は「運動」が漢語に、「する」が和語に分類されるため、混種語の比率が低くなる傾向がある。5節の調査結果を参照する場合には、以上のような短単位の特徴について注意する必要がある。

『岡田コレクション』の文字化資料には、括弧書きで読みや注記が書かれているほか、発話者の発話ではないもの（司会による講演者の紹介、聴衆の拍手など）も文字化されている。次に例を挙げる（該当箇所に下線を付した。）。

（5）皆自分のものであるとお考えになると〔か〕もしれんが、(001)
（6）（エヘン）この総代人を衆議院議員と名付くるのであって、(001)
（7）パチパチパチパチ……（拍手）(004)
（8）もし真（しん）に、あなた方のものであるならば、(001)
（9）〔諸君、ただ今より大隈伯のご演説があります。（中略）パチパチパチパチ……〕(004)

（5）は、実際の発話が「なるともしれんが」ではなく、「なるかもしれんが」という可能性があるという注記である。（6）は咳払いを、（7）は拍手の音を文字化したものである。（7）には括弧書きで拍手であるという注が付されている。（8）は、文字だけでは語形が確定しにくい語に付けられた読みの情報で、（9）は司会による講演者の紹介と拍手とを文字化したものである。

形態素解析の際に、これらの注記等をどのように扱うかが問題になる。今回は、括弧を付された注記、発話は一律に解析対象外（調査対象外）とすることとし、形態素解析の前に電子テキストから削除した。
　なお（8）は、実際の発話において、どのような語形であったかを示す情報であり、言語研究において重要な情報である。そのため、形態素解析の前処理で電子テキストから削除しても、解析後には電子テキスト中の（8）のような情報を用いて、もし誤った読みが付与されていれば、それを修正する必要がある。ただし今回は、後に述べるように誤解析の人手修正を行わなかったため、この種の情報についても形態論情報付きデータに反映させなかった。
　以上のようにして作成した形態論情報付きデータの規模は、異なり語数で7,685、延べ語数で109,959である（空白、記号を除く。）。解析結果のサンプルを表1に示す。
　今回の形態論情報付きデータでは、形態素解析によって得られる情報（語彙素読み、語彙素、品詞、活用型、活用形、語種等）に加えて、ExcelのCONCATENATE関数を用いて、書字形の前後文脈を生成し、KWICデータにした（表1参照）。そのほか、表1では省略したが、話者の属性（政治家、軍人など）に関する情報も付与している。
　形態素解析結果の中には、未知語と解析されたものが62語あった。未知語とは形態素解析用辞書に登録されていない語のことである。例えば、次のようなものが挙げられる（スラッシュは短単位境界、下線部は未知語とされた語）。

（10）　満堂／溢／るる／がごときこの盛況を見ることは、(042)
（11）　一線に立って／善戦／善／闘／せねばならぬと決心しており (052)
（12）　独裁政治の出現しましたのは、／ロシャー／人が全く無知であり、(031)

　（10）は、解析に使用したのが現代語用のUniDicであり、文語動詞「溢る」が辞書登録されていなかったため、（11）は名詞「善闘」が辞書登録されていなかったため、単位分割を誤り、「未知語」となったものである。（10）は「溢るる」で、（11）は「善闘」で1短単位となる。（12）は、単位分割は正しくなされているが、「ロシャー」（ロシア）が辞書に登録されていなかったため、未

表1 形態論情報付きデータの例

出典	文境界	前文脈	書字形	後文脈	発音形	語彙素読み	語彙素	品詞
001尾崎行	B		諸君	、ここにお集まり	ショクン	ショクン	諸君	名詞-普通名詞
001尾崎行	I	諸君	、	ここにお集まりの			、	補助記号-読点
001尾崎行	I	諸君、	ここ	にお集まりの諸君	ココ	ココ	此処	代名詞
001尾崎行	I	諸君、ここ	に	お集まりの諸君	ニ	ニ	に	助詞-格助詞
001尾崎行	I	諸君、ここに	お	集まりの諸君に	オ	オ	御	接頭辞
001尾崎行	I	諸君、ここにお	集まり	の諸君に向かっ	アツマリ	アツマリ	集まり	名詞-普通名詞
001尾崎行	I	、ここにお集まり	の	諸君に向かって、	ノ	ノ	の	助詞-格助詞
001尾崎行	I	ここにお集まりの	諸君	に向かって、お尋	ショクン	ショクン	諸君	名詞-普通名詞
001尾崎行	I	お集まりの諸君	に	向かって、お尋	ニ	ニ	に	助詞-格助詞
001尾崎行	I	集まりの諸君に	向かっ	て、お尋ね致した	ムカッ	ムカウ	向かう	動詞-一般
001尾崎行	I	の諸君に向かっ	て	、お尋ね致したい	テ	テ	て	助詞-接続助詞
001尾崎行	I	諸君に向かって	、	お尋ね致したいこ			、	補助記号-読点
001尾崎行	I	諸君に向かって、	お	尋ね致したいこと	オ	オ	御	接頭辞
001尾崎行	I	君に向かって、お	尋ね	致したいことがあ	タズネ	タズネル	尋ねる	動詞-一般
001尾崎行	I	かって、お尋ね	致し	たいことがある。	イタシ	イタス	致す	動詞-非自立可
001尾崎行	I	て、お尋ね致し	たい	ことがある。あな	タイ	タイ	たい	助動詞
001尾崎行	I	お尋ね致したい	こと	がある。あなたの	コト	コト	事	名詞-普通名詞
001尾崎行	I	尋ね致したいこと	が	ある。あなたの、	ガ	ガ	が	助詞-格助詞
001尾崎行	I	ね致したいことが	ある	。あなたの、皆お	アル	アル	有る	動詞-非自立可
001尾崎行	I	したいことがある	。	あなたの、皆お			。	補助記号-句点
001尾崎行	B	たいことがある。	あなた	の、皆お持ちにな	アナタ	アナタ	貴方	代名詞
001尾崎行	I	とがある。あなた	の	、皆お持ちになっ	ノ	ノ	の	助詞-格助詞
001尾崎行	I	がある。あなたの	、	皆お持ちになって			、	補助記号-読点
001尾崎行	I	ある。あなたの、	皆	お持ちになってお	ミナ	ミナ	皆	名詞-普通名詞
001尾崎行	I	る。あなたの、皆	お	持ちになっておる	オ	オ	御	接頭辞
001尾崎行	I	あなたの、皆お	持ち	になっておるとこ	モチ	モツ	持つ	動詞-一般
001尾崎行	I	たの、皆お持ち	に	なっておるところ	ニ	ニ	に	助詞-格助詞
001尾崎行	I	の、皆お持ちに	なっ	ておるところの、	ナッ	ナル	成る	動詞-非自立可
001尾崎行	I	皆お持ちになっ	て	おるところの、命	テ	テ	て	助詞-接続助詞
001尾崎行	I	お持ちになって	おる	ところの、命と財	オル	オル	居る	動詞-非自立可
001尾崎行	I	持ちになっておる	ところ	の、命と財産は誰	トコロ	トコロ	所	名詞-普通名詞
001尾崎行	I	なっておるところ	の	、命と財産は誰の	ノ	ノ	の	助詞-格助詞
001尾崎行	I	っておるところの	、	命と財産は誰の			、	補助記号-読点
001尾崎行	I	ておるところの、	命	と財産は誰のも	イノチ	イノチ	命	名詞-普通名詞
001尾崎行	I	おるところの、命	と	財産は誰のもの	ト	ト	と	助詞-格助詞
001尾崎行	I	るところの、命と	財産	は誰のものであ	ザイサン	ザイサン	財産	名詞-普通名詞

知語となったものである。語彙素には「ロシア」と、品詞には「名詞-固有名詞-地名-国」と、語種には「固」(固有名詞)と情報付与される。

次に解析精度を調べるため、形態素解析結果から、未知語、記号、空白等を除く1,000語を無作為抽出して、精度検査を行った。その結果を表2に示す。

表2　『岡田コレクション』の解析精度

	境界	品詞	語彙素
精度	98.7%	97.3%	96.9%
誤り	13	14	4

表2の「境界」「品詞」「語彙素」を補足しながら、解析精度を見ていく。「境界」は、単位境界が正しく認定されているか否かである。1,000語中13語に単位境界の誤りが見られた。その結果、このレベルでの精度は98.7%となる。「品詞」は単位境界の認定が正しいもの(987語)のうち、品詞、活用型、活用形等の情報が正しく付与されているものである。この誤りは14語に見られた。「品詞」レベルの精度は、「(1000－単位境界誤りの語数－品詞誤りの語数)÷1000×100」で求める。このレベルの精度は97.3%である。語彙素は、単位境界の認定、品詞等の情報付与が正しいもののうち、語彙素が正しく付与されているものである。この誤りは4語あった。「語彙素」レベルの精度は96.9%である。

(10)から(12)に示したとおり、『岡田コレクション』の演説に出現した語の中にはUniDicに登録されていない語もある。こういう条件下での形態素解析ということを考えれば、研究に十分利用し得る解析精度と評価することができる。そこで、今回の調査では、誤解析の人手修正を行わずにデータを利用することとした。ルビ情報の反映のほか、未知語を含めた誤解析の人手修正については、今後の課題とする。

5. 調査結果
5-1. 語種比率

　ここでは、演説の語種比率を見ていく。まず、106の演説を一つにまとめて、異なり語数、延べ語数における語種比率を集計した結果を表3に示す。集計に当たって、固有名詞、助詞、助動詞は除外した。

表3　演説の語種比率

	異なり		延べ	
和語	2,218	30.9%	33,461	53.9%
漢語	4,688	65.3%	27,108	43.7%
外来語	75	1.0%	172	0.3%
混種語	200	2.8%	1,340	2.2%

　表3を見ると、異なりでは漢語が65.3%と最も比率が高くなっている。しかし延べでは、漢語比率が43.7%に低下し、和語比率が53.9%と最も高い。漢語は種類が多いものの、低頻度語が多く含まれていると考えられる。

　この結果を他の語種調査の結果と比較する。ここで取り上げる調査は、田中(2012)である。田中(2012)では、『太陽コーパス』を対象として、その語種比率を調査している。『太陽コーパス』は、博文館から刊行された総合雑誌『太陽』(1895年〜1928年)のうち1895、1901、1909、1917、1925年の5年分の全文を対象としたものである[*5]。演説とは異なり、書き言葉資料であるが、他に語種比率を比較できる資料がないことから、今回は『太陽コーパス』(そのうち大正期の1917年、1925年)と比較を行う。

　田中(2012)を基に大正期の『太陽』の語種比率をまとめたのが表4である。表4では比率だけを示した[*6]。

表4　大正期の『太陽』の語種比率

	1917年		1925年	
	異なり	延べ	異なり	延べ
和語	31.4%	52.0%	33.5%	54.5%
漢語	62.3%	45.2%	58.8%	42.6%
外来語	3.0%	0.5%	4.1%	0.8%
混種語	3.2%	2.3%	3.6%	2.0%

　表3と表4とを比較すると、異なりは演説と1917年の『太陽』とが近い傾向にあり、延べは演説と1917年、1925年の『太陽』が近い傾向にあることが分かる。異なりについていえば、1917年の『太陽』は多種多様な漢語を使う傾向にあったが、1925年には徐々に収束の方向に向かっていると考えられる。演説は、その1917年の『太陽』よりも高い漢語比率となっており、演説が書き言葉以上に様々な漢語を用いていたことがうかがわれる。

　神田（1962）、塩澤（1982）では、主として名詞、サ変動詞について漢語比率の高さを指摘していた。表3に示した集計は品詞を限定したものではないが、漢語比率については、大正期、昭和前期の演説が明治期の演説と同様の特徴を持つということができる。

　次に、話者の属性別に、異なり語数、延べ語数の語種比率を見ていく。話者の属性は、教育者、軍人、実業家、ジャーナリスト、宗教家等、政治家、文学者の七つに分類した。属性別に語種比率をまとめたのが表5、表6である。表5は異なり語数の多いものから順に、表6は延べ語数の多いものから順に配列している。表5、表6とも、固有名詞、助詞、助動詞は除外した。

　表5、表6を見ると、属性によって語種比率に違いのあることが分かる。

　表5（異なり）を見ると、漢語比率が5割を超える政治家、実業家、軍人と、4割台のジャーナリスト、宗教家等、教育者とに大きく二分できる。なお文学者は漢語比率が29.9%と、他と比べて極端に低いが、文学者に該当するのは1名（菊池寛）のみであり、語数も少ないことから、ここでは除外する。

表5　演説の語種比率（異なり、属性別）

属性	和語	漢語	外来語	混種語
政治家	6,851	9,889	26	578
	39.5%	57.0%	0.1%	3.3%
実業家	1,587	1,844	18	106
	44.6%	51.9%	0.5%	3.0%
軍人	1,128	1,278	20	61
	45.4%	51.4%	0.8%	2.5%
ジャーナリスト	793	711	9	37
	51.2%	45.9%	0.6%	2.4%
教育者	646	553	2	48
	51.7%	44.3%	0.2%	3.8%
宗教家等	1,532	1,213	13	60
	54.4%	43.0%	0.5%	2.1%
文学者	133	59	1	4
	67.5%	29.9%	0.5%	2.0%

　表6（延べ）を見ると、異なりで漢語比率が5割を超えていた政治家、実業家、軍人は、ここでも漢語比率が高く、いずれも4割台である。一方、ジャーナリスト、宗教家等、教育者は3割台となっている。異なりと同様に漢語比率によって大きく二分できる。

　漢語比率の低いグループに属するジャーナリスト、宗教家等、教育者は、異なりでも延べでも和語比率が高い。和語比率は、異なりでいずれも5割を超えており、延べで6割前後となっている。一方、政治家、実業家、軍人の和語比率は異なりでおおよそ4割程度、延べで5割台と低い。これらのことから、漢語比率と和語比率との間に負の相関が見られることが分かる。

表6　演説の語種比率（延べ、属性別）

属性	和語	漢語	外来語	混種語
政治家	19,403	17,797	32	864
	50.9%	46.7%	0.1%	2.3%
軍人	2,170	1,889	38	83
	51.9%	45.2%	0.9%	2.0%
実業家	4,097	3,011	50	165
	55.9%	41.1%	0.7%	2.3%
教育者	1,420	934	2	83
	58.2%	38.3%	0.1%	3.4%
ジャーナリスト	1,758	1,050	9	41
	61.5%	36.7%	0.3%	1.4%
宗教家等	4,185	2,278	38	94
	63.5%	34.5%	0.6%	1.4%
文学者	428	149	3	10
	72.5%	25.3%	0.5%	1.7%

　表7、表8は演説別に語種比率（延べ）を集計した結果である。表7は和語比率の高いものから上位10位まで（同率のものがあるので12演説）を、表8は漢語比率の高いものから上位10位まで（同率のものがあるので11演説）を、話者、属性、タイトルとともに示したものである。表7、表8では比率の低い外来語、混種語は省略した。

　表7に示した演説は、和語比率が7割以上と、かなり高い。属性別に見た場合に和語比率が高いグループに属する宗教家等、ジャーナリストの演説が計六つと半分を占める。特に宗教家等は上位5位のうち四つを占める。このような演説が多いことが、宗教家等の和語比率の高さにつながっていると考えられる。

　しかし、属性別に見た場合に漢語比率が高いグループに属する政治家、実業家、軍人の演説も五つ見られる。この五つのうち、間部詮信（政治家）、加藤寛治（軍人）、古田中博（軍人）は、『岡田コレクション』の中に演説が一つしか収録されていないが、牧野元次郎については、表6にある二つの演説以外にも「神

守不動貯金銀行」「貯金の三徳」という演説が『岡田コレクション』に収録されている。「神守不動貯金銀行」「貯金の三徳」の和語比率は、前者が56.1%、後者が60.8%である。牧野元次郎の演説は、全て和語比率が高くなっており、他の実業家の演説とは異なる傾向を見せている。牧野元次郎の演説については、次の5-2節で検討したい。

表7　演説の語種比率（延べ、演説別、和語比率上位10位）

話者	属性	講演タイトル	和語	漢語
橋本郷見	宗教家等	不動心	444	133
			76%	23%
山室軍兵	宗教家等	世界を神に	267	80
			76%	23%
間部詮信	政治家	大行天皇の御幼時を偲び奉りて	264	83
			74%	23%
服部三智麿	宗教家等	真宗の安心	272	92
			73%	25%
佐々木清麿	宗教家等	仏教講演俗仏	1264	425
			73%	24%
菊池寛	文学者	文芸と人生	428	149
			73%	25%
杉村楚人冠	ジャーナリスト	湯瀬の松風	192	71
			72%	27%
加藤寛治	軍人	日本の軍人は何故強いか	341	137
			71%	29%
牧野元次郎	実業家	良心運動の第一声	511	195
			71%	27%
古田中博	軍人	東郷元帥	207	85
			70%	29%
牧野元次郎	実業家	ニコニコの徳	297	125
			70%	29%
竹脇昌作	ジャーナリスト	労働組合の目的	281	116
			70%	29%

表8に示した演説は、漢語比率が5割以上と高く、いずれも和語比率を上回っている。これらは漢語を多用する演説といえる。特に3位までの漢語比率は6割を超えている。また属性別に見た場合に漢語比率の高いグループに属する政治家、軍人、実業家が九つを占める。和語比率よりも属性に偏りが見られる。

表8　演説の語種比率（延べ、演説別、漢語比率上位10位）

話者	属性	講演タイトル	和語	漢語
東郷平八郎	軍人	三笠艦保存記念式祝辞	43	73
			36%	62%
増田義一	政治家	立候補御挨拶並ニ政見発表	394	652
			37%	61%
成瀬達	実業家	二十億円達成に際して	137	212
			38%	60%
若槻礼次郎	政治家	総選挙に臨み国民に愬ふ	149	220
			40%	59%
田中義一	政治家	国民ニ告グ	145	222
			38%	58%
高原操	ジャーナリスト	訪欧大飛行航空講演	87	125
			40%	58%
島田三郎	政治家	非立憲の解散、当路者の曲解	493	714
			40%	58%
頼母木桂吉	政治家	総選挙ニ直面シテ	161	227
			41%	58%
宇垣一成	政治家	伸び行く朝鮮	114	157
			41%	57%
佐藤範雄	宗教家等	普通選挙国民覚醒	122	165
			42%	57%
後藤新平	政治家	政治の倫理化	389	539
			41%	57%

最後に外来語比率を見ておきたい。先に挙げた表3、表5、表6から分かるように、演説における外来語比率は極めて低い。演説別に見た場合、延べで外来語比率が1％を超えるのは、表9に示した五つである。いずれも軍人、実業家である。

表9　演説の語種比率（延べ、演説別、外来語比率上位10位）

話者	属性	講演タイトル	和語	漢語	外来語
長岡外史	軍人	太平洋横断に際し全国民に愬ふ	82	108	12
			40%	53%	6%
長岡外史	軍人	飛行機の大進歩	184	228	18
			42%	52%	4%
矢野恒太	実業家	人生のゴール	341	209	17
			58%	35%	3%
津下紋太郎	実業家	石油事業について	149	152	7
			47%	48%	2%
星一	実業家	ホシチェーン会議に於ける星先生の講話	698	575	22
			53%	44%	2%

　外来語比率が高いといっても、外来語の延べ語数が最も多い星一の演説で22語であり、外来語の使用は限られたものであることが分かる。
　各演説でどのような外来語が用いられているか見ておく。まず長岡外史の演説では、「キログラム」「マイル」などの度量衡に関するもののほか、「レコード」「コース」などが用いられている。

（13）飛行機は、一台で2トン三百キログラムの爆弾を積んで参ります。(069)
（14）ただ今の飛行レコードは、1時間の速力二百六十六マイル (069)
（15）サンフランシスコまで、1万2百キロメートル (070)
（16）このぐらいな難コース、厄介なコースである。(070)

このほか、矢野恒太の音源ではタイトルにもある「ゴール」が13回、津下紋太郎の音源では「スピード」が３回、星一の音源では植物名「キナ」が11回用いられている。現代でも用いられるような語が多い。これら特定の語が繰り返し用いられることで、他の演説よりも外来語比率が高まっていると考えられる。
　明治期の演説における外来語について、塩澤（1982）は地名や薬品名など特殊な範囲に限られると指摘している。大正期、昭和前期の演説では、現代でも用いられるような外来語が用いられており、特殊な範囲とはいえない。しかし、量的に見ると、和語、漢語には、はるかに及ばない語数である。使用する外来語の種類には、明治期の演説から変化が見られるものの、量的な面では依然として外来語の使用はかなり限られていると考えられる。

5-2. 名詞比率とMVR

　品詞比率から文体的特徴を把握しようとした研究として、樺島・寿岳（1965）がある。樺島・寿岳（1965：16）では、表現の在り方に「事がらの骨組みだけを書くもの」と「事がらのこまかい部分まで書こうとするもの」とがあるとし、前者を要約的文章と、後者を描写的文章と呼ぶ。さらに、描写的表現を、色や状態、質について述べるありさま描写と、行動、変化について述べる動き描写とに分ける。そして、これらの分類を行うための客観的指標として品詞比率に着目している。
　樺島・寿岳（1965）は、文体的特徴を把握する指標としてMVRを提案し、名詞比率とMVRとの組合せで文体的特徴を把握しようとしている。名詞比率については「一般に要約的な文章は名詞Nの比率が大きく、描写的な文章は名詞の比率が小さい」（pp.30-31）と述べ、MVRについては「MVRの値が大きいほどありさま描写的であり、MVRの値が小さいほど動き描写的である」（p.32）と述べている。このような意味を持つ名詞比率とMVRとの組合せから、

(17)・名詞比率Nが大きく、MVRが小さい文章には要約的な文章が多い。
　　・Nが小さく、MVRが大きい文章にはありさま描写的な文章が多い。
　　・Nが小さく、MVRが小さい文章には動き描写的な文章が多い。

(p.35)

という文体的特徴が指摘できるとした。また、名詞比率、MVRの大きさを評価する五段階尺度を作っている（表10）。表10には、本節に関係する名詞比率、MVRのみ示した。

表10　五段階尺度

評語	極めて小	小	普通	大	極めて大
出現率	10%以下	30%以下		30%以下	10%以下
名詞%		45	48	54	56
MVR		34	41	55	65

　本節では、樺島・寿岳（1965）を踏まえ、名詞比率、MVRを用いて演説の文体的特徴を明らかにしたい。
　横軸に名詞比率を、縦軸にMVRを取った散布図を図1に示した。図1では、106の演説を話者の属性によって分類している。
　表10の五段階尺度に基づき、図1を見ていく。名詞比率を見ると、各演説は41%〜69%の範囲に分布している。多くの演説が分布しているのは、名詞比率50%〜60%の範囲で、五段階尺度でいうと、普通から極めて大の範囲である。MVRを見ると、各演説は13〜65の範囲にある。多くの演説は20〜50の範囲に分布している。五段階尺度でいうと、極めて小から普通の範囲である。
　名詞比率とMVRとの組合せで見ると、名詞比率50%以上でMVR48以下のものが83演説と全体の約8割を、名詞比率54%以上でMVRが41以下のものが53演説と全体の半分を占める。名詞比率が大きく、MVRが小さいと評価される演説が多いということであり、演説の多くは要約的な文章という文体的特徴を持つといえる。名詞比率が大きく、MVRが小さい演説の例を次に挙げる。

（18）ここに、国民精神総動員運動を開始するに当たりまして、私の所信を披瀝して、この歴史的なる国民運動に対し、諸君のご協力をお願いしたいと思うのであります。我々の非拡大方針が、支那政府の不正によりまして顧みられず、北支事変がついに支那事変となり、支那の排日

図1　名詞比率とMVR

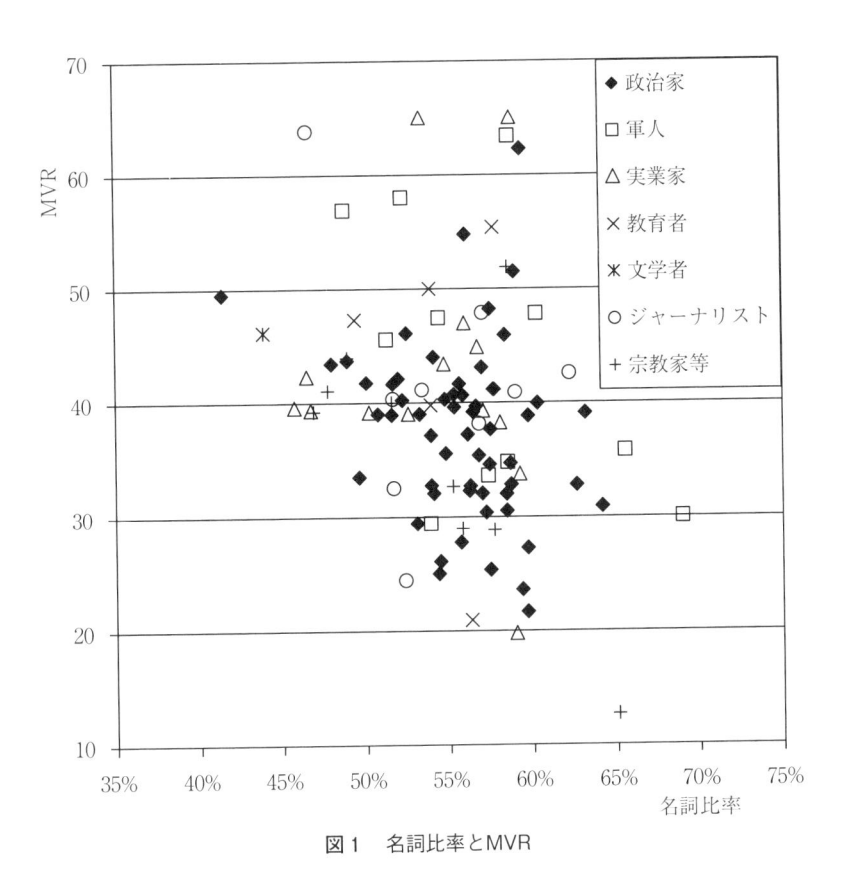

　　　分子に対して、ここに全面的且つ積極的なる膺懲を必要とするに至り
　　ましたことは、諸君既にご承知の通りであります。
　　　　　　　　　　　　　　　　　　　　　(059)［名詞比率55％、MVR36］
(19)　今や普通選挙の実施も近くにあらんとするは、国民の慶賀するととも
　　に憂慮に堪えざるものあり。そは何であるか。……………………、
　　思想混乱する。民心不安を極むるの時、我が国民は永続………により、
　　普通選挙の大精神のあるところを理解せずして実施せられんか、国家
　　は危険千万であるからである。(161)［名詞比率65％、MVR13］

話者の属性を見ると、約8割の演説が分布する名詞比率50％以上でMVR48以下の範囲には、政治家をはじめとして全ての属性が分布している。一方、その範囲から外れたところに分布するものを見ると、MVR55以上には軍人の演説が二つ、実業家の演説が三つあり、名詞比率65％以上には軍人の演説が二つある。要約的な文章という特徴から外れるものも見られるという点が軍人の演説の特徴といえよう。

　名詞比率（48％以下）が小さく、MVR（41以下）も小さい「動き描写的」な演説は四つある。内訳は、実業家（牧野元次郎2）、宗教家等（山室軍兵、橋本郷見各1）である。例として牧野元次郎の演説を次に挙げる。

(20) そもそも私がニコニコ主義を唱え始めました動機は、丁度今より二十年前、日露戦争の終わりました翌年のお正月、伊勢参りを致した折に、石橋の付近の名物店で、何か土産物をと思うて見ておりますと、棚の上に二寸ほどの木彫りの大黒様が載せてあったのを見つけました。見ておりますと何となくいい気分になりますので、他に何も買わずにその大黒様一つを買って、帰ってきました。帰りの汽車の中で、時々懐中から出して眺めていると、言うに言われぬ快感を覚えて、私も自然とニコニコせざるを得なかったのであります。
　　　　　　　　　　　　　　　　　　（092）［名詞比率47％、MVR42］

　和語が多く使われており、(18)(19)に示した演説とは異なるタイプのものである。講演・講話に分類されるものと考えられる。
　図1を見ると、名詞比率が大きく、MVRも大きい演説や、名詞比率が小さく、MVRが普通程度の演説がある。このような文章の特徴について、樺島・寿岳（1965）には言及がないが、前者はより「ありさま描写的」な文章と、後者はより「動き描写的」な文章ということができよう。
　より「ありさま描写的」な文章の内訳は、政治家（宇垣一成）、軍人（多門二郎）、実業家（弘世助太郎）、教育者（下田歌子）各1である。例として、宇垣一成の演説を挙げる。

(21) 伸び行く朝鮮について皆さん、我が朝鮮は施政以来今や二十五年、即ち四半世紀を経過し、上皇室の有難き御恵みと歴代当局の宜しき統治と、半島民衆の努力とにより、思想に、文化に、産業に、教育等に、あらゆる方面が明朗に相成り、駸々と発達致しまして、今や文字通りに、伸びゆく朝鮮の潑剌たる姿を見るに到りましたることは、誠に欣快至極であり、深くお上の御稜威に感激し、また民衆の努力に感謝致して、更に大いにこの更生せる朝鮮の将来に対し、多大なる期待を掛くる次第であります。(035)［名詞比率59%、MVR62］

漢語が多いものの、「有難き」「宜しき」「駸々と」「潑剌たる」などの形容詞、形状詞が使われている。こういった相言類が用いられていることが、より「ありさま描写的」という文体的特徴につながっているものと考えられる。

より「動き描写的」な文章の内訳は、政治家（間部詮信）、実業家（牧野元次郎）、文学者（菊池寛）各1である。例として、間部詮信の演説を挙げる。

(22) 畏れ多くも先帝陛下には皇太后陛下のお心尽しも、また国民一同のお祈りも通ぜず、ついに神去り給いしこと、誠に悲しみの極みであります。今となりましては繰り言にすぎないことではありますが、せめてご皇孫照宮さまが、お四つかお五つぐらいにお成り遊ばしまして、お片言でも「おじじさま、おじじさま」と仰せ上げにお成り遊ばすまでなりと、ご在世を願われましたならば、いかばかりかお喜び遊ばれたことであろうかと、早死をおいたわしく存じ上げる次第であります。
(021)［名詞比率41%、MVR50］

政治家の演説ではあるが、漢語（名詞）が少ない。(21)とは異なり、相言類も少なく、このようなことがより「動き描写的」という文体的特徴につながっていると考えられる。

なお、最後に牧野元次郎の演説について簡単に述べておきたい。牧野元次郎の演説は、5-1節で見たように和語比率が高く、他の実業家とは異なる傾向を持っている。名詞比率とMVRとから見た文体的特徴についても、牧野元次郎

の演説のうち二つ（「貯金の三徳」「良心運動の第一声」）は「動き描写的」な文章であり、一つ（「ニコニコの徳」）はより「動き描写的」な文章であることが分かった。もう一つ（「神守不動貯金銀行」）は、名詞比率が53%で普通に、MVRが65で極めて大に該当する。このような文章についても樺島・寿岳（1965）には言及がないが、MVRの高さからより「ありさま描写的」な文章と位置付けられよう。演説の多くが要約的文章という文体的特徴を持つのに対して、牧野元次郎の演説は、それとは異なる文体的特徴を持っている。先にも述べたが、牧野元次郎の演説は、おそらく講演・講話に当たるものであり、そのことが、語種比率、名詞比率、MVRに現れていると考えられる。

6. 終わりに

本稿では、『岡田コレクション』に収録された演説の電子テキストに形態素解析を施し、形態論情報付きデータを用いて語種比率、名詞比率とMVRとの組合せによって演説の文体的特徴の分析を行った。その結果、次のことが明らかとなった。

(23)・語種比率については、異なりで漢語比率が6割を超えるが、延べでは漢語比率は4割台に低下し、和語比率が5割台で最も高くなる。異なりの漢語比率は、1917年の『太陽』よりも高く、演説が多種多様な漢語を用いていたことが分かる。ただし、語種比率には属性、演説による差異もある。外来語は、現代でも一般的に用いられるような語が用いられているものの、量的な面ではその使用はかなり限られている。
・文体的特徴を名詞比率とMVRの組合せで見た場合、名詞比率が大きく、MVRが小さいものが多く、演説の多くは要約的な文章という文体的特徴を持っている。

漢語を多く用いるという点、外来語の使用が量的にかなり限られているという点は、明治期の演説と共通している。語種という面から見た場合、大正期、昭和前期の演説が明治期の演説と同様の特徴を持つといえる。

次に今後の課題を述べる。今回の調査では短単位に基づいて、計量的手法に

より演説の文体的特徴を明らかにした。4節で述べたように、漢語の複合語が多い文章を短単位で解析すると、名詞比率、漢語比率が高くなる傾向がある。今回の調査で漢語比率、名詞比率が高くなった要因として、短単位の影響も考えられよう。今回作成した形態論情報付きデータを基に長単位解析データ作成し、長単位を用いて演説の文体的特徴を分析する必要がある。

また、5-2節の最後で牧野元次郎の演説について簡単に述べた。今回の調査では、演説と講演・講話とを一括して扱ったが、語種比率、名詞比率とMVR以外の指標についても分析を進めていくことで、演説と講演・講話とを分けることが可能になるであろうし、話者個人の特徴も明らかにしていくこともできるであろう。今後の課題としたい。

注
1) 『岡田コレクション』で演説、講演・講話に分類されている音源は107ある。しかしそのうちの「102林桂「徴用者代表宣誓・社長林桂挨拶・万歳三唱」」は、ヂーゼル自動車工業株式会社に配属された徴用者代表の宣誓と同社社長の挨拶とから成るものであり、この音源のみが他の音源とは異なり2名の発話で構成されている。そのため、今回の調査では対象外とした。
2) 今回の調査に用いる指標の選定に当たっては、小磯・小木曽・小椋他（2009）、樺島・寿岳（1965）を参照した。
3) 形態素解析用辞書UniDicの概要については、伝・小木曽・小椋他（2007）を参照。
4) 今回の調査で用いた短単位は、『現代日本語書き言葉均衡コーパス』で言語単位として採用されている短単位と同一のものである。短単位の設計方針、認定規程等については、小椋・小磯・冨士池他（2011）を参照。
5) 『太陽コーパス』の概要については、国立国語研究所（2005）を参照。
6) 田中（2012）では、語種を和語、漢語、外来語、混種語、固有名詞の五つに分類している。表4に示した語種比率は、固有名詞を除いて集計し直したものである。

参考文献
小椋秀樹・小磯花絵・冨士池優美・宮内佐夜香・小西光・原裕（2011）『『現代日本語書き言葉均衡コーパス』形態論情報規程集 第4版（上・下）』（国立国語研究所内部報告書LR-CCG-10-05-01、LR-CCG-10-05-02）

金澤裕之（2015）「録音資料による近代語研究の今とこれから」『日本語の研究』11-2

金澤裕之・相澤正夫（2015）『大正・昭和戦前期 政治・実業・文化 演説・講演集―SPレコード文字化資料―』日外アソシエーツ

樺島忠夫・寿岳章子（1965）『文体の科学』綜芸舎

神田寿美子（1962）「言文一致史上における速記演説文の研究」『日本文學』19（東京女子大学）

小磯花絵・小木曽智信・小椋秀樹・宮内佐夜香（2009）「コーパスに基づく多様なジャンルの文体比較―短単位情報に着目して―」『言語処理学会第15回年次大会発表論文集』

国立国語研究所（2005）『雑誌『太陽』による確立期現代語の研究―『太陽コーパス』研究論文集』博文館新社

塩澤和子（1979）「言文一致体の成立―演説速記の果たした役割（一）―」『国文学論集』12（上智大学）

塩澤和子（1980）「言文一致体の成立―演説速記の果たした役割（二）―」『国文学論集』13（上智大学）

塩澤和子（1982）「演説の語彙」『講座日本語の語彙 6 近代の語彙』明治書院

田中牧郎（2012）「明治後期から大正期の語彙のレベルと語種―『太陽コーパス』の形態素解析データによる―」『近代語コーパス設計のための文献言語研究成果報告書』（国立国語研究所共同研究報告12-03）

伝康晴・小木曽智信・小椋秀樹・山田篤・峯松信明・内元清貴・小磯花絵（2007）「コーパス日本語学のための言語資源―形態素解析用電子化辞書の開発とその応用―」『日本語科学』22

関連URL

『太陽コーパス』：http://pj.ninjal.ac.jp/corpus_center/cmj/taiyou/
MeCab：http://taku910.github.io/mecab/
UniDic：http://pj.ninjal.ac.jp/corpus_center/unidic/

用例出典一覧

　本文中に引用した用例には、『岡田コレクション』の各音源に付された通番のみを示した。各通番の話者、属性、演説タイトルを以下に示す。

001：尾崎行雄、政治家、「司法大臣尾崎行雄君演説」
004：大隈重信、政治家、「憲政ニ於ケル輿論ノ勢力」
021：間部詮信、政治家、「大行天皇の御幼時を偲び奉りて」
031：内田良平、政治家、「日本の天職」

035：宇垣一成、政治家、「伸び行く朝鮮」
042：山本悌二郎、政治家、「対英国民大会」
052：山道襄一、政治家、「地方政戦に直面して」
059：近衛文麿、政治家、「時局に処する国民の覚悟」
069：長岡外史、軍人、「飛行機の大進歩」
070：長岡外史、軍人、「太平洋横断に際し全国民に懇ふ」
092：牧野元次郎、実業家、「貯金の三徳」
161：佐藤範雄、宗教家等、「普通選挙国民覚醒」

3

演説の文末表現の変遷
—— 明治時代から昭和10年代まで

田中牧郎

要旨：

　雑誌『太陽』創刊年（明治28年）収録の演説と、『岡田コレクション』（大正時代～昭和10年代）収録の演説とを資料として、明治時代から昭和10年代までの演説の文末表現の変遷を調査した。その結果、敬体に統一されていく流れと、「であります」という表現形式に統一されていく流れが、それぞれ太く明確にとらえられた。一方で、常体に統一されたり、「でございます」「です」「である」などを統一的に用いる演説が、時代が進むほどに現れたりする流れも、細いながらも見て取れた。また、いずれかの文末表現を主として用いながらも、それとは別の文末表現を用いる際には、そこに特別な価値が付与されることが一般的で、その価値にも時代的な変遷がうかがえた。

キーワード：演説、文末表現、敬体と常体、「であります」、雑誌『太陽』

1. 本稿の目的と問題

　明治中期以降の言文一致運動を経て成立していった口語体書き言葉は、演説がその形成を牽引した側面がある。この側面におけるいくつかの事実を、田中（2004、2013）において、『太陽コーパス』（国立国語研究所2005）に含まれている雑誌『太陽』創刊年（明治28（1895）年）に掲載されている演説記事を資料に、文末表現に着目して記述したことがある。そこで記述した事実は次の諸点である[*1]。

- すべての演説において敬体と常体とが混在する。
- 敬体を主に使う演説中に常体が混じるのは、話し手の思いが強く表れる文である。
- 常体を主に使う演説中に敬体が混じるのは、演説の冒頭や末尾に位置する文、話題が転換する位置にある文など、相手や場面に対する意識が強く表れる文である。
- 名詞・形式名詞・準体助詞に下接する文末表現には、敬体の場合「であります」「でございます」「です」の3種があり、「であります」を主に使う演説が多く、「でございます」を主に使う演説も少しあるが、「です」を主に使う演説はない。
- 「であります」を主に使う演説の中に時に「でございます」が使われるのは、聞き手への問いかけの部分か、演説の冒頭部分である。
- 「であります」を主に使う演説の中に「です」が交じる場合や、「でございます」を主に使う演説の中に「であります」や「です」が混じる場合には、時に混じる表現形式に、特段の価値はない。
- 名詞・形式名詞・準体助詞に下接する文末表現は、常体の場合、「である」にほぼ限られる。

　このような事実は、その後の時代の演説においてはどのようになっているのだろうか。この問い答えるためには、『太陽コーパス』に含まれる後の時代の『太陽』には演説がほとんど収録されていないため[*2]、別の資料を調査する必要があった。本書が対象としている『岡田コレクション』には、大正時代から昭和10年代までの多くの演説が収録されているので、その文字化資料によって、上記の問いに答えることが、本稿の目的である。
　この目的を設定する際、即座に次のような問題があることに思い当たる。雑誌という文献資料に記録された演説記事と、SPレコードという音声資料に録音された演説音源とを等質の資料と扱って、そこに見られる差異を時代差と見なしてよいのかという問題である。例えば、文献に残された演説は話したままを記録しているのかという疑問は大きいし、雑誌の演説記事は概して長いのに対して、SPレコードに録音された演説は概して短いことから、長さの違いに

起因する言語上の性質の違いや数量処理をする場合の数値の意味の違いなどは無視できるのかというような疑問も小さくない。確かに、大正時代から昭和10年代までの演説を記録した文献資料は存在しているので、それを用いて、文献資料に反映した演説と音声資料に反映した演説とがどこまで等質でどのようなところが異質であるのかを研究することは、可能である。また、明治時代については、演説の録音資料は存在しないため、主として明治後期に進んだと思われる演説の文体が確立し、それが口語体書き言葉の形成を牽引していく過程は、文献資料によって研究するほかなく、そこから連続する大正時代、昭和時代の文献資料へと経年的に調査することも可能である。しかしながら、このような問題を一つ一つクリアしていくには、多くの資料の吟味など周到な準備が求められるため、今後の研究に期することとせざるを得ない。本稿ではまず、新出資料である『岡田コレクション』と、筆者の既発表研究に用いた『太陽』とによって、その両者には時代差が反映していると見なして、演説の文末表現の変遷について考えてみることにする。

2. 演説の文末表現の調査
2-1. 調査対象

　本稿で新たに調査対象とするのは、『岡田コレクション「演説音源集」文字化資料』（相澤・金澤2012）に収録される音源の文字化資料のうち、「A：演説」「B：講演・講話」（「C：朗読」「D：放送・その他」を除くもの）とされるもので、大正時代22本、昭和1ケタ代44本、昭和10年代47本の、計113本である。この分類と時代区分は相澤・金澤（2012）にそのまま従い、「A：演説」と「B：講演・講話」とを合わせて、本稿では「演説」と扱う[*3]。

　また、既発表の『太陽コーパス』所収の『太陽』創刊年の演説（講演を含む）の記事14本についての調査結果も、『岡田コレクション』の調査の基準に合わせて再集計してデータを示し、『岡田コレクション』のそれと比較しながら考察していく。なお、『岡田コレクション』についても『太陽』についても、演説者以外が発した言葉（演説者を紹介する部分など）は、調査対象外とする。

2-2. 調査方法

　調査対象とした演説の文章を文単位に区切り、文末表現に着目する。文末の認定は、『岡田コレクション』においては、文字化資料で句点（「。」）で区切られている箇所とするが、引用文中に句点があってもそこは文末と認定しない。また、『太陽』においては、文末に句点を打つ習慣が確立していないため、句点または読点（「、」）の箇所について、筆者の判断で文末を認定した。引用文中に文の切れ目があるものは、『岡田コレクション』の場合と同じく文末と認定しない。

　以上のようにして文末と認定された箇所を、以下の二つの観点から調査する。第一は、敬体か常体かの観点である。敬体と認定する文末表現は、「ます」「です」「なさい」「下さい」など、聞き手への敬意を示す助動詞や動詞であり、これに助詞や助動詞が下接したものも含む。常体と認定する文末表現は聞き手への敬意を持たない動詞・形容詞・助動詞・助詞である。なお、体言止めの文や、述語部分が省略された文、さらに文末が文語法になっている文は、敬体でも常体でもない「その他の文」と認定した。第二は、名詞・形式名詞・準体助詞に下接する、「であります」「でございます」「です」「である」「だ」などの表現形式のいずれを用いるかという観点である。これらは、言文一致運動の中で、「であります体」「でございます体」「です体」「である体」「だ体」など、様々に試みられた新しい口語体の指標となる文末表現であり（山本1960、1965）、演説において最もよく用いられる「であります」を中心に、それと交用される「でございます」「です」「である」などを取り上げていく。

　この二つの観点で、調査対象の演説の文末がどのようになっているかの結果を示したのが、表1（『太陽』）と表2（『岡田コレクション』）である。以下、この2つの表をもとに、それぞれの観点からデータを分析し、導き出せることを記述していく[*4]。

表1 『太陽』創刊年(明治28年)の演説の文末表現

通番	話者(著者)	年	総文数	敬体文数	常体文数	その他の文数	敬体率	であります	でございます	です	である	でない	その他の形式	であります率
1	井上哲次郎	明治28年	95	83	12	0	87.4%	52	2	4	4	3	0	80.0%
2	上田万年	明治28年	120	115	5	0	95.8%	47	1	3	1	0	0	90.4%
3	坪井九馬三	明治28年	178	102	75	1	57.6%	46	10	5	20	2	0	55.4%
4	手島精一	明治28年	134	4	130	0	3.0%	0	0	0	46	0	0	0.0%
5	谷干城	明治28年	173	18	154	1	10.5%	7	6	1	46	8	0	10.3%
6	黒川真頼	明治28年	155	56	98	1	36.4%	36	4	3	42	1	2	40.9%
7	板垣退助	明治28年	267	251	16	0	94.0%	29	189	1	4	0	0	13.0%
8	加藤弘之	明治28年	97	3	94	0	3.1%	1	0	0	20	3	0	4.2%
9	牧野伸顕	明治28年	37	11	26	0	29.7%	3	0	2	6	0	0	27.3%
10	和田垣謙三	明治28年	213	98	114	1	46.2%	35	0	9	30	7	1	42.7%
11	若山由五郎	明治28年	53	50	3	0	94.3%	14	0	8	1	0	0	60.9%
12	金子堅太郎	明治28年	153	92	61	0	60.1%	42	6	0	11	2	0	68.9%
13	田口卯吉	明治28年	214	32	182	0	15.0%	0	0	6	10	26	4	1	0.0%
14	渋沢栄一	明治28年	138	83	55	0	60.1%	16	17	4	12	2	0	31.4%

・「通番」は、『太陽』の掲載順に付した番号
・「総文数」は、各演説の総文数(引用は除く)
・「その他の文数」は、体言止め文、述語が省略されている文、文語文の合計
・「敬体率」は、敬体の文と常体の文を合わせた数の中で敬体の文が占める比率
・「その他の形式」は、「だ」「じゃ」など
・「であります率」は、「であります」「でございます」「です」「である」等の名詞・形式名詞・準体助詞に下接する文末形式の総数の中で「であります」が占める比率

表2 『岡田コレクション』の演説の文末表現

通番	話者	年	総文数	敬体文数	常体文数	その他の文数	敬体率	であります	でございます	です	である	でない	その他の形式	であります率
1	尾崎行雄	大正04年	136	43	87	6	33.1%	22	0	0	19	10	0	43.1%
4	大隈重信	大正05年	94	9	77	8	10.5%	7	1	0	72	0	0	8.8%
5	島田三郎	大正09年	67	6	61	7	9.0%	2	0	0	23	6	0	6.5%
147	加藤直士	大正10年	25	25	0	0	100.0%	7	3	1	0	0	0	63.6%
88	渋沢栄一	大正11年	19	18	1	0	94.7%	18	0	0	0	0	0	100.0%
165	賀川豊彦	大正11年	58	56	0	2	100.0%	26	0	7	0	0	0	78.8%
6	永井柳太郎	大正12年	25	21	4	1	84.0%	14	0	0	3	1	0	77.8%
90	渋沢栄一	大正12年	38	16	22	0	42.1%	12	0	0	9	1	0	54.5%
156	大谷光演	大正12年	31	0	31	0	0.0%	0	0	0	29	1	0	0.0%
15	田中義一	大正13年	18	14	4	0	77.8%	14	0	0	0	1	0	93.3%
69	長岡外史	大正13年	36	10	8	18	55.6%	0	2	0	0	0	0	0.0%

通番	話者	年	総文数	敬体文数	常体文数	その他の文数	敬体率	であります	でございます	です	である	でない	その他の形式	であります率
91	牧野元次郎	大正14年	27	26	1	0	96.3%	13	1	1	0	1	0	81.3%
92	牧野元次郎	大正14年	26	20	6	0	76.9%	11	1	1	1	0	0	78.6%
93	牧野元次郎	大正14年	27	17	6	4	73.9%	4	0	0	0	0	0	100.0%
132	高原操	大正14年	11	11	0	0	100.0%	4	0	0	0	0	0	100.0%
17	後藤新平	大正15年	43	32	10	3	76.2%	22	0	0	4	0	0	84.6%
7	永井柳太郎	大正末	20	19	1	3	95.0%	14	0	0	0	0	0	100.0%
18	阪谷芳郎	大正末	10	10	0	0	100.0%	5	0	0	0	0	0	100.0%
20	武藤山治	大正末	25	25	0	0	100.0%	9	0	0	0	0	0	100.0%
158	青木庄蔵	大正末	28	9	0	19	100.0%	3	0	0	0	0	0	100.0%
159	山室軍兵	大正末	25	21	3	1	87.5%	13	0	0	3	0	0	81.3%
103	穂積陳重	大正末	21	0	21	0	0.0%	0	0	0	19	0	0	0.0%
21	間部詮信	昭和02年	14	13	0	1	100.0%	6	0	0	0	0	0	100.0%
2	尾崎行雄	昭和03年	105	4	100	1	3.8%	1	0	1	26	3	0	3.2%
16	田中義一	昭和03年	16	12	4	0	75.0%	10	0	0	1	2	0	76.9%
89	渋沢栄一	昭和03年	36	31	5	0	86.1%	23	2	0	1	1	0	85.2%
22	浜口雄幸	昭和04年	52	50	1	1	98.0%	43	0	0	0	0	0	100.0%
104	高田早苗	昭和04年	37	3	30	4	9.1%	2	0	0	17	0	0	10.5%
51	安達謙蔵	昭和04~06年	47	45	2	0	95.7%	25	0	0	0	0	0	100.0%
3	尾崎行雄	昭和05年	31	2	29	0	6.5%	1	0	0	10	0	0	9.1%
12	木村清四郎	昭和05年	22	16	5	1	76.2%	4	0	1	2	0	0	57.1%
13	鳩山一郎	昭和06年	21	18	3	0	85.7%	12	0	0	3	0	0	80.0%
14	森恪	昭和06年	19	19	0	0	100.0%	14	0	0	0	0	0	100.0%
23	芳澤謙吉	昭和06年	24	23	0	1	100.0%	22	0	0	0	0	0	100.0%
26	犬養毅	昭和06年	22	3	19	0	13.6%	1	0	0	9	0	0	10.0%
52	山道襄一	昭和06年	25	25	0	0	100.0%	16	0	0	0	0	0	100.0%
70	長岡外史	昭和06年	18	1	15	2	6.3%	0	0	0	1	0	4	0.0%
72	小笠原長生	昭和06年	24	18	5	1	78.3%	12	0	0	0	0	0	100.0%
73	小笠原長生	昭和06年	11	10	1	0	90.9%	5	0	0	0	0	0	100.0%
113	下田歌子	昭和06年	9	9	0	0	100.0%	0	4	0	0	0	0	0.0%
10	永井柳太郎	昭和07年	12	12	0	0	100.0%	7	0	0	0	0	0	100.0%
24	井上準之助	昭和07年	30	30	0	0	100.0%	25	0	0	0	0	0	100.0%
25	井上準之助	昭和07年	29	28	1	0	96.6%	17	0	0	0	0	0	100.0%
27	犬養毅	昭和07年	35	2	29	4	6.5%	1	0	0	14	5	1	4.8%
28	若槻礼次郎	昭和07年	17	17	0	0	100.0%	11	0	0	0	0	0	100.0%
31	内田良平	昭和07年	33	22	11	0	66.7%	20	0	1	9	0	0	66.7%
38	木下成太郎	昭和07年	20	19	0	1	100.0%	14	0	0	0	0	0	100.0%

通番	話者	年	総文数	敬体文数	常体文数	その他の文数	敬体率	でありますが	でございます	です	である	でない	その他の形式	であります率
41	高橋是清	昭和07年	33	31	2	0	93.9%	27	0	0	1	0	0	96.4%
29	若槻礼次郎	昭和07～08年	19	19	0	0	100.0%	17	0	0	0	0	0	100.0%
74	秦真次	昭和08年	24	24	0	0	100.0%	14	0	0	0	0	0	100.0%
75	多門二郎	昭和08年	15	14	0	1	100.0%	9	0	1	0	0	0	90.0%
124	菊池寛	昭和08年	21	20	1	0	95.2%	6	0	11	0	0	0	35.3%
33	松岡洋右	昭和08～09年	155	104	49	2	68.0%	60	1	11	13	1	2	68.2%
8	永井柳太郎	昭和08～10年	14	13	1	0	92.9%	6	0	0	0	1	0	85.7%
32	松岡洋右	昭和09年	35	2	33	0	5.7%	0	0	0	12	4	0	0.0%
35	宇垣一成	昭和09年	7	6	1	0	85.7%	2	0	0	1	0	0	66.7%
112	下田歌子	昭和09年	26	23	0	5	100.0%	1	12	0	0	0	0	7.6%
151	松井茂	昭和09～10年	11	11	0	0	100.0%	5	0	0	0	0	0	100.0%
45	広池千九郎	昭和1ケタ代	38	38	0	0	100.0%	26	8	0	0	0	0	76.5%
95	津下紋太郎	昭和1ケタ代	20	19	1	0	95.0%	13	0	0	0	0	0	100.0%
101	弘世助太郎	昭和1ケタ代	7	7	0	0	100.0%	7	0	0	0	0	0	100.0%
114	鈴木珪寿	昭和1ケタ代	25	23	2	0	92.0%	10	0	0	0	0	0	100.0%
137	杉村楚人冠	昭和1ケタ代	11	11	0	0	100.0%	3	0	0	0	0	0	100.0%
138	野間清治	昭和1ケタ代	13	5	8	0	38.5%	2	0	0	0	0	0	100.0%
139	野間清治	昭和1ケタ代	11	5	6	0	45.5%	1	1	0	0	0	0	50.0%
164	田中智学	昭和1ケタ代	76	1	74	0	1.3%	0	0	1	31	3	0	0.0%
50	安達謙蔵	昭和10年	10	10	0	0	100.0%	7	0	0	0	0	0	100.0%
53	阿部磯雄	昭和10年	12	12	0	0	100.0%	5	0	0	0	0	0	100.0%
54	田澤義鋪	昭和10年	14	14	0	0	100.0%	12	0	0	0	0	0	100.0%
140	徳川家達	昭和10年	10	10	0	0	100.0%	4	0	0	0	0	0	100.0%
30	斎藤実	昭和10～11年	9	9	0	0	100.0%	7	0	0	0	0	0	100.0%
36	岡田啓介	昭和11年	15	15	0	0	100.0%	13	0	0	0	0	0	100.0%
43	頼母木桂吉	昭和11年	13	13	0	0	100.0%	9	0	0	0	0	0	100.0%
48	松田源治	昭和11年	15	13	2	0	86.7%	8	0	0	0	0	0	100.0%
55	田澤義鋪	昭和11年	30	30	0	0	100.0%	26	0	0	0	0	0	100.0%
65	増田義一	昭和11年	56	42	1	13	97.7%	20	0	1	0	0	0	95.2%
71	古田中博	昭和11年	13	13	0	0	100.0%	1	0	3	0	0	0	25.0%
85	加藤寛治	昭和11年	20	19	1	0	95.0%	9	1	0	0	0	0	90.0%
97	成瀬達	昭和11年	12	12	0	0	100.0%	10	0	0	0	0	0	100.0%
98	成瀬達	昭和11年	13	13	0	0	100.0%	10	0	0	0	0	0	100.0%
9	永井柳太郎	昭和12年	11	11	0	0	100.0%	7	0	0	0	0	0	100.0%
39	小泉又次郎	昭和12年	29	22	4	3	84.6%	17	0	0	2	2	0	89.5%
40	桜内幸雄	昭和12年	17	5	12	0	29.4%	3	0	0	9	2	0	21.4%

通番	話者	年	総文数	敬体文数	常体文数	その他の文数	敬体率	であります	でございます	です	である	でない	その他の形式	であります率
42	山本悌二郎	昭和12年	52	47	5	0	90.4%	37	0	0	4	0	0	90.2%
44	林銑十郎	昭和12年	19	19	0	0	100.0%	14	0	0	0	0	0	100.0%
46	町田忠治	昭和12年	19	19	0	0	100.0%	14	0	0	0	0	0	100.0%
57	有馬良橘	昭和12年	23	23	0	0	100.0%	15	0	0	0	0	0	100.0%
59	近衛文麿	昭和12年	54	48	6	0	88.9%	42	0	0	3	0	0	93.3%
58	近衛文麿	昭和13年	49	49	0	0	100.0%	45	0	0	0	0	0	100.0%
37	岡田啓介	昭和13~14年	8	8	0	0	100.0%	7	0	0	0	0	0	100.0%
47	町田忠治	昭和13~14年	12	12	0	0	100.0%	9	0	0	0	0	0	100.0%
96	成瀬達	昭和14年	17	17	0	0	100.0%	12	0	0	0	0	0	100.0%
11	永井柳太郎	昭和14~15年	17	17	0	0	100.0%	13	0	0	0	0	0	100.0%
49	米内光政	昭和15年	31	31	0	0	100.0%	22	0	0	0	0	0	100.0%
56	麻生久	昭和15年	15	0	15	0	0.0%	0	0	0	5	0	1	0.0%
82	東條英機	昭和15~16年	10	9	1	0	90.0%	9	0	0	0	0	0	100.0%
102	林 桂	昭和15~16年	16	8	1	7	88.9%	2	0	0	0	0	0	100.0%
60	近衛文麿	昭和16年	36	29	7	0	80.6%	26	0	0	5	0	0	83.9%
83	東條英機	昭和16年	28	27	0	1	100.0%	17	0	0	0	0	0	100.0%
62	中野正剛	昭和17年	44	13	31	0	29.5%	13	0	0	17	2	0	40.6%
63	中野正剛	昭和17年	36	1	35	0	2.8%	1	0	0	20	4	0	4.0%
64	中野正剛	昭和17年	34	1	31	1	3.1%	1	0	0	20	1	0	4.5%
66	秋田清	昭和17年	5	5	0	0	100.0%	1	2	0	0	0	0	33.3%
81	東條英機	昭和17年	7	7	0	0	100.0%	6	0	0	0	0	0	100.0%
67	岸本綾夫	昭和18年	11	11	0	0	100.0%	5	0	0	0	0	0	100.0%
148	徳富猪一郎	昭和18年	28	21	7	0	75.0%	10	0	0	5	0	0	66.7%
61	永田秀次郎	昭和10年代	17	10	7	0	58.8%	5	0	1	3	0	0	55.6%
94	牧野元次郎	昭和10年代	54	43	9	2	82.7%	23	1	2	0	0	0	88.5%
99	星一	昭和10年代	88	76	12	0	86.4%	21	0	0	4	0	2	77.8%
100	矢野恒太	昭和10年代	40	9	31	0	22.5%	0	0	2	6	0	8	0.0%
161	佐藤範雄	昭和10年代	13	0	11	5	0.0%	0	0	0	10	0	0	0.0%
162	橋本郷見	昭和10年代	33	27	6	0	81.8%	22	0	0	0	0	0	100.0%
163	服部三智麿	昭和10年代	22	0	15	7	0.0%	0	0	0	3	0	0	0.0%

・配列は、年代順、同じ年のものは通番順
・「通番」は、相澤・金澤（2012）における番号
・「総文数」は、各演説の総文数（引用は除く）
・「その他の文数」は、体言止め文、述語が省略されている文、文語文の合計
・「敬体率」は、敬体の文と常体の文を合わせた数の中で敬体の文が占める比率
・「その他の形式」は、「だ」「じゃ」など
・「であります率」は、「であります」「でございます」「です」「である」等の名詞・形式名詞・準体助詞に下接する文末形式の総数の中で「であります」が占める比率

3. 敬体と常体
3-1. 全体的傾向

まず、文末に敬体と常体のいずれを用いるかという観点での調査結果を報告しよう。

表1・表2における「敬体率」に着目しよう。ここで言う敬体率とは、文末が敬体になっている文の数を、文末が敬体または常体になっている文の総数で割った数値を％で表示したものである。表1・表2の敬体率の数値を時代を追って見ていくと、次第に高い数値が多くなっていくことに気づく。そのことを分かりやすくとらえるために、明治28年、大正時代、昭和1ケタ代、昭和10年代の4つの時代ごとに、その平均値と分布を、表3に示した。

表3　時代別の「敬体率」

	平均	0%	0〜20%	20〜40%	40〜60%	60〜80%	80〜100%	100%	総演説数
明治28年	49.5%	0	4	2	2	2	4	0	14
大正時代	68.8%	2	2	1	2	4	5	6	22
昭和1ケタ代	75.2%	0	8	1	1	5	12	17	44
昭和10年代	80.3%	3	2	3	1	1	12	25	47

表3の「平均」の数値を見ると、明治28年から大正時代、昭和1ケタ代、昭和10年代と進むに従って次第に増加していることが分かる。そして、その分布を見ると、やはり時代が進むに連れて、80％以上の2つの区間に含まれる演説の数が増加していく傾向があり、そのうち「80〜100％」は昭和1ケタ代までで増加傾向が止まるが、もう一つの「100％」は昭和10年代まで増加傾向が継続することが分かる。一方で、「0％」に含まれる演説の数も、少数ながらも増加傾向にある。このように、敬体が大勢となっていく流れと、敬体に統一されていく流れとが、いずれも太く見られ、一部に、常体に統一されていく流れがごく細く見られるのである。

3-2. 明治28年

　表1によると、『太陽』創刊年（明治28年）の演説のうち、敬体率が最も高いのは、2上田万年である[*5]。この演説中には、敬体115に対して、常体が5つあるが、その文末表現は、「尊いか」「用ゐられぬか」「よろしい」「躊躇しない」「であるのである」であり、疑問文・否定文や形容詞文そして「である」を重ねた文になっており、「心情が強く直接的に現れる文に限って、常体が現れる」（田中2004：90-91）という特徴を示している。敬体率が80％以上の演説が他に、1井上哲次郎、7板垣退助、11若山由五郎と3本あるが、そのうち、井上と若山の演説中の常体には、上田の演説で見たのとほぼ同様の特徴を見出すことができ、それは一般的なありようと見てよいものである。

　反対に、敬体率が最も低い（常体率が最も高い）のは、4手島精一である。この演説中には、常体130に対して、敬体が4つあるが、そのうちの3つは「聞き手に対する呼びかけの文、時間がないことや演説を終わることを話題にする文」「相手や場面を強く意識した文」という特徴を示している（田中2004：87-88）。ほかに、敬体率が20％未満（常体率が80％以上）の演説に、8加藤弘之、5谷干城、13田口卯吉の3本があるが、敬体の部分には、手島の演説で見たのとほぼ同様の特徴を見出すことができ、これも一般的なありようと言ってよいものである。

　表1・表3によれば、敬体率が30％程度から60％程度の範囲にあって、敬体・常体のいずれも多い演説も少なくない。それらの演説において、敬体の文と常体の文とを比較しても、特に意味のある違いは見出せない。常体や敬体に特別の価値が付与されるのは、中心となる文体が明確な場合に限られるのである。

　以上見てきたように、明治28年の演説では、敬体と常体とが混在することが一般的で、そのいずれかを主に使うものが多いが、中には両者を同程度交えるものもある。敬体を主に使う演説で常体が交じる箇所や、常体を主に使う演説で敬体が交じる箇所には、特別な価値を指摘することができるが、敬体と常体とが同程度使われる演説では、両者に使い分けは見られないとまとめることができる。

3-3. 大正時代

　表3によれば、大正時代の演説では、敬体率の平均は68.8％に大きく上昇し、その分布も80％以上の2つの区間に入る数が多くなり、特に、敬体率100％のものが、明治後期には皆無だったところから6本へと、大幅に増加していることが見て取れる。ここから、明治時代から大正時代にかけて、敬体中心になっていく顕著な変化があったことが分かる。

　　恋愛は遊戯ではありません。それは最も真剣な人間の努力であり、それは
　　犠牲を要すし、それは死にも打ち克つ力であります。世の中にパンの問題
　　だけを解決しさえすれば、それで全ての問題が解決したと解する人がいま
　　す。しかし、それは大きな誤りであります。
　　　　　　　　　　　　　　　　　　（165賀川豊彦「恋愛と自由」大正11年）

　表2を見ると、大正9年までの3本（1尾崎行雄、4大隈重信、5島田三郎）は、敬体率が30％程度までと、かなり低くなっているのに対して、大正10年以降のものでは、その多くにおいて敬体率が70％を超えており、全般に高い。同じ大正時代でも後期になると敬体中心へと移行しているのである。

　敬体が中心でありながら少数の常体が混じる演説で、常体がどのような文に現れているかを調べると、明治28年の場合と同様、話し手の気持ちが強く現れる文にそれが限られている演説が目に付く。敬体率が90％台の、91牧野元次郎、7永井柳太郎、88渋沢栄一には、それぞれ常体が1つずつあるが、そのうち、牧野、永井の演説では、次のように「ない」「か」で終わる、否定文と疑問文になっている。

　　しかしこの天佑は、ただ神様だけをお祀りしたからとて、それで得られる
　　ものではない。　　　　　（91牧野元次郎「神守不動貯金銀行」大正14年）
　　いずこに世界の大勢があるか。　　　（7永井柳太郎「第二維新の理想」大正末）

これは3.2で見た明治28年の上田の演説における常体と同じ特徴である。敬体率が80％前後の、159山室軍兵、6永井柳太郎、15田中義一には3〜4つの常

体が用いられているが、そこでもやはり否定文や疑問文になっている箇所が目立つ。

一方、上記のうち渋沢の演説に関しては、明治28年の演説とは違った特徴が指摘できる。

> 私は翁は天上の星を□□(イタイ)引き降ろして、街灯にも室内にも丹塗したりと言うが適当であると考える。その功績に思い至っては、世の暗雲を照らして□□(ザンク)に輝くものと存じます。　　(88渋沢栄一「第七十五回誕辰祝賀会」大正11年)

「考える」で文が切れた直後を指示詞「その」で受け、前の文と後の文をそのまま連結するような文関係を作っており、敬体で終わる文の後にある「切れ」が感じられない文末である*6。常体の文末がこのような特徴を示すことは、明治28年の演説にはなかった。

敬体率の低い、常体を中心とする演説は、その数は少ないが、敬体が出現する部分に特徴が見出せる。敬体率10％程度のものに、4大隈重信、5島田三郎があるが、大隈の演説では、9つある敬体のうち7つが、冒頭9文目までに集中し、1つが末尾から2番目の文に位置する。また、島田の演説では、6つある敬体のうち3つが、冒頭文、末尾文、末尾から数えて3番目の文という、演説の冒頭と末尾に偏るほか、2つが、次に示すような、途中に長く引用される文語体の証文の前後の文に位置する。

> ここに明白の証文があるから、これを朗読します。「維新の皇謨(こうぼ)に基づきて献呈せられたる帝国憲法は、実に万天下の国民を基礎とする(一)醇乎(じゅんこ)たる立憲政体を認むるものなり。(中略)これ本案を提出せる所以の大要なり。」この部分は第26議会に提出し、少数の差をもって否決せられ、第27議会に再び提(文)出可決して、これを貴族院に回付したる議案の理由書であります。　　(5島田三郎「非立憲論の解散、当路者の曲解」大正9年)

このように、演説の始めや終わり、話題の転換部などの節目の箇所で限定的に敬体の文が現れるのは、明治28年の演説と同様の特徴である。

そして、敬体と常体が相半ばする、90渋沢栄一、69長岡外史などでは、敬体と常体とにこれといった使い分けは見られないところも、明治28年の演説と同様である。
　以上のように、大正時代では、敬体が主に使われる演説中の常体は、明治28年の同種の演説の特徴を維持しつつ、一部に新しい特徴も示すようになっている。また、常体が主に使われる演説中の敬体は、明治28年の同種の演説の特徴を、ほぼそのまま受け継いでいると見ることができる。

3-4. 昭和1ケタ代から昭和10年代

　表3を見ると、昭和1ケタ代の敬体率の平均は75％に達しており、大正時代よりもいっそう敬体が増加していることが分かる。その分布も、「80〜100％」と「100％」の区間に入る数が大幅に増加しており、敬体に統一される方向への変化が急速に進んでいることも分かる。
　敬体に統一されることが普通になってくると、その中であえて常体が使われる場合には、文章構成における独自の機能を担っているものが目につくようになる。大正時代の演説には見られなかった、独自の機能を担う常体の使用例として、13鳩山一郎の演説を文番号とともに示そう。前半の第9文までは省略したが、その部分はすべて敬体である。

⑩犬養内閣は、日支親善は条約尊重、国際信義が基調とならなくてはならないということを信じております。
⑪条約尊重・国際信義というレールの上へ乗って、初めて日支親善の目的は達し得るのである。
⑫レールを無視してどこにフェアープレーがありますか。
⑬国際信義を守るというそのレールの上へ乗って、初めて日支親善は成り立つのであります。
⑭幣原前外務大臣時代においては、このレールが蹂躙され、条約上の権利は蹂躙されて、どこに日支親善が成り立つでありましょうか。
⑮犬養内閣は、このルールの上へ乗らなければ真の日支親善はないということで、着々とその目的を実行しつつあるのであります。

⑯錦州に関することがらでも、前内閣と犬養内閣との外交上の相違は明白になろうと、私は思っております。
⑰前内閣の時分には、錦州の方に進軍するところの我が皇軍を阻止して、しかも列国からは侮辱を受けておったのである。
⑱犬養内閣が成立致しましてから、錦州の張学良の軍隊を追い払ってしまったのに関わらず、外国からは何らの妨害を受けておりません。
⑲犬養内閣は自主的強硬内閣である。
⑳幣原外交は全く追随軟弱の外交であります。
㉑この二つの与えられたる使命を完全に果たしますのには、どうしても皆さんの深甚なる同情を必要とするのであります。

(13鳩山一郎「犬養内閣の使命」昭和6年)

　上に引用した⑩～㉑の12文のうち、⑪⑰⑲の文に下線を引いた常体の文末3つには、その文と次の文との間で、傍点を付した箇所が内容的に対立する関係になっているという共通点がある。つまり、内容が対立する2文を対比させる部分では、文末を常体にし、そのような関係のない文末は敬体にしていると見ることができるのである。これは、3-3．で見た大正時代の88渋沢栄一の演説に見られた、文と文との連接関係を強化する部分に常体が使われていたのと通い合う働きを持った常体の例だと言うことができよう。
　そして、表3で、昭和10年代になると、敬体率の平均は約80％で、「100％」を示す演説の数も増加しており、敬体に統一される方向への流れが、さらに進んでいる。
　表3の昭和10年代で注目すべきこととして、もう1点、昭和1ケタ代で皆無だった敬体率が「0％」(すべて常体)の演説が3本あり、昭和1ケタ代よりも増加していることが挙げられる。これは、同一演説中で文末の文体が統一される傾向が強まる中で、敬体で統一されるばかりではなく、時に常体で統一される場合もあったことを示している[7]。次はその例である。

　　天人菩薩は浄土論に、世尊が一心［身］帰命とある。この一心は大経願文の三心を合したる一心で、一口に申せば、名号の謂れを聞き開き、二心な

く弥陀を頼むというより他はない。さて次に、帰命尽立法無碍向如来とある。この帰命のことばを和語に直せば頼むと言う。頼むとは力にすること、任すこと、すがることを、みな頼むと言うのである。

(163服部三智麿「真宗の安心」昭和10年代)

　以上のように、昭和1ケタ代から昭和10年代では、敬体が主に使われる演説中の常体は、大正時代までの同種の演説の特徴を維持しつつ、一部に新しい特徴も示すようになっている。また、常体が主に使われる演説中の敬体は、その種の演説の数が減少するとともに、目立った特徴を表さなくなり、時に常体で統一した演説の登場を見るようになる。

4. 名詞類に下接する文末表現
4-1. 全体的傾向
　次に、名詞・形式名詞・準体助詞にそのまま下接する、「であります」「でございます」[*8]「です」「である」等の文末表現に着目して、その調査結果を報告し、分析を加えていこう。表1を見ると、明治28年では、全体に「であります」「である」が特に多く、一部に「でございます」が多い演説もあり、「です」は全般に少ないという実態が見て取れる。表2を見ると、大正時代には、「であります」の多さが非常に目立つようになり、それに比べると「である」は少なくなっており、「でございます」はごく少なくなり、「です」と同程度であることが分かる。そして、昭和1ケタ代、昭和10年代へと進むにつれて、「であります」のさらなる増加と、「でございます」「です」のいっそうの減少が顕著になっている。こうした時代による変化を分かりやすくとらえるために、表3と同じ要領で、「であります率」という指標を立てて作成したのが表4である。
　表4によれば、であります率の「平均」は、明治28年では30％代にとどまっていたのが、大正時代には66％に達し、昭和1ケタ代に70％に達し、昭和10年代では78％近くへと増加している様子が見て取れる。そして、その分布を見ると、明治28年では「100％」の部分を除くすべてのところに2～3本ずつ入っており、「であります」をどの程度用いるかは、演説によって様々であったことが分かる。それが、大正時代では「100％」のところが大幅に増え、「80～

表4 時代別の「であります率」

	平均	0%	0〜20%	20〜40%	40〜60%	60〜80%	80〜100%	100%	総演説数
明治28年	37.4%	2	3	2	3	2	2	0	14
大正時代	66.0%	3	2	0	2	4	4	7	22
昭和1ケタ代	70.0%	4	6	1	2	5	5	21	44
昭和10年代	77.9%	4	2	3	2	2	7	27	47

100％」「60〜80％」に入る数字も増えて、その傾向は昭和1ケタ代でいっそう顕著になり、昭和10年代は、「100％」と「80〜100％」の区間がさらに多くなっている。そして、数は多くないが、「0％」のところに入る数字も、時代が進むにつれて増加していく傾向もうかがえ、「であります」への統一という大きな流れとは別に、「であります」を排除する方向への小さな流れもあったと見てよいだろう。

4-2. 明治28年

　表1によると、であります率が最も高いのは、2上田万年であるが、この演説には「であります」47件に対して、「でございます」1件、「です」3件が使われている。そのうち、「でございます」は次の例である。

　　かう申してまゐりまして、今日の國語國文教授を見たときには、果して如何で御座いませうか。　　（2上田万年「国語研究に就いて」『太陽』1895年1号）

「この文は、記事のなかほどで、話題を国語国文教授に転じて、それを聞き手（読み手）に問いかける場合である」（田中2004：98）。一方、「です」を使った文には、何らかの特別な意味合いを読み取ることができない。

　であります率が次に高い、1井上哲次郎では、「であります」52件に対して、「でございます」が2件、「です」が4件見られる。「でございます」が使われているのは、「一箇所は、冒頭の導入部の終わりで本論部との境界にあたる位置、もう一箇所は、心情をこめて直接聞き手（読み手）に問いかけるような文である」

(田中2004：99)。これに対して、「です」が使われている箇所には、やはりこれといった特別の意味合いを認めることができない。

　表1を見ると、「でございます」を多く用いる演説として、7板垣退助、14渋沢栄一の2つが指摘でき、これらの演説には「であります」も用いられているが、「二つの形式に何らかの使い分けの傾向を見出だすことはできない」(田中2004：101)。それらの演説に交じる「です」についても同様である。

　また、常体の場合、表1のように「である」とその否定形「でない」が一般的だが、その他の形式に算入した「だ」「じゃ」が使われることも時にある。

　　　人間は唯々大小の中間を認めて宇宙と言つて居るのだ、
　　　　　　　　　　　　　　　(13田口卯吉「歴史は科学に非ず」『太陽』1895年11号)
　　　鏡は佛法に伴はれないものぢや、
　　　　　　　　　　　　　　(6黒川真頼「仏教と美術との関係」『太陽』1895年3号)

4-3.　大正時代

　表4によれば、大正時代の演説では、であります率の平均は66.0%へと大きく上昇し、その分布も60%以上の3つの区間に入る数が多くなり、特に「100%」を示す演説が、明治28年にはゼロだったところから7本へと、大幅に増加していることが見て取れる。これらは、3-3.で述べた敬体率の変化と同程度あるいはそれ以上の大きな変化である。明治時代から大正時代にかけて、敬体が中心となる変化と、その中でも「であります」が中心になる変化が、大きく進んだのである。

　表2を見ると、大正時代には、敬体においては「であります」を主に用いながらも、時に「でございます」を交える演説がいくつかある。そのうち、「でございます」が1件ずつ使われる、4大隈重信、91牧野元次郎、92牧野元次郎の3本の演説における「でございます」は次のように使われている。

　　　○○でございます　　　　　(4大隈重信「憲政ニ於ケル輿論ノ勢力」大正5年)
　　　私は常に貯金に三徳ありと言うております。貯金には三徳どころではございません。
　　　　　　　　　　　　　　　　(92牧野元次郎「貯金の三徳」大正14年)

ここ15年間に巨額の預金が増えたということは、もちろんお客さまのご援助や行員諸君のお力もありますが、特別の神助を得ておりませんければ、決してこんな風には大きくなるもの<u>ではございません</u>。そればかりではありません。財産状態も、おそらく他に見ることのできないほど、立派なものであります。
　　　　　　　　　　　　　（91牧野元次郎「神守不動貯金銀行」大正14年）

　1つめと2つめの例は、演説の冒頭部分に出現しており、3つめの例は、演説中で述べられる2つの話題のうち1つの話題が終わり、次の話題に移る部分に出現している。これは、常体を基調とする演説で敬体が出現する場合と同じ特徴であり、明治28年の「であります」中心の演説中に「でございます」が使われる場合に見られた特徴とも同じものである。
　「でございます」が比較的多く用いられている演説に、147加藤直士があり、「であります」7件に対して、「でございます」が3件ある。この演説では、皇太子に随行することになった経緯を説明する最初の部分は「でございます」が3件続き、実際に皇太子の様子を述べる部分になると「であります」7件が使われている。これも、演説の導入部に限って「でございます」が使われた例である。
　次に「です」を少し交える演説に目を移すと、147加藤直士、91牧野元次郎、92牧野元次郎の3本があり、それぞれ「です」が1件ずつ用いられている。

　殊に大笑い遊ばされる際などはビックリするほどのお声<u>です</u>。
　　　　　　　　　（147加藤直士「皇太子殿下御外遊御盛徳謹話」大正10年）
　本行に大黒様をお迎え申し上げて以来、わずか15年後に、預金が二億円になったということは、全く神様のおかげ<u>です</u>。
　　　　　　　　　　　　　（91牧野元次郎「神守不動貯金銀行」大正14年）
　貯金をすれば金の貯まることは分かっておるけれども、身体が丈夫になるというのはちと変だと思うお方もありましょうが、これは事実<u>です</u>。
　　　　　　　　　　　　　　（92牧野元次郎「貯金の三徳」大正14年）

　いずれの例も「です」は名詞に直接下接しており、これらの演説における「で

3　演説の文末表現の変遷（田中牧郎）　265

あります」が、次のように形式名詞「こと」、準体助詞「の」に付く例が大部分を占めるのと異なっている。

> それから第二の徳は、貯金をすれば商売が繁盛するということであります。必ずやそのお方のお身体は丈夫になるのであります。
> (いずれも92牧野元次郎「貯金の三徳」大正14年)

これらの演説において「です」は「であります」とは異なる働きを持っており、「です」のこのような特徴は、明治28年の演説にはなかったものである。
　このように、大正時代に敬体の文末表現は「であります」が中心になるが、そこに時に交用される「でございます」には、明治28年と同じ特徴が受け継がれており、「です」には、明治28年には見られなかった新しい特徴が生まれているのである。
　常体において、名詞・形式名詞・準体助詞に下接する場合は、表２から、４大隈重信、５島田三郎、156大谷光演、103穂積陳重のように「である」が一般的であり、その否定形「でない」以外の表現形式が使われることはなく、「だ」「じゃ」も使われた明治28年よりも限定的になっている。

4-4. 昭和１ケタ代から昭和10年代

　表２によれば、昭和１ケタ代において、「であります」を主に用いる演説中で、「でございます」を１〜２件交えるものに、89渋沢栄一、33松岡洋右の２本がある。

> 私は国際連盟協会の会長として本月の11日に放送しました事柄を、この場合に演説致すのでございます。問題は「ご大礼に際して迎(むこ)うる休戦記念日に就いて」と申すのでございます。
> (89渋沢栄一「御大礼ニ際シテ迎フル休戦記念日ニ就テ」昭和３年)
> 私は松岡でございます。　(33松岡洋右「日本精神に目覚めよ」昭和８〜９年)

いずれも演説の冒頭部である。また、139野間清治は「であります」と「でご

ざいます」が1件ずつ用いられているが、末尾部分でまず「であります」が用いられてから、「でございます」で締めくくられている。

> 実にこの夢のような大志望のもとに、同人一同まさに夢に、真剣努力を致しておりますわけであります。何分にも微力でありまして、エーなかなか思う通りに運ばんのでありますが、今日までも恩顧浅からざる皆さまの特別なるご同情をもちまして、今後一層のご後援をお願い申すことができましたら、切にこの事を、この機会に皆さまにご懇願申し上ぐる次第でございます。
> （139野間清治「私の抱負」昭和1ケタ代）

これらは、大正時代までと同様の、「であります」の中に「でございます」が交じる場合の特徴である。

一方、「でございます」を多く用いる演説に、113下田歌子、112下田歌子、45広池千九郎がある。このうち、下田はどちらの演説でも「でございます」をほぼ専用する、独特の文体を示している。また、広池は「であります」26件に「でございます」8件を交えているが、「でございます」を用いた文に「であります」を用いた文にない特徴を認めることはできない。

昭和10年代になると「でございます」を用いる演説は減少して、85加藤寛治、66秋田清、94牧野元次郎の3本だけになる。このうち、94牧野は末尾に近い部分に、85加藤は、聴衆に問いかける部分に、それぞれ「でございます」を使っている。

> これはただに私の一家言ではございません。実に我々をお守り下さる大黒様のおことばでありますぞ。えーいっ！
> （94牧野元次郎「良心運動の第一声」昭和10年代）
> 何と有難いことではございませんか。
> （85加藤寛治「日本の軍人は何故強いか」昭和11年）

数は少なくなっても、明治28年以来の特徴を維持していると言える。なお、秋田は5文だけの非常に短い演説である。

「です」はどうだろうか。大正時代に見られた、名詞に直接付くという特徴は消えている。表2を見ると、124菊池寛のように「です」を主に使う演説が表れている。

> だからそういう文芸に親しんでいる人は、花を見ても月を見ても、鳥を見ても海を見ても、波を見ても、その本当の美しさが分かるのじゃあないかと思うん<u>です</u>。ですから、友達が二人縁側に腰をかけて月を見ていても、一人の人は月の美しさを本当に知っており、一人の人は月の美しさをちっとも知らないで見ていて、一緒に「ああ、月は美しい」と言っているん<u>です</u>。
> 　　　　　　　　　　　　　　　　　　（124菊池寛「文芸と人生」昭和8年）

　この演説は、「です」中心でありながら、冒頭部分と末尾部分には「であります」が多く使われており、それはちょうど、「であります」中心の演説で「でございます」が使われる箇所と同じ特徴である。「です」と「であります」との間には、大正時代まではなかった関係も生じているのである。昭和10年代にも、71古田中博のように、他の文末表現よりも「です」が比較的多い演説があり、主として「です」を使う演説が生まれたことを示していよう。
　「である」が中心となる演説は、昭和1ケタ代で、2尾崎行雄、104高田早苗、3尾崎行雄、27犬養毅、32松岡洋右、164田中智学、そして昭和10年代で、63中野正剛、64中野正剛、161佐藤範雄など、大正時代までに比べて数多く指摘できる。これは、3-4．で見た常体に統一される流れが確かにあったのと関係する動きであろう。

5．まとめと課題

　ここまで述べてきたように、明治28年、大正時代、昭和1ケタ代、昭和10年代へと、演説の文末表現は、徐々に、そして大きく変わっていった。敬体への統一の流れと、「であります」への統一の流れとが、特に大きな本流であった。その「統一」ということが、時に、常体や、「でございます」「です」で統一されるという、細い流れを生むこともあった。当該演説中で主に使われる文体や形式とは異なる表現が使われる場合、さまざまな独自の価値が付与されやすい

こtoo見えた。

　明治時代には多様な文体や表現形式が混然と使われているというとらえ方ができたが、次第に均質な文体や表現形式に整えられていくのである。敬体や「であります」への統一が強くなるほど、そこに時に交えられる別の文体や表現形式の持つ価値は多様なものになる。

　残された課題としては、まず、明治28年と大正時代の間を埋める資料を調査することと、1で述べた資料上の大きな問題についての研究が不可欠である。また、個々の演説における文末表現の働きの記述には、理論的な裏付けが必要である。

注

1）田中（2004）では、演説以外の口語体記事も一緒に調査対象にしており、田中（2013）では、演説だけを調査対象にした記述を行っているが一般書としての簡略な記述に止めている。以下に記す要約は、この2つに記した『太陽』創刊年の演説における文末表現についての事実を総合したものである。

2）『太陽コーパス』には創刊年（明治28年）だけでなく、明治34年、明治42年、大正6年、大正14年の『太陽』も収録されているが、そこには演説記事はほとんどない。これは、雑誌の編集方針によるものである。

3）『岡田コレクション』には昭和20年代の演説も3本収録されているが、数が少なく数量的な分析に堪えないので調査対象外とする。また、昭和1ケタ代の演説のうち、通番160佐々木清麿「仏教講演俗仏」は、聞き取れない部分がかなり多く、文字化された部分だけでは文がつながらないところが多い。よって、文末表現の調査に堪えず、やはり調査対象外とする。

4）本稿の調査は文末部分のみを対象にしている。敬体と常体の別は文中の要素によっても判別できる場合があるし、「であります」「でございます」「です」「である」等が文中で使われる場合もあるが、それらは対象外にしている。

5）本文で演説に言及する際は、表1、表2の「通番」と「話者」を用いる。

6）この箇所の音声を聞くと、他の文末に比べてポーズが短くなっている。

7）敬体率「0％」の演説は、大正時代に2本あったが、昭和1ケタ代にはいったんゼロになっており、一見時代的変化ではないのではないかと疑われる。しかしながら、昭和1ケタ代は「0〜20％」の演説が大幅に増加している。ここから大正時代から昭

和10年代にかけて、常体が中心となりそこに統一されていく演説が増える流れも確かにあったと見てよいであろう。

8）「でございます」には非音便形の「でござります」も含めて扱う。

参考文献

相澤正夫・金澤裕之（2012）『岡田コレクション「演説音源集」文字化資料』（国立国語研究所）

国立国語研究所（2005）『太陽コーパス―雑誌『太陽』日本語データベース―』（CD-ROM、博文館新社）

田中牧郎（2004）「雑誌『太陽』創刊年（1895年）における口語文―敬体を中心に―」（『国語論究11言文一致運動』明治書院）

―――（2013）「第2章 口語体書き言葉の成立」（『近代書き言葉はこうしてできた そうだったんだ！日本語』、岩波書店）

山本正秀（1960）「言文一致文の文法」（『講座解釈と文法7 現代文』、明治書院）

―――（1965）『近代文体発生の史的研究』（岩波書店）

4
大正～昭和前期の演説に現れる文末表現のバリエーション

丸山岳彦

要旨

　演説の中では、文末位置に現れるさまざまな表現形式によって、断定・問いかけ・判断の表出などさまざまな言語行為が聞き手に向けて行なわれる。本稿では、演説に現れる文末表現を収集・分類し、その文法的・機能的なバリエーションを検討することにより、演説者がどのような言語行為を行なっているかを分析した。大正～昭和前期の演説を3つの時代に区分し、そこで観察される言語行為が平成期に向かってどのように変化していったかを追った。その結果、時代が下るごとに、文末が丁寧な文体へ推移していくことが確認された。さらに、大正～昭和前期の演説ではデアル体・デアリマス体による「断定型」の文が大半であったのに対して、平成期ではある政策の実行を約束する「行為拘束型」の文が多くを占めるなど、言語行為の傾向に差があることが確認できた。

キーワード：大正～昭和前期の演説、平成期の演説、文末表現のバリエーション、言語行為、アノテーション

1. はじめに

　『日本国語大辞典』で「多くの人の前で自分の主義、主張や意見を述べること」と定義される「演説」は、一人の話し手が複数の聞き手に向けて一定時間にわたって話をし続ける発話様式（独話）の一つである。自らの主張や意見を聞き手に向かって述べる際、演説者はさまざまな表現形式を用いながら話を展開していく。例えば、聴衆に対してある事実を客観的に示したり、そこから生じる

疑問を問いかけたり、それに対する回答を自ら提示したり、その妥当性・必要性を主張したりする。これら一連の言語行為を文法的に表示するのは、主として、文末に配置される文法表現、すなわち文末表現である[*1]。

演説の例として、2005年の第163回国会における小泉純一郎内閣総理大臣による所信表明演説を引用しよう。郵政民営化の是非を問うた第44回衆議院議員総選挙で大勝した後、郵政民営化の実現を改めて訴えかける場面である。

（１）a. 郵政事業は、二十六万人の常勤の国家公務員を擁しています。（1文省略）b. 今後も公務員が郵政事業を運営する必要があるのでしょうか。c. 郵政事業を民営化すれば、創意工夫と知恵により、多様でより良い商品やサービスが展開されると思います。d. 国民の大切な資産を民間向け資金として活用することは、経済の活性化につながります。e. 従来免除されていた法人税等の支払いや株式の売却などにより、財政再建にも貢献します。f. 郵政民営化は、簡素で効率的な政府の実現を加速するものであります。（拍手）

（１）では、a. で郵政事業に関する現状を客観的に述べた後、b. でそれに対する疑問を提起している。続いて「郵政事業を民営化すれば、」という条件を示した上で、c. からe. で郵政民営化によるメリットを並列して示し、最後のf. で郵政民営化の妥当性を主張している。このような談話の構造と展開を担っているのは、a. からf. の各文における、下線を引いた文末表現である。話者の心的態度や伝達態度などが文法的に表される文末表現は、演説を構成する個々の文が談話内で果たす機能を特徴付けていると言ってよい。

そこで本稿では、演説を書き起こしたテキストから文末表現を抽出・分類することにより、演説で用いられる文末表現の文法的・機能的なバリエーションと、その分布について分析を行なう。分析対象データとして、「岡田コレクション」に収録された大正〜昭和前期の演説を取り上げる。これらを「大正期」「昭和１ケタ」「昭和10年代」の３期に区分し、約30年間という幅の中で文末表現の出現傾向がどのように推移したかを明らかにする。さらに、「昭和10年代」から約50年後にあたる平成期の演説を収集し、大正〜昭和前期における演説と

の違いを、文末表現の出現傾向という点から比較する。大正〜昭和前期の演説では、どのような文末表現が用いられていたのであろうか。そしてそれらは、現代(平成期)の演説で用いられる文末表現と、どのように異なるのだろうか。

2. 先行研究と本稿の目的

政治言語としての演説は、古来から修辞学(レトリック)の研究対象とされてきた。近年では、「批判的言説分析(Critical Discourse Analysis)」の枠組みにおいて、演説などの政治言語やマスメディアの言語が取り上げられ、そのディスコース(言説)に隠された思想性、イデオロギーと権力、社会との関係などが分析されている(Fairclough 2001)。特にアメリカ大統領のスピーチに関する研究は歴史的に見て非常に盛んであり、日本国内においても、大統領の就任演説の文体や統語構造の変異をコーパス言語学的な手法で分析した研究(後藤2010、田畑2010)や、コーパス言語学の手法を批判的言説分析に持ち込んで、討論会における大統領候補者の語彙を分析した研究(石川2005)などがある。一方、日本語の演説を言語学的に分析した研究事例に目を向けると、社会言語学的な視点から政治家の言葉を分析した東(2007、2010)や、「国会会議録」に記録された膨大な発話テキストを多角的に分析した松田(2008)が挙げられるものの、その数は英語の演説研究ほど多くない。特に、日本語の演説を大量に収集してアノテーションを施し、そこに現れる文末表現を網羅的に分類したコーパス言語学的な研究は、管見の限り見当たらない[2]。

そこで本稿では、大正〜昭和前期、および平成期における日本語の演説を対象として、そこに現れる文末表現について分析を行なう。「岡田コレクション」に収録された大正〜昭和前期の演説音声を分析対象データとして、文末表現を分類する「文末表現ラベル」をアノテーションし、その文法的・機能的なバリエーションと数量的な分布について分析する。また、平成期における内閣総理大臣の所信表明演説・施政方針演説のテキストを同様の手法で分析することにより、大正〜昭和前期と平成期という二つの時代における演説を比較し、そこに見られる文末表現の違いについて検討する。

以下、3節では大正〜昭和前期の演説、4節では平成期の演説に現れる文末表現について、それぞれ分析を行なう。5節では、3節・4節での分析結果を

比較した上で、大正～昭和前期の演説と平成期の演説の違いについて検討する。

3. 分析（1）：大正～昭和前期の演説に現れる文末表現
3-1. 分析対象データ

　分析の一点目として、大正～昭和前期の演説に現れる文末表現を取り上げる。ここで分析対象とするのは、「岡田コレクション」に収録された演説の書き起こしテキストのうち、「演説」「講演」として分類された109の演説音声とする。これらを、発表年にしたがって「大正」「昭和1ケタ」「昭和10年代」という3期に区分した。以降の分析では、これら3つの期間を比較し、各期においてどのような文末表現が出現し、それらがどのように推移したかについて検討する。

　また、各演説の書き起こしテキストに対して、形態素解析器MeCabと電子化辞書UniDicにより形態素解析を実施した。この際、書き起こしテキスト内の句点（「。」「！」「？」）を文末位置と見なした。分析対象データの全体を、表1に示す。「演説数」内の括弧は、異なり話者数を表す。また、「語数」はUniDicの解析による「補助記号」（句読点、括弧類）を除いた数で示す。

表1　分析対象データ（大正～昭和前期）

区分	演説数	文数	語数	平均文長
大正	19（16人）	720	23,022	31.98
昭和1ケタ	52（42人）	1,242	46,998	37.84
昭和10年代	38（30人）	1,471	49,070	33.36
合計	109（76人）	3,433	119,090	34.69

3-2. 文末表現と発語内行為

　さて、これらの演説に現れる文末表現のバリエーションを分析するためには、あらかじめ文末表現の種類を定義・分類しておくことが必要となる。ここでは、ある文が談話内でどのような言語行為を果たすかという点に着目して、語用論における「言語行為（speech act）」の分類を利用する。すなわち、その文を発話することによって、話し手がどのような言語行為を行なっているかという点

を、文末表現の形式と対応付けて考える。まず、Searle (1975) による「発語内行為 (illocutionary act)」の分類の一部を利用して、「断定型 (assertives)」「行為指示型 (directives)」「表出型 (expressives)」という3つの型を区分した。これらに複数の下位クラスを小分類として与え、さまざまな文末表現のパタンを各クラスに対応付けた。本稿で用いる文末表現の分類を、表2に示す。

表2 文末表現の分類

大分類	小分類	文末表現の形式（例）
断定型	確言	いるのであります。頃であります。ことである。そうではない。
	述定	信じます。参りました。同意ができない。破壊した。
行為指示型	依頼	信じてください。悟っていただきたい。お願い申し上げます。
	勧誘	邁進致しましょう。精進しようではないか
	命令	建設せよ。加えてくれ。**働け**。
	問い	どうであるか。決めたではないか。何でありましょうか。
表出型	必要	働かねばなりません。抱かなければならん。言うべきである。
	非容認	あってはなりません。捨てておく**訳にはいかん**。
	意志	努力してもらいたい。致したいと思います。**申してみましょう**。
	当然	出来ぬはずである。あろうはずはありません。
	思考	なるかと思います。ならんと思うのであります。
	推量	必要でありましょう。守るであろう。いいでしょう。
	蓋然性	取らるるかもしれん。そうかもしれません。**それに違いない**。
その他	挨拶	**終わり**。**さようなら**。
	その他	の借金。が一つ。ということ。

3-3.「文末表現ラベル」のアノテーション

次に、演説の書き起こしテキストに現れた文末表現について、その分類情報をアノテーション（注釈付け）することにした。そこで、文末に位置するテキストを読み込み、パタンマッチによって文末表現の種類を特定して「文末表現ラベル」を自動的に付与するスクリプトを作成した。このスクリプトは、正規表現を含む、197種類の付与規則から成る。付与規則の例を、図1に示す。付

```
s/(((の|ん)であります。)$/$1 \[断定_確言:$1\]/g;
s/(ではないでしょうか。)$/$1 \[行為指示_問い:$1\]/g;
s/(なければ(なら|いけ)ない。)$/$1 \[表出_必要:$1\]/g;
s/(((と|に)(思い|考え)ます。)$/$1 \[表出_思考:$1\]/g;
```

図1 「文末表現ラベル」の付与規則の例

与規則にあるように、「**[大分類_小分類：表現形式]**」という形式でラベルを設計した。

ただし、文脈に応じて複数の解釈が可能な文末表現の例がある。例えば「しましょう。」という文末表現には、(2) のように「勧誘」として解釈できる場合だけでなく、(3) のように「推量」として解釈できる場合がある。

(2) 協力一致、健康報国の任務断行に邁進致しましょう。
　　　　　　　　　　（昭和10年代・星一「ホシチエーン会議に於ける星先生の講話」）
(3) もちろん、その間に関門もありましょう。
　　　　　　　　　　（昭和10年代・賀川豊彦「恋愛と自由」）

このような場合については、個々の例について付与規則を細かく調整して対処した他、対応しきれない部分については人手で付与結果をチェックし、誤ったラベリング結果に対しては適切な修正を施した。

「文末表現ラベル」が付与された結果の例を、(4) に示す。ゴチック体の部分が、その直前の文末表現に対して付与された「文末表現ラベル」である。

(4) 私は小泉又次郎であります。**[断定_確言：であります。]** 諸君、第70回帝国議会は突如として解散せられました。**[断定_述定：ました。]** 元来、議会の解散なるものは、予算案その他、重要なる政策に対し、政府と議会とが意見の衝突を来したる場合においてのみ、行うべきものであって、この理由以外に解散は出来ぬはずである。**[表出_当然：はずである。]** もし、敢えて為す者があるならば、それこそ不法極まる非立憲的行為

であると言わねばなりません。[表出_必要：ねばなりません。]

(昭和1ケタ・小泉又次郎「理由ナキ解散」)

3-4. 分析：文末表現ラベルの付与結果

以下では、アノテーションした文末表現ラベルに基づいて、文末表現の文法的・機能的なバリエーションについて分析を行なう。はじめに、付与された文末表現ラベルを大分類で集計した結果を、図2に示す。

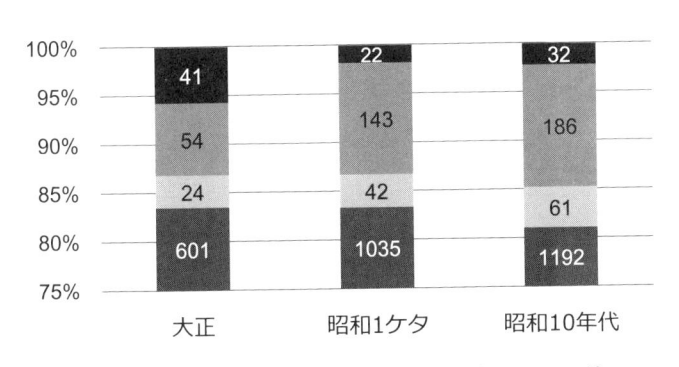

図2 文末表現ラベルの付与結果（大正～昭和前期、大分類）

一見して分かるように、各期とも、文末表現ラベルの80%以上が「断定型」として分類されている。これは、演説中に現れる文の大半が「～である。」「～のであります。」のような断定調や「～致します。」「～ております。」のように述べ立てる文末表現によって言い終えられていることを示している。「断定型」の下位分類には「確言」と「述定」があるが、これらに分類された例のうち、代表的な表現形式の分布を表3に示す。括弧内は、当該の表現形式が各期の総文数に占める割合を示す。また、「のであります。」「のである。」「のです。」には、「んであります。」「んである。」「んです。」をそれぞれ含む。

表3のうち、「確言」を見ると、大正期から昭和1ケタ、昭和10年代へと移るに従って、「のであります。」「であります。」の割合が増え、「のである。」「である。」の割合が減っていく傾向が見て取れる。一方の「述定」では、「ます。」

表3 「断定型」に分類された代表的な表現形式

小分類	表現形式	大正	昭和1ケタ	昭和10年代
確言	のであります。	74 (10.3%)	230 (18.5%)	275 (18.7%)
	であります。	63 (8.8%)	237 (19.1%)	263 (17.9%)
	のである。	35 (4.9%)	43 (3.5%)	23 (1.6%)
	である。	86 (11.9%)	80 (6.4%)	80 (5.4%)
	のです。	0 (0.0%)	0 (0.0%)	10 (0.7%)
	です。	1 (0.1%)	4 (0.3%)	5 (0.3%)
述定	ます。	76 (10.6%)	135 (10.9%)	172 (11.7%)
	ました。	26 (3.6%)	59 (4.8%)	114 (7.7%)
	ません。	18 (2.5%)	25 (2.0%)	42 (2.9%)
	ル形	50 (6.9%)	62 (5.0%)	32 (2.2%)
	文語体	23 (3.2%)	8 (0.6%)	20 (1.4%)

「ました。」「ません。」の割合が増え、「ル形」の割合が減っていく傾向にある（なお、昭和1ケタで減った「文語体」が昭和10年代で再び増えているのは、「大本営発表」を朗読している中で「～ものなり。」「共にせり。」などの表現形式が多用されているためである）。ここから、大正期の演説ではデアル体・普通体（ル形）が比較的多く用いられていたものの、時代が下るごとにデアリマス体・丁寧体（マス形）が多用されるようになったという変化の様子がうかがえる。

また、これも一見して分かるように、表3の中で確言の「のです。」「です。」という文末表現はほとんど現れていない。この時代の演説における文体は、デス体よりもデアル体・デアリマス体が圧倒的に優勢だったと言える。

次に、図2の「行為指示型」「表出型」の割合に着目すると、大正期から昭和10年代にかけて増加していることが分かる。この点については後述する。

なお、図2では、大正期に「その他」の比率が高いことが目立つ。これは、(5)に示すように、ある演説の中でいわゆる「体言止」による発話が極めて頻繁に（18回）用いられたことが特に強く影響している。

（5）ただ今の飛行レコードは、1時間の速力266マイル。[その他_その他]

東京から鉄道の上を大垣の西まで。［その他_その他］続いて飛んだ時間が、37時間15分。［その他_その他］宙返りが962回。［その他_その他］あちらには目の廻らぬ人がおると見える。［断定_述定：ル形］

(大正期・長岡外史「飛行機の大発展」)

次に、文末表現ラベルの付与結果を、小分類にまで細分して検討してみよう。結果を表4に示す。

表4 文末表現ラベルの付与結果（大正〜昭和前期、小分類）

大分類	小分類	大正	昭和1ケタ	昭和10年代
断定型	確言	341 (47.4%)	649 (52.3%)	715 (48.6%)
	述定	260 (36.1%)	386 (31.1%)	477 (32.4%)
行為指示型	依頼	1 (0.1%)	4 (0.3%)	16 (1.1%)
	勧誘	0 (0.0%)	5 (0.4%)	2 (0.1%)
	命令	1 (0.1%)	6 (0.5%)	12 (0.8%)
	問い	22 (3.1%)	27 (2.2%)	31 (2.1%)
表出型	必要	20 (2.8%)	58 (4.7%)	75 (5.1%)
	非容認	5 (0.7%)	8 (0.6%)	8 (0.5%)
	意志	3 (0.4%)	23 (1.9%)	25 (1.7%)
	当然	6 (0.8%)	8 (0.6%)	2 (0.1%)
	思考	6 (0.8%)	23 (1.9%)	28 (1.9%)
	推量	8 (1.1%)	18 (1.4%)	45 (3.1%)
	蓋然性	6 (0.8%)	5 (0.4%)	3 (0.2%)
その他	挨拶	1 (0.1%)	2 (0.2%)	6 (0.4%)
	その他	40 (5.5%)	20 (1.6%)	26 (1.8%)

ここでは、表4のうち「行為指示型」「表出型」の割合に着目する。いずれも頻度はさほど高くないものの、大正期から昭和10年代に移るに従って、「依頼」「命令」「必要」「思考」「推量」の割合が増えていることが分かる。実例を見る限り、時代が進むにつれて国民に向けた国威発揚のための演説が増え、その中

でこれらの文末表現が多用されているように思われる。例を以下に示す。

（6）創業時代は既に去って、今は組織強化の時代でありますから、我々の活動は国民総動員の統制に鑑み、悟っていただきたい。[行為指示_依頼：いただきたい。]（昭和10年代・星一「ホシチエーン会議に於ける星先生の講話」）
（7）ビルマも立つべし、インドも立つべし、立って彼らが欲するがごとき独自の国家を建設せよ。[行為指示_命令：せよ。]
（昭和10年代・中野正剛「米英撃滅を重点とせよ」）
（8）今や日本国民は粛然襟を正して、自らに課せられたる責任を直視せねばなりません。[表出_必要：ねばなりません。]
（昭和10年代・近衞文麿「新東亜の建設と国民の覚悟」）
（9）かくのごとき衆議院の態度は、断じて真にこの時局を認識し、立憲の宏猷翼賛の誠を致せるものにあらざることは、明白であると思います。[表出_思考：と思います。]（昭和10年代・林銑十郎「国民諸君ニ告グ」）
（10）両提督の魂魄は太平洋を駆けめぐり、常に勇士の奮戦を手引き致しておられることでありましょう。[表出_推量：でありましょう。]
（昭和10年代・平出英夫「提督の最後」）

一方、「問い」の割合は若干の減少傾向にある。聴衆に問いを投げかけて、それに自ら答えるスタイルは、大正期から徐々に減っていったことになる。

（11）王政維新は何によって起こったか。[行為指示_問い：か。]四百年の武断政治を廃する、全く輿論の勢力である。[断定_確言：である。]
（大正期・大隈重信「憲政ニ於ケル世論ノ勢力」）
（12）しからば、事実において普選案は果たして社会脅威の恐れあるものであるか。[行為指示_問い：であるか。]否、決して左様なるものではない。[断定_確言：ではない。]
（大正期・島田三郎「非立憲の解散・当路者の曲解」）

以上、大正〜昭和前期の演説を3期に分けて、そこに現れた文末表現の文法

的・機能的なバリエーションについて見た。3期とも、80％以上の文末表現が「断定型」に分類されること、時代が下るに従って、デアル体・普通体よりもデアリマス体・丁寧体が多用されるようになったこと、依頼・命令・必要・思考・推量などの割合が若干の増加傾向にあることなどを指摘した。

4. 分析（2）：平成期の演説に現れる文末表現
4-1. 分析対象データ

次に、分析の二点目として、現代（平成期）の演説に現れる文末表現を分析することにしよう。前節と同じ方法によって、文末表現のバリエーションを収集・分類し、その分布を集計することにする。

ここでまず問題となるのが、前節で分析した大正〜昭和前期の演説と比較する対象として、現代のどのような演説を準備すればよいか、という点である。前節で用いた大正〜昭和前期の演説データは、やや性質の異なる演説や講演が集まっているものの、全体的に見れば政治的な演説が多くを占めていた。この点を重視して、過去20年間における内閣総理大臣の「所信表明演説」「施政方針演説」を収集することによって、平成期の演説データを構成することにした。

ウェブ上の「首相官邸ホームページ」では、歴代総理大臣の演説を書き起こしたテキストが公開されている。ここから、第130回国会（平成6年）における村山富市内閣総理大臣の所信表明演説から、第187回国会（平成26年）における安倍晋三内閣総理大臣の所信表明演説まで、延べ12人の内閣総理大臣による合計50の所信表明演説・施政方針演説の書き起こしテキストを取得した。テキストはMeCabとUniDicで形態素解析を施した。表5に、その内訳を示す。

4-2.「文末表現ラベル」のアノテーション

次に、前節で用いた文末表現ラベルを付与するスクリプトを平成期の演説にも適用し、文末表現ラベルをアノテーションした。結果の例を、以下に示す。

(13) 第百三十九回国会の開会に当たり、私の所信を申し上げます。**[断定_述定：ます。]** 先の国会において再び内閣総理大臣の重責を担うこととなりました。**[断定_述定：ました。]** 国民の皆様のご支持とご期待に応

表5 分析対象データ（平成期）

氏名	在任期間	演説数	総文数	総語数	平均文長
村山富市	H6.6-H8.1	4（1/3）	501	21,384	42.7
橋本龍太郎	H8.1-H10.7	5（3/2）	651	28,375	43.6
小渕恵三	H10.7-H12.4	5（2/3）	605	21,393	35.4
森喜朗	H12.4-H13.4	4（1/3）	523	21,134	40.4
小泉純一郎	H13.4-H18.9	11（5/6）	1,674	49,163	29.4
安倍晋三（1）	H18.9-H19.9	3（1/2）	400	12,539	31.3
福田康夫	H19.9-H20.9	2（1/1）	320	10,468	32.7
麻生太郎	H20.9-H21.9	2（1/1）	459	8,001	17.4
鳩山由紀夫	H21.9-H22.6	2（1/1）	461	14,798	32.1
菅直人	H22.6-H23.9	3（1/2）	646	14,996	23.2
野田佳彦	H23.9-H24.12	4（1/3）	739	20,178	27.3
安倍晋三（2）	H24.12-	5（2/3）	1,024	21,140	20.6
合計		50（20/30）	8,003	243,569	30.4

※演説数の括弧内は、(施政方針演説/所信表明演説)の内訳を表す。

　　　　えることができるよう、国政の遂行に全力を傾ける決意であります。[**断定_確言：であります。**] まずはじめに、最近、行政に対する信頼を失墜させる事例が続いたことは慙愧に堪えません。[**断定_述定：ません。**] 綱紀の粛正を徹底するよう、重ねて求めなければならない状況を本当に残念に思います。[**表出_思考：に思います。**]

　　　　　　　　　　（第139回国会　橋本龍太郎内閣総理大臣による所信表明演説）

　ところが、平成期の演説に現れた文末表現を検討し始めたところ、大正～昭和前期の演説には見られなかったタイプの文が認められた。例えば、以下の下線部のようなものである。

（14）格差を感じる人がいれば、その人に光を当てるのが政治の役割です。私は、内閣の重要課題として、総合的な「再チャレンジ支援策」を推

進します。新卒一括採用システムの見直しや、パート労働者への社会保険の適用拡大などを進めます。再チャレンジ職場体験制度の創設や団塊世代などベテラン人材の再雇用の促進といった、再び仕事を始めるためのハードルを引き下げる取組も行います。

（第165回国会　安倍晋三内閣総理大臣による所信表明演説）

　これらの文末表現は、内閣総理大臣の立場から、政策の実現を国民に約束するものと言えるだろう。しかしながら、このような「約束」という発話の力を持つ発語内行為は、表2で示した文末表現の分類にはない。そこで、Searle（1975）に従って「行為拘束型（commissives）」という大分類を新たに設け、小分類として「約束」というカテゴリを設けることにした。スクリプトに付与規則を追加し、(14)の下線部のように「約束」をする文を「**[行為拘束_約束：Vします]**」のようにアノテーションすることにした。

　新たに「約束」としてアノテーションされた文は、「～てまいります。」「～ようにいたします。」「～を目指します。」「推進します。」「提出いたします。」などの形式を持つ文末表現である。目視により、いずれも「約束」をする文脈で使われていることを確認した。また、これらの付与規則の追加によって、大正～昭和前期の演説に対するアノテーションの結果に変化がないことを確認した。

4-3. 分析：文末表現ラベルの付与結果

　以下では、アノテーションした文末表現ラベルに基づいて、平成期の演説に現れた文末表現の分析を行なう。はじめに、付与された文末表現ラベルを大分類で集計した結果を、図3に示す。

　図3で目を引くのは、行為拘束型の文、すなわち「約束」をする文の多さである。すべての演説者において20%以上の比率を「約束」が占めており、特に安倍晋三内閣総理大臣（第1次）では全文数の48.5%、約半数にまで及んでいる。実例を観察する限り、先の(14)や次の(15)のように、ある事実を述べた上で、それに対する政策の実行を「約束」する文を羅列して述べる、というスタイルが多いようである。

図3 文末表現ラベルの付与結果（平成期、大分類）

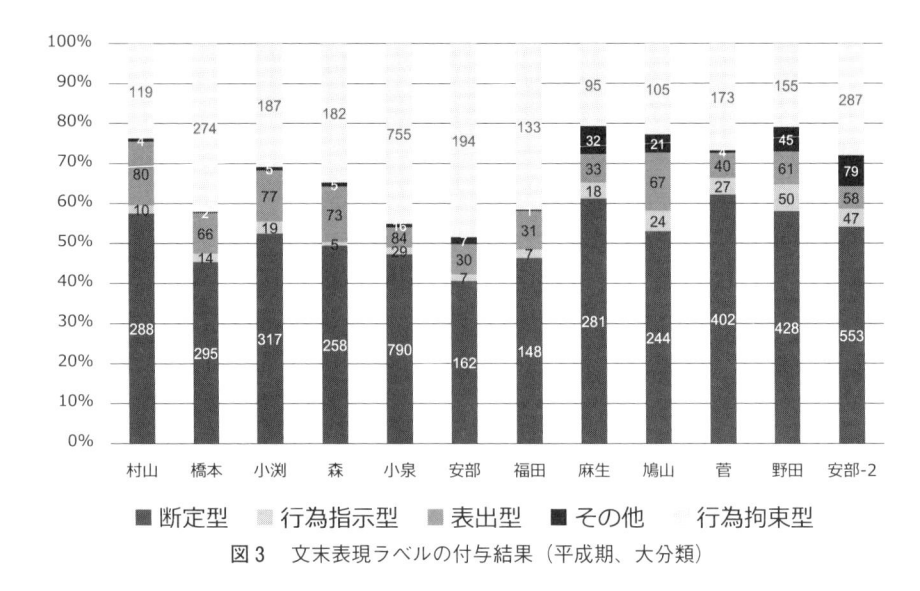

(15) 国民生活の基盤となる安心・安全の確保と、美しい環境を守ることは、政府の大きな責務であります。[**断言_確言：であります。**] 大規模地震対策や土砂災害対策など、防災対策を戦略的、重点的に進めます。[**行為拘束_約束：Vします。**] 迅速かつ正確に防災情報を提供し、お年寄りや障害者などの被害を最小限にするように努めます。[**行為拘束_約束：Vします。**] 全国各地域の防犯ボランティアのパトロールなどの活動を支援するとともに、本年春までに「空き交番ゼロ」を実現するなど「世界一安全な国、日本」の復活を目指します。[**行為拘束_約束：Vします。**]

（第166回国会　安倍晋三総理大臣による施政方針演説）

　これらの演説を演説者ごとに比較するという作業も興味深い研究テーマになり得るが、ここでは各総理大臣の演説を比較することが目的ではない。そこで以下では、これらを平成期の演説として一括して扱うことにする。

5. 考察

前節までで、大正〜昭和前期の演説、および平成期の演説について、文末表現の分類と数量的な分布を示した。以下では、これら二つの時期における文末表現の分布を比較し、そこに見られる差異について考察を加える。

まず、「断定型」に分類される文末表現の表現形式について見てみよう。前掲の表3に平成期の集計結果を追加したものを、表6に示す。

表6 「断定型」に分類された代表的な表現形式（2）

	表現形式	大正	昭和1ケタ	昭和10年代	平成
確言	のであります。	74 (10.3%)	230 (18.5%)	275 (18.7%)	15 (0.2%)
	であります。	63 (8.8%)	237 (19.1%)	263 (17.9%)	562 (7.0%)
	のである。	35 (4.9%)	43 (3.5%)	23 (1.6%)	0 (0.0%)
	である。	86 (11.9%)	80 (6.4%)	80 (5.4%)	2 (0.0%)
	のです。	0 (0.0%)	0 (0.0%)	10 (0.7%)	60 (0.7%)
	です。	1 (0.1%)	4 (0.3%)	5 (0.3%)	785 (9.8%)
述定	ます。	76 (10.6%)	135 (10.9%)	172 (11.7%)	1362 (17.0%)
	ました。	26 (3.6%)	59 (4.8%)	114 (7.7%)	874 (10.9%)
	ません。	18 (2.5%)	25 (2.0%)	42 (2.9%)	251 (3.1%)
	ル形	50 (6.9%)	62 (5.0%)	32 (2.2%)	81 (1.0%)
	文語体	23 (3.2%)	8 (0.6%)	20 (1.4%)	7 (0.1%)

最初に「述定」の分布から見ると、3節で指摘した推移の傾向、すなわち、「ます。」「ました。」「ません。」の割合が増え、「ル形」「文語体」の割合が減っていくという傾向が、平成期に入っても連続しているように見える。

一方、「確言」の分布は、大正〜昭和前期と平成期の間で大きく異なっている。一見して分かるのは、平成期では「のであります。」の割合が大幅に減少し、「です。」の割合が大幅に増加しているという点である。統語的には、「のであります。」には用言が前接し、「です。」には体言が前接するため、両者は構文的に異なるものであるが、この両者で分布の逆転が起こったという可能性は指摘できるだろう。例を以下に示す。

(16) 一票の汚れは誠に国の汚れとなるのであります。[断定_確言：のであります。]
　　　　　　　　　　　　　　　　　　　　（昭和10年代・斎藤実「憲政の一新」）
(17) 社会の構造改革を進める上で、安心して暮らせる国家の実現はその基礎となるものです。[断定_確言：です。]

　　　　　　　　　　（第151回国会　小泉純一郎内閣総理大臣による所信表明演説）

　(16)の「～は～となるのであります。」という構造が、(17)の「～は～となるものです。」という構造に取って代わられたとすれば、大正～昭和前期と平成期の間で構文的な推移があったと見ることができる。
　一方、「であります。」という文末表現は、平成期でも依然として高い割合で残っている。昭和10年代からは10％以上の下落が見られるが、これは先に述べたとおり、平成期に「約束」の文が大幅に増えたことによる影響と見てよいだろう。「であります。」という文末表現は、現在でも政治の場面における演説的な口調という印象を強く与えるが、これは大正～昭和前期の演説から継続して使用されてきた文末表現ということになる[*3]。例を以下に挙げる。

(18) よって政府は、衆議院の解散を奏請し、直ちに厳粛公正なる選挙を行い、民意を正しく議会に反映し、政界の情勢を明朗ならしめ、この明朗なる政情のもとに、いよいよ奉公の志を堅くして、所信の実現に邁進せんことを期した次第であります。[断定_確言：であります。]
　　　　　　　　　　　　　　　　　（昭和1ケタ・岡田啓介「総選挙に際して」）
(19) しかして租税の制度については、長期建設の階段にある現下の財政経済事情に即応するため、その整備確立を主眼として国税・地方税の全般に亘り、必要なる改正を行うことと致しました次第であります。[断定_確言：であります。]　　　　　　（昭和10年代・米内光政「政府の所信」）
(20) 私は直ちに各政務次官に対し、自らを厳しく律し職務に精励するよう重ねて指示し、これを契機に内閣全体としても、改めて気を引き締めて諸課題に取り組むことを決意した次第であります。[断定_確言：であります。]　　　　　　（第146回国会　小渕恵三内閣総理大臣による所信表明演説）

最後に、文末表現ラベルを小分類にまで細分して集計した結果を示す。前掲の表4に平成期の集計結果を追加したものを、表7に示す。

表7 文末表現ラベルの付与結果（小分類）（2）

分類		大正	昭和1ケタ	昭和10年代	平成
断定	確言	341 (47.4%)	649 (52.3%)	715 (48.6%)	1538 (19.2%)
	述定	260 (36.1%)	386 (31.1%)	477 (32.4%)	2628 (32.8%)
行為指示	依頼	1 (0.1%)	4 (0.3%)	16 (1.1%)	80 (1.0%)
	勧誘	0 (0.0%)	5 (0.4%)	2 (0.1%)	94 (1.2%)
	命令	1 (0.1%)	6 (0.5%)	12 (0.8%)	2 (0.0%)
	問い	22 (3.1%)	27 (2.2%)	31 (2.1%)	81 (1.0%)
表出	必要	20 (2.8%)	58 (4.7%)	75 (5.1%)	310 (3.9%)
	非容認	5 (0.7%)	8 (0.6%)	8 (0.5%)	52 (0.6%)
	意志	3 (0.4%)	23 (1.9%)	25 (1.7%)	188 (2.3%)
	当然	6 (0.8%)	8 (0.6%)	2 (0.1%)	17 (0.2%)
	思考	6 (0.8%)	23 (1.9%)	28 (1.9%)	111 (1.4%)
	推量	8 (1.1%)	18 (1.4%)	45 (3.1%)	8 (0.1%)
	蓋然性	6 (0.8%)	5 (0.4%)	3 (0.2%)	14 (0.2%)
その他	挨拶	1 (0.1%)	2 (0.2%)	6 (0.4%)	38 (0.5%)
	その他	40 (5.6%)	20 (1.6%)	26 (1.8%)	183 (2.3%)
行為拘束	約束	0 (0.0%)	0 (0.0%)	0 (0.0%)	2659 (33.2%)

ここでは、小分類のうち「勧誘」「意志」「推量」の三つについて見ておきたい。まず、「勧誘」については、大正～昭和前期に比べて平成期で大幅に増えている。表現形式の内訳を見ると、大正～昭和前期では「ましょう。」が7例、「しようではないか。」が1例だったのに対して、平成期では「ましょう。」が11例、「しようではありませんか。」が83例となっている。このうち平成期の使用者と使用頻度の内訳を、以下に示す。括弧内が使用頻度である。

「ましょう。」：鳩山（9）、菅（4）、野田（4）、安倍-2（2）
「ではありませんか。」：小渕（3）、小泉（11）、安倍-1（1）、鳩山（8）、菅（6）、野田（25）、安倍-2（29）

　この結果を見る限り、勧誘の文末表現が急増したのは、平成期の中でも後半のようである。特に「ましょう。」という文末表現は、麻生氏までの自民党政権では一切見られないことから、民主党政権が発足して以降に現れた文末表現ということになる。また「ではありませんか。」という表現は、野田氏が急に多用するようになり、それに続く安倍氏（第2次）がやはり多用している、といった様子が見て取れる。聞き手である国民に直接的に訴えかける表現を用いることで、よりアピール力を高めたい気持ちの現われ、と考えられるだろうか。
　次に、「意志」と「推量」については、平成期において前者が増え、後者が減った、という傾向が見て取れる。平成期においては、「でありましょう。」「であろう。」のような推量の形式は好まれず、むしろ「たいと思います。」「たいと考えております。」のような形で、施政者としての意志を国民に向けて明確に述べる文末表現が選択されていると言える。
　最後に「行為拘束型」の「約束」であるが、大正～昭和前期の演説の中に、「約束」をする文はないのだろうか。4.2節の終わりにも述べたように、平成期のデータを見ながら「約束」の文末表現をアノテーションする規則を追加したものの、大正～昭和前期の演説のアノテーション結果に変化は見られなかった。つまり、平成期の演説に散見される「これからも果敢に挑戦してまいります。」「改革の実行に全力を尽くします。」のような「約束」を表す文末表現は、大正～昭和前期の演説の中にはなかったことになる。
　そこで、大正～昭和前期の演説データを再度目視で確認したところ、比較的「約束」に近いものと考えられる例をいくつか発見した。例を以下に挙げる。

（21）政府は国民に対しては真実を語り、その犠牲と奉公とを期待するとともに、政府もまた奮励努力、全国民に対し、最低の生活と最大の名誉とを保障せんとするものであります。[**断定_確言：であります。**]

（昭和10年代・近衛文麿「日独伊三国条約締結に際して」）

(22) 我らは光輝ある祖国の歴史を、断じて汚さざるとともに、更に栄えある帝国の明日を建設せんことを固く誓うものであります。[**断定_確言：であります。**]　　　　　　　(昭和10年代・東條英機「大詔を拝し奉りて」)

　これらはいずれも、「[**断定_確言：であります。**]」というラベルが付与されている。形式的に見ればこのアノテーション結果は誤りではないが、「〜せんとするものであります。」「〜を誓うものであります。」という文末表現によって、演説者が遂行的な意志を表明していると解釈することは可能だろう。なお、平成期の演説の中から「〜しようとするものであります。」という文末表現を検索すると2例、「〜誓うものであります。」を検索すると1例、それぞれ見つかった。

(23) すなわち、「美しい国」創りを進めていこうとするものであります。[**断定_確言：であります。**](第166回国会　安倍晋三総理大臣による施政方針演説)
(24) そのために私は蛮勇を振るい、間もなく訪れる二十一世紀へのかけ橋を築くために邁進することを誓うものであります。[**断定_確言：であります。**]　　(第145回国会　小渕恵三総理大臣による施政方針演説)

　ここでは、これらの例を「約束」として再分類することはしないが、さらに仔細に用例を検討すると、発語内行為の分類の境界線上にあるような表現が見つかる可能性はあるだろう。これらの検討と扱いについては、今後の課題としておく。

6. 展望

　最後に、データの質の問題、および今後の展望について述べておきたい。
　ここでは大正〜昭和前期の演説と平成期の演説とを比較・検討したが、時代を隔てた話し言葉データ間の分析を行なう場合、分析対象の選定には慎重を期す必要があるだろう。比較の対象とするデータはできるだけ等質であるほうが望ましいことは言うまでもないが、特に大正〜昭和前期のように時代が古くなる場合、等質のデータを大量に揃えることが困難になるケースが予想される。

事実、今回利用した音声データは「演説」「講演」として分類されていたものであったが、政治的な演説でないものも若干含まれていた。平成期の演説データが「所信表明演説」「施政方針演説」だったことを考えると、大正〜昭和前期の演説データも、政治的な内容のものだけに限定すべきだったかもしれない。ただし、対象を狭く限定するほど、データが疎になる問題（データスパースネス問題）が生じるという事情もある。質のよいデータの確保というのは、特に古い時代のデータを扱う上では、常に気を配るべき問題である。

　この問題を打開するためには、歴史的な演説データのさらなる拡張・整備が求められる。例えば、歴代総理大臣の演説テキストを収集し、言語研究用の通時コーパスとして整備することも一つの案であろう。松田（2008）は「国会会議録」の膨大なテキストを利用してさまざまな言語研究の可能性を示した先駆的な試みだが、国会会議録のテキストに言語研究用のアノテーションを施し、通時コーパスとして整備できれば、その利用可能性はさらに高まることになる。さらに、「帝国議会会議録検索システム」で公開されている帝国議会の速記録（明治23年〜昭和22年）をテキスト化して国会会議録と連結すれば、過去120年間の政治言語を見渡す、膨大なテキスト量を備えた高度な政治言語コーパスができることになる。どのような設計のコーパス・アノテーションがあればどのような研究ができるのか、その見通しに関する検討や、具体的な研究の実践例などは、直近の課題であると言ってよい。

7. まとめ

　本稿では、「岡田コレクション」に収録された大正〜昭和前期の演説、および平成期における内閣総理大臣の演説を対象として、文末表現のバリエーションについて分析した。アノテーションした文末表現ラベルを比較・検討したところ、大正・昭和1ケタ・昭和10年代の30年間の中で、そしてさらに平成期へと移るに従って、文体がより丁寧な形に変化していったこと、平成期で多く観察される「約束」をする文が大正〜昭和前期にはほとんど観察されないこと、などの点を明らかにした。さらに、より高度な「政治言語コーパス」を設計することの意義とその見通しについて述べた。

注
1）ここでは、声質やイントネーションなどの音声・音韻的な要素、表情やジェスチャーなどの非言語的な要素は、考察の対象から除外する。なお、話し言葉を対象とする以上、「文末」は正確には「発話末」と呼ぶべきであるが、ここでは便宜上「文末」と呼ぶ。
2）東（2007）は、歴代の内閣総理大臣がどのような文末表現を用いているかを比率を用いて分析しており、本稿での狙いに近い。ただし、分析対象全体のデータ量が詳細に記録されておらず、また、発話された文末表現が網羅的に検討されているわけではない（それらはおそらく東の分析の主眼ではない）。
3）東條内閣から第一次安倍内閣まで、歴代総理大臣による国会演説を調査した東（2007）は、「あります。」という文末表現が減少傾向にあることを示している。

参考文献
Fairclough, Norman. (2001) *Language and Power* (2nd edition). Longman.
Searle, John. R. (1975) A Taxonomy of Illocutionary Acts. Güunderson, K. (ed.), *Language, Mind, and Knowledge*, University of Minnesota Press, 344-369.
東照二（2007）『言語学者が政治家を丸裸にする』文藝春秋
東照二（2010）『選挙演説の言語学』ミネルヴァ書房
石川慎一郎（2005）「合衆国大統領選挙討論会における候補者発話語彙の分析：コーパスに基づく批判的談話分析の試み」『言語文化学会論集』25：3-15
後藤一章（2010）「歴代米国大統領就任演説における統語構造の変異」『英語コーパス研究』17：161-175
田畑智司（2010）「歴代米国大統領就任演説の言語変異――多変量アプローチによるテクストマイニング」『英語コーパス研究』17：143-159
松田謙次郎編（2008）『国会会議録を使った日本語研究』ひつじ書房

「あとがき」に代えて
――文字化を巡るこぼればなし

　それは、忘れもしない2010年6月12日（土）の夜のことである。
　この日の午後、立川市にある国立国語研究所において「(略称)現代日本語の動態」プロジェクトの第2回共同研究発表会が開催され、その後の懇親会が、参加メンバー十人ほどで、立川駅近くの居酒屋にて開かれていた。気の置けないメンバーによる楽しい宴が進むなか、何がきっかけだったか分からないが、この日初めて集まりに参加した私は、リーダーである相澤氏に、一月ほど前の5月に発売された『岡田コレクション』の話を切り出したのである。
　『岡田コレクション』については、既にこの本の「はじめに」や「資料解説」の中で詳しく触れているので、ここで繰り返すことはしないが、落語を題材とするSP盤レコードの音声を、国語史研究の重要な資料として利用していた私にとって、演説や講演の録音資料である通称『岡コレ』は、是非とも入手したい"宝の山"であった。しかし、その購入費たるや、国立大学所属のしがない一文系教員には到底手の出せるようなケタの金額ではなく、高嶺の花として端からあきらめざるを得ない存在であった。
　ところが、この話を聞いていた相澤氏は、『岡コレ』のことは記憶にあると言うとともに、いとも簡単に（と、当方には見えた）、「プロジェクトとの関係で必要性があるなら、十分購入ができる」と語ったのであった。その時私は、まさに天にも昇るような思いで、即刻に、是非とも購入してもらいたい旨を告げ、さらに、（多分、酔っぱらった勢いも手伝って、）それが入手できれば全てを文字化することを宣言した模様であった。
　後日、この（記念すべき）日の夜のことについて当方の家人は、すこぶる上機嫌で帰ってきた私はその上さらに家でも杯を重ねながら、相好を崩して何度も何度も「(資料を)買ってくれるんだって！」と繰り返し、そのまま満足そうに"撃沈"した、と語っている…。

と、こんな経緯で『岡田コレクション』は、同プロジェクトによって（多分、一番乗りで）購入されることとなった。当時、国語研究所に所属していた田中牧郎氏が仲介役となり、とりあえず三回に分割して、優先順位の高い方からコレクションの入手が順次始まっていった。それに応える金澤の文字化の様子は、相澤・田中の両氏によると、「まさに鬼神の如く」だったようで、資料に関する専門家でもある彼らの目から見ても、全く信じられないようなハイペースで、文字化の作業が進められていたとのことである。

　どんな作業の場合でもそうなのだろうが、夢中になって行っていた聴き取りの一つ一つは苦しいことばかりなのに、後で振り返ると、本当に充実した幸せな時間が続いていたと言えるように思われる。中でも特に、7月から8月にかけての真夏に行っていた作業の様子について相澤氏は、（当方は）まるで修行僧であるかのように淡々と作業を進めていた、とも語っている。そしてその結果として、総計で約18.5時間に及ぶ文字化の作業（全165作品）は、その後の細かい部分の聴き直しや修正作業を除くと、確か一年半足らずの期間で終了していたのである。

　いま、聴き取りの一つ一つの作業は「苦しいことばかり」と記したが、この録音文字化という作業は、特に、元となる音声や録音の質が悪い場合には、ひたすら聴き直し、また聴き続けるしかない、孤独な作業である。技術的な面から、聴き取りの方法については、雑音除去などに関していろいろなテクニックや技法などが紹介されてはいるが、当方が知る限りでは、たとえ雑音の部分ではあっても、それを例えば電気的方法などで処理してしまうと、音声の識別のために必要な他の音声的な部分の一部も同時に除去されてしまうようで、結局は、元の音源をひたすら聴き直すというアナログ的かつ単純な方法が、現時点での最上の方法であるらしい。

　さて、音声聴き取りに関してとても興味深い一つの事実は、全く同一の部分に対して、完全に異なる二つの聴き取りが出来る場合があることである。これはあたかも、平面上の部分にこぼれた水の流れのようなもので、それぞれが、一旦一つの流れに入ってしまうと、もうその流れからは外れることができないという、多分"頭の中の流れ"のようなものに導かれてしまうからではないか

と思われる。
　また、こうした一つの（聴き取りの）流れに入ってしまった場合は、自身の力でそこから抜け出ることは大変難しく、経験的に言うと、再生の速度を変えてみたり、或いは、スピーカーの生の音で聴いていたものを、ヘッドフォンを通して聞いてみたりしたようなときに、たまたまそれまでとは異なる新しい流れに入ることが出来ることもあるが、正しい（かもしれない）そうした聴き取りに出会えるということは滅多に存在しない、甚だ稀なことなのである。
　そして、ここでいう「新しい聴き取りの流れ」を作り出す最良の方法が、「第二の耳（＝他の協力者）」による聴き取りの実施ということになる。ただし、ここにも一つ大きな矛盾のような問題があり、その協力者が最初から白紙の状態で音声に向かってくれるようならベストなのだが、その場合には、その方も当方とほぼ同様の（膨大な）時間をかけて聴き取りを行わなければいけないことになってしまう訳で、実際にはそれは不可能なため、現実的な方法として、最初の（当方による）聴き取りによる文字化を参照することになるが、このような方法を採ると、結局のところ（ほとんどの部分で）先の当方の聴き取りの流れに"浸って"しまうことになり易く、「第二の耳」が独自の（正しいかもしれない）聴き取りを発見してゆくということは、この場合も実際にはかなり困難な作業となるのである。
　他方、音声の聴き取りにおける語の識別・同定に関して、これまでの長年の経験から言い得ることは、どこかの部分に少しでも違和感が残るような時は、その殆どの場合において聴き取りが間違っているということである。この現象については、相澤氏がとても適切かつ興味深い喩えを挙げており、それは、「音声の聴き取りは、とても精巧なジグソーパズルに似ている」というものである。経験がある方にはよく理解できると思うが、ピースの嵌まり具合にせよ、絵柄の続き具合にせよ、どこかに違和感があるような場合はまず間違っていると言ってよく、一方で正しいピースが挿入された場合は、まさに「ピタリ！」と完璧に嵌まるものなのである。

　こうした一連の過程を経て（一応の）完成を見た『岡田コレクション』の文字化資料は、現在、二つの形で一般に公開されている。

一つは、『岡田コレクション』そのものの発売元である「日外アソシエーツ」による出版物（抜粋版）で、その資料名などは次の通りである。

　金澤裕之・相澤正夫編
　　『大正・昭和戦前期　政治・実業・文化　演説・講演集──SP盤レコード文字化資料』（日外アソシエーツ、2015）

　また二つ目は、この日外アソシエーツを通して、想隆社の「アカデミックリソースシリーズ」として、『岡田コレクション』の元の音声と文字化テキストが融合された形のデータベース（全体版）が、希望者と契約を行う形で提供されている。これに興味をお持ちの方は、想隆社のホームページの方をご参照いただきたい。

　文字化が（一応）完成した後の展開については、「はじめに」の方に詳しいので、ここでは省略する。ただ、こうして論文集として纏められた結果を見てみると、テーマは執筆者それぞれの関心や方法論に関わりが深いとはいうものの、やはり必然的に、『岡田コレクション』という資料そのものが有する、まさに資料的な性格や特性が、色濃く反映しているということがよく分かるように思われる。中でも、第Ⅰ部の「音声・発話」や第Ⅲ部の「文体・表現」に関する分析は、演説・講演という種類に分類される録音資料の存在なくしては、そのほとんどが容易には成立しにくいものとなっていたのではなかろうか。

　同じく「はじめに」の最後の部分において、相澤氏による「SPレコード日本語学」という用語や考え方への思いが述べられている。その部分の記述にもある通り、この表現は現時点では「誇大に過ぎる」ことは間違いない。しかし、今回の演説・講演とは異なるタイプの録音資料（例えば、こちらも比較的多くの量が存在する東西の落語資料）などが今後分析の対象に加わってくるとするなら、「たまたま遺された過去の録音資料からスタートする言語研究」にも、種類や資料的性格の面での厚みが加わり、音声言語に関する歴史的研究の一ジャンルとして"独り立ち"できるような時代が来るのかもしれない。

　そうした暁には、「たまたま遺された音声」という、百年ほど前の日本にまさに生きていた人々の肉声との"ゴールなき格闘"は、かけがえのない楽しい思い出として、心に残るものとなるだろう。

最後になるが、SP盤レコードによる大正～昭和前期の演説・講演の録音およびその文字化という、従来ほとんど類例の無い資料に接する中で、それぞれに独自の視点から日本語研究への活用の可能性を切り拓いて、論文の形に纏め上げて下さった執筆者の方々に、編者の一人として改めて御礼を申し上げたい。種々の業務などにお忙しいところ、厳しく締切を守って下さったお蔭で、ほぼ予定通りに出版計画を実現することができた。

　また、これまでほとんどなかったようなこうした新しい試みに対して、それを前向きに評価して下さり、論文集という形で公にすることを積極的に支持して下さった笠間書院の皆さまに心からの御礼を申し上げるとともに、時には緻密にまた時には大胆に、具体的な構成や表現などをアドヴァイスしながら美しい本の形に仕上げて下さったご担当の重光徹さんに、メンバー一同より深甚の感謝を捧げたい。

2015年11月

金　澤　裕　之

●執筆者略歴（五十音順）

相澤正夫（あいざわ・まさお）＊編者　　国立国語研究所時空間変異研究系教授
著書・論文　『外来語研究の新展開』（共編著、おうふう、2012）、『現代日本語の動態研究』（編著、おうふう、2013）、『大正・昭和戦前期 政治・実業・文化 演説・講演集—SP盤レコード文字化資料』（共編、日外アソシエーツ、2015）

東　照二（あずま・しょうじ）　　ユタ大学言語文学部教授
著書・論文　『社会言語学入門』（研究社出版、2009）、『選挙演説の言語学』（ミネルバ書房、2010）、「スキーリフトに乗り合わせた北米の初対面の人たちは、どのように会話をするのか—スモールトークの談話分析」『スキー研究』12-1（2015）

岡部嘉幸（おかべ・よしゆき）　　千葉大学文学部教授
著書・論文　「雑誌『太陽』における時の助動詞覚書—文体と時の助動詞使用のダイナミズム—」森雄一ほか編『ことばのダイナミズム』（くろしお出版、2008）、「現代語からみた江戸語・江戸語からみた現代語—ヨウダの対照を中心に」金澤裕之・矢島正浩編『近世語研究のパースペクティブ—言語文化をどう捉えるか』（笠間書院、2011）、「近世江戸語のハズダに関する一考察—現代語との対照から—」青木博史ほか編『日本語文法史研究 2』（ひつじ書房、2014）

小椋秀樹（おぐら・ひでき）　　立命館大学文学部教授
著書・論文　「現代日本語における外来語表記のゆれ」相澤正夫編『現代日本語の動態研究』（おうふう，2013）、『講座日本語コーパス 2　書き言葉コーパス—設計と構築』（共著、朝倉書店、2014）、「複合動詞後項の表記の経年変化—BCCWJを資料として—」『論究日本文学』102（2015）

尾崎喜光（おざき・よしみつ）　　ノートルダム清心女子大学文学部教授
著書・論文　「「～てもらっていい？」の普及に関する研究」『清心語文』17（2015）、「校歌の歌詞に関する言語学的研究—倉敷市の公立学校の場合—」『清心語文』17（共著、2015）、「全国多人数調査から見るガ行鼻音の現状と動態」『ノートルダム清心女子大学紀要 日本語・日本文学編』39-1（2015）

金澤裕之（かなざわ・ひろゆき）＊編者　　横浜国立大学教育人間科学部教授
著書・論文　『大正・昭和戦前期 政治・実業・文化 演説・講演集—SP盤レコード文字化資料』（共編、日外アソシエーツ、2015）、「録音資料による近代語研究の今とこれから」『日本語の研究』11-2（2015）、「現代に繋がる近代初期の口語的資料における言語実態」『国立国語研究所論集』10（2016）

高田三枝子（たかだ・みえこ）　　愛知学院大学文学部准教授
著書・論文　『日本語の語頭閉鎖音の研究—VOTの共時的分布と通時的変化』（くろしお出版、2011）、"Regional and generational variation of VOT in Japanese word-initial stops." Endo, M. ed., *Papers from the first international conference on Asian geoliguistics.* (International Conference on Asian Geolinguistics, 2012)「有声破裂音の後続する促音閉鎖区間の有声性に

関する音声パターン」『明海日本語』18（増刊号、2013）

田中牧郎（たなか・まきろう）　　明治大学国際日本学部教授
著書・論文　『雑誌『太陽』による確立期現代語の研究』（共編著、国立国語研究所報告122、博文館新社、2005）、『近代書き言葉はこうしてできた』（岩波書店、2013）、『コーパスと日本語史研究』（共編著、ひつじ書房、2015）

南部智史（なんぶ・さとし）　　日本学術振興会特別研究員PD
著書・論文　「定量的分析に基づく「が/の」交替再考」『言語研究』131（2007）、「ガ行鼻音の衰退過程とその要因について―札幌と富良野の言語調査データを利用して―」『国立国語研究所論集』7（共著、2014）、"An experimental study on adjacency and nominative/genitive alternation in Japanese." *Formal Approaches to Japanese Linguistics 7*（共著、MIT Working Papers in Linguistics、2014）

松田謙次郎（まつだ・けんじろう）　　神戸松蔭女子学院大学文学部教授
著書・論文　「東京方言格助詞「を」の使用に関わる言語的諸要因の数量的検証」『国語学』51-1（2000）、『国会会議録を使った日本語研究』（ひつじ書房、2008）、「形態素解析の大規模言語調査データへの応用―岡崎敬語調査パネルデータにおける名詞・代名詞・動詞の相対頻度数に対する話者性別効果の検証―」『国立国語研究所論集』7（2014）

丸山岳彦（まるやま・たけひこ）国立国語研究所言語資源研究系・コーパス開発センター准教授
著書・論文　『講座 日本語コーパス 1 コーパス入門』（共著、朝倉書店、2013）、『日本語複文構文の研究』（共編著、ひつじ書房、2014）、『話し言葉と書き言葉の接点』（共著、ひつじ書房、2014）

矢島正浩（やじま・まさひろ）　　愛知教育大学教育学部教授
著書・論文　『近世語研究のパースペクティブ』（共編著、笠間書院、2011）、『上方・大阪語における条件表現の史的展開』（笠間書院、2013）、「条件表現史における近世中期上方語ナレバの位置づけ」『近代語研究』17（2013）

SP盤演説レコードがひらく日本語研究

2016年（平成28）3月10日　初版第1刷発行

編　者　相　澤　正　夫
　　　　金　澤　裕　之

装　幀　笠間書院装幀室
発行者　池　田　圭　子
発行所　有限会社 笠間書院
〒101-0064　東京都千代田区猿楽町2-2-3
☎03-3295-1331　FAX03-3294-0996
振替00110-1-56002

ISBN978-4-305-70795-6　組版：ステラ　印刷／製本：モリモト印刷
落丁・乱丁本はお取りかえいたします。
出版目録は上記住所までご請求下さい。http://kasamashoin.jp/